小小步

幸福

和孩子一起做的
21个幸福练习

[美]克里斯汀·卡特
（Christine Carter）著
颜玮 译

机械工业出版社
CHINA MACHINE PRESS

Raising Happiness: 10 Simple Steps for More Joyful Kids and Happier Parents/ by Christine Carter, Ph.D./ISBN: 978-0-345-51561-2

Copyright ⓒ 2010 by Christine Carter, Ph. D.

Copyright in the Chinese language (simplified characters) ⓒ 2022 China Machine Press

北京市版权局著作权合同登记　图字：01-2020-0390 号。

图书在版编目（CIP）数据

幸福小小步：和孩子一起做的 21 个幸福练习 /（美）克里斯汀·卡特（Christine Carter）著；颜玮译 . — 北京：机械工业出版社，2022.12（2024.5 重印）

书名原文：Raising Happiness: 10 Simple Steps for More Joyful Kids and Happier Parents

ISBN 978-7-111-70792-9

Ⅰ. ①幸… Ⅱ. ①克… ②颜… Ⅲ. ①家庭教育 Ⅳ. ① G78

中国版本图书馆 CIP 数据核字（2022）第 093858 号

机械工业出版社（北京市百万庄大街22号　邮政编码100037）
策划编辑：刘文蕾　　　　　　责任编辑：刘文蕾
责任校对：薄萌钰　张　薇　　责任印制：常天培
北京瑞禾彩色印刷有限公司印刷

2024年5月第1版第2次印刷
145mm×210mm·10.25印张·211千字
标准书号：ISBN 978-7-111-70792-9
定价：59.80元

电话服务　　　　　　　　　网络服务
客服电话：010-88361066　　机 工 官 网：www.cmpbook.com
　　　　　010-88379833　　机 工 官 博：weibo.com/cmp1952
　　　　　010-68326294　　金 书 网：www.golden-book.com
封底无防伪标均为盗版　　　机工教育服务网：www.cmpedu.com

谨以此书献给我的父亲蒂姆·卡特和母亲西尔维娅·卡特。

是你们第一次教会我在幸福养育的过程中，

父母和祖父母是多么重要。

此书也献给我的两个女儿，菲奥娜和莫莉，

你们是我的缪斯女神，也是我生命中的挚爱。

前言

幸福养育的艺术和科学

你我将要做的最重要的工作将发生在我们自己家的围墙之内。

——哈罗德·李

最近，我在一个座无虚席的家庭教育研讨会上做观察员。那个研讨会的主题是关于抑郁、自杀和焦虑症的流行程度对儿童的影响。在会上，演讲者问听众："我们对孩子最大的期望是什么？"令人惊讶的是，几乎所有的听众都异口同声地大喊道："幸福快乐！"

当然了！

我们做父母的都希望自己的孩子成长为幸福快乐的成年人——但问题是，有时我们觉得孩子的性格或多或少已经在基因中固定下来了。一位朋友曾惊讶地对我说："蒂米是我的阳光，他是个乐观主义者；而本是我的屹耳⊖。你看，虽然他们是在同一所房子里长大的。但我没有一点儿办法去改变！"好消息是，我们的的确确能够对孩子产生很大的影响：父母的养育方式对

⊖ 屹耳是动画片《小熊维尼》中一头十分悲观的驴子。它觉得整个世界都是一个十分阴沉而被宿命论笼罩的地方。——译者注

孩子的情绪和人生观的建立有着巨大的影响。性格并不是与生俱来的，幸福快乐也不是与生俱来的。在决定孩子是否幸福快乐的因素中，有近一半（也可能更多）可以归因于他们成长的环境。这并不是说基因没有作用，事实上基因的确会影响孩子。但是"从生物学上讲，基因是不可能独立于环境运行的"，社交和情商专家丹尼尔·戈尔曼（Daniel Goleman）解释道："基因原本就是要受到直接环境信号的监管。"这些信号当然包括父母的行为。

所以，我们可以做很多事情来确保孩子幸福快乐——同时也让我们自己幸福快乐。事实上，在教孩子如何掌握幸福快乐技能的过程中，自己也会变得更快乐。

拥有一个幸福快乐的童年意味着什么？ 在我的概念里，幸福快乐不只是一种情绪或一种活泼的性格。相反，幸福快乐的生活里充满了各种各样不同类型的积极情绪。例如，对过去的积极情绪（如感恩、宽恕和欣赏等）和对未来的积极情绪（如乐观、信念和自信等）都是幸福快乐生活的重要组成部分。社会学领域的研究早就向我们表明了，人们是通过与他人的联结找到幸福快乐的。积极的情感（如爱、友善和同情）会帮助我们建立这些联结。而基于当下的积极感受（如喜悦和满足）则是快乐童年里显而易见的组成部分。

孩子会习惯不同的思维方式、感觉方式和行为方式，这在很大程度上是基于我们教给他们的关于世界的知识、人与人的关系及我们对他们的期望。这些习惯对孩子幸福快乐的程度有着巨大的影响。这本书的全部内容都将关注于如何在技能、习惯和思维模式上对孩子加以培养，为他们在儿童期以及之后的各种积极情绪奠定基础。

本书以科学研究为基础

这本书中的所有内容都是基于与幸福快乐有关的科学研究。这些研究大多来自"积极心理学"这个新领域。社会科学家过去只专注于研究为什么人类和社会有这样或那样的缺陷：是什么让抑郁的人如此悲伤，是什么构成了自闭症，为什么有些文化有种族主义，而有些文化有阶级冲突，等等。一般来说，传统社会科学的研究目的是理解功能性障碍和减轻痛苦。但在过去的几年里，跨学科的社会科学家把注意力转向了相反的方向：是什么让快乐的人快乐？是什么让家庭在孩子的成长过程中更好地实现家庭应有的功能？以往，人们总是试图将消极的东西变回中性，并以此来帮助抑郁的人恢复正常。而现在我要提到的这门科学或许与此大相径庭，它的关注点在于怎样在任意情况下让父母和孩子变得更加幸福快乐。

作为一名社会学家和加州大学伯克利分校幸福科学中心

（Greater Good Science Center）的负责人，我立志要将与幸福养育相关的心理学、社会学和神经科学等方面的知识传递给普通人，让他们可以理解并掌握。这意味着，这本书也会提到我自己和我的家庭。我有两个女儿：6岁的莫莉和8岁的菲奥娜。虽然，我和迈克（莫莉和菲奥娜的父亲）的婚姻已经结束了，但我们在抚养孩子方面仍然是一个团队，我们为此都很努力。我自己的父母（孩子的外公和外婆）也是我们日常生活的一部分。因此，这本书可以说是我头脑和心灵的交汇之作：其内容涵盖了我在社会科学方面的智力训练，以及我作为母亲每天努力将科学付诸实践的非常真实的、第一手的鲜活经历。

读这本书永远不会太早或太晚

快乐是一种持续不断的创造性活动。

——巴巴·安姆特

这本书并不只是针对特定年龄段的儿童，因为那些经过科学验证的有助于人类幸福快乐的做法，是可以让所有年龄段的儿童和成人都受益的。本书致力于让你的孩子茁壮地成长。而且，即使不是父母，你也可以读这本书。让我们想一想关心照顾孩子的人都有哪些吧：老师、祖父母、医疗服务提供者、叔叔和姨妈、图书管理员、保姆……这份清单可以列得很长很长。他们中的一些人每天会花很长时间和我们的孩子在一起。这些人也会为孩子能否掌握幸福快乐的技能做出很大的贡献。

所以，这是一本我们所有人都可以读的书。我的建议是：在怀孕期间就开始阅读，并且直到孩子青春期都一直随身携带、随时翻阅。

为什么这么说？在露西尔·帕卡德儿童健康基金会委托下进行的一系列调查研究显示，只有大约一半的父母认为孩子的整体情绪和行为健康状况良好，67%的父母担心他们的青春期孩子压力过大。而根据同样的研究，儿童的身心健康对成年人来说也是非常重要的，比医保政策、老年人的身心健康、生活成本、恐怖主义和伊拉克战争等其他任何事情都重要得多。超过三分之二的成年人表示，他们非常担忧儿童的身心健康，这种担忧不分性别、收入、种族、年龄和政治派别。

我们的确有担忧的理由：近三分之一的高中生报告说，他们会连续两天或连续好几周一直感到悲伤或绝望。持续的悲伤和绝望是临床上预测抑郁症的重要因素，青年人的抑郁症会导致焦虑、自杀行为、肥胖和社会功能缺陷。已患上抑郁症的青年人也更有可能吸毒、酗酒、辍学或参与滥交的性活动。

好消息是，幸福快乐是一种我们可以教给孩子的技能。研究正面情绪的新科学表明，这个想法看似疯狂，但实际上却是真实可行的。在决定孩子的成功和幸福快乐方面，我们说什么、做什么，远比上天赋予他们的天分或天性重要得多。举例来说：

母亲怀孕期间

在怀孕期间感受到焦虑或压力的母亲可能也会让她们的孩

子感受到焦虑和恐惧。压力会损害胎儿的神经系统，影响他们自行平复情绪和集中注意力的能力。好消息是：在婴儿的大脑中几乎没有永久性的连接，所以这种损伤可以在后期被有意识地逆转。

婴儿期和幼儿期

情绪认知是一种技能，父母和其他照顾者可以从孩子刚出生时就开始教他们，并在整个童年时期持续这种教学。情绪认知是调节和理解情绪的能力，也可能是帮助孩子成长为幸福快乐而且成功的成年人最重要的技能。能够调节情绪的孩子在沮丧时更善于自我安慰，这意味着他们经历负面情绪的时间更短。此外，具备情绪认知能力的孩子能更好地理解他人，更好地与他人相处，能与他人构建更牢固的友谊，而且在学校里各方面的表现也更好。

青春期

在青春期，父母的教养方式仍然很重要。虽然人们普遍认为大多数青少年会受到各种折磨，遭遇各种困难，但实际上，70% 的青少年都是幸福快乐的，而这些孩子的家庭和学校环境与那些不快乐的同龄人是非常不同的。最近的一项研究表明，父母的养育能缓和基因的脆弱性：拥有"易于滥用精神类药物"这种特定基因的青少年，在父母积极参与他们的日常生活并给予支持的情况下，吸毒的可能性会小很多。

不必灰心。即使你的孩子已经长大了，幸福快乐仍然是他们可以学习的技能。例如，只要在家里培养感恩之心，你就能让孩子的快乐水平提高25%。你可以在孩子的童年播下让他们成年后快乐的种子，而且你有足够的时间去做。我们的大脑在童年的早期发育迅速，但它并不会因为我们达到了一定的身高而停止发育。父母有二十年的时间来帮助孩子养成可以持续一生的快乐习惯。正如你将在"第1步，先戴好自己的'氧气面罩'"里看到的，我们的大脑即使在成年后仍然具有可塑性，这意味着你甚至可以让自己变得更加幸福快乐。开始学习和教授良好的幸福快乐习惯吧，永远不会太早或太晚。

幸福快乐真的重要吗？

数不清的父母经常遮遮掩掩地向我咨询幸福快乐与成功之间的关系。他们问题的关键点在于：如果关注了孩子的幸福快乐，那他们还会成为班里的尖子生吗？他们还能考上达特茅斯学院吗？还有人问我，我自己的孩子是不是"快乐得烦人"。如果我告诉你这个问题是多么频繁地被问到，你一定会感到很惊讶。在一个注重高成就的文化中，幸福快乐似乎是肤浅的。它看起来像是某种分散注意力的东西，因此理所应当没那么重要，不足以让人认真地集中精力、使用技巧去实现它。

即使你把孩子的成功看得比他们的幸福快乐更重要，以下这些也是你应该阅读这本书的理由：在强调绩效的世界里，幸福快乐是一种巨大的优势。一般来说，快乐的人在工作和爱情上都比不快乐的人更成功。他们会得到更好的绩效评估，拥有更有声望的工作，获得更高的薪水。他们更有可能结婚，而且一旦结婚，他们对自己的婚姻会更满意。

幸福快乐的人往往更健康、更长寿。这本书的每个部分都详细描述了积极情绪给我们的快乐、健康和工作带来的好处。著名心理学家、坦普尔顿奖获得者芭芭拉·弗雷德里克森（Barbara Fredrickson）在针对积极情绪的开创性研究中发现，它能够带来如下好处：

● 拓宽我们的思维模式，使我们更灵活，更能看到全局，更有创造力。
● 随着时间的推移和积累，积极情绪通过构建我们真正茁壮成长所需的资源（实力、智慧、友谊和韧性）来使我们变得更好。
● 积极情绪是决定一个人抗挫折能力的最重要的因素，它有助于我们的身体和大脑应对压力、挑战和消极情绪。

但是消极情绪呢？它们不是也很重要吗？人有可能每时每刻都幸福快乐吗？我们需要每时每刻都幸福快乐吗？结果表明，在非常快乐的人群中，那些比最快乐的人稍微不快乐的人实际上比最快乐的人有更高的金钱收入、学术成就和工作满意度。因此，无论是对现状不满还是有改善事物的倾向，那些有少许不满情绪的人可能更有动力采取行动，从而取得成功。在工作和日常生活中，对更好事物的渴望促使我们行动起来——选举新的领导人，获得更好的工作，和老板协商升职加薪。

不过，事实证明，最快乐的群体往往有更多的朋友，在爱情中也更幸运。对亲密伴侣或朋友的不满通常不会对关系起到很大的促进作用。事实上，用超级积极的方式来评价伴侣（有时候这些评价甚至超出了实际的情况）会让你们的婚姻更加幸福。我的朋友凯西和马克的婚姻证实了这项研究：在凯西的婚前单身派对上，她坚定地对我们说："想象一下，在马克结婚那天，世界上将会有多少女孩会痛苦地跪倒在地啊。"我们当时都觉得凯西的话很搞笑，并且直到今天还在取笑她，但她真心觉得马克是非常有吸引力的男子。我问凯西，15 年过去了，生了两个孩子，她是否还会有同样的感觉。她的回答是："嗯，是的。看看他吧！谁能否认他是个超级性感的人呢？我早就知道他是个完美的人。"

所以结论是：积极情绪和消极情绪分别有很多功能，而且都很重要。为了成功，我们应该接受工作的一些不满。为了获得真正的幸福快乐，我们应该努力去欣赏（甚至夸大）我们关系中的美好。对我们周围的人感到满意并接受他们是我们真正幸福的关键，所以我们需要教育我们的孩子滋养（甚至浪漫化）他们最重要的关系。这本书将帮助你培养孩子的积极情绪，同时理解消极情绪，让消极情绪为自己工作，而不是与消极情绪对抗。

以上所有这些都是为了说明，幸福快乐不是一个空洞或肤浅的概念，它是我们能在自己和孩子身上培养起来的最重要的东西，因为它本身就具有很高的价值，而且它对我们珍视的其他事情（比如职业和社会成功）能产生巨大的贡献。

走出内疚，拥抱喜悦

这些年来，她学到的最重要的一点是，自己没有办法成为一个完美的母亲，但却有一百万种方法成为一个好母亲。

——吉尔·丘吉尔

尽管我们非常想提供这样的信息，但世界上其实根本不存在完美的童年，我希望你也不要尝试用这本书来创造一个完美的童年。事实上，正如本书中的"第3步：鼓励努力而不是追求完美"所讨论的，追求完美（无论是在养育子女方面，还是在其他任何方面）很难带来持久的幸福快乐。没有人能成为完美的父母，但是，成为很棒的父母却是值得我们为之努力的目标。

父母需要担心的事情已经够多了，任何专家都不要在他们的错误清单上再添上一笔了。我并不担心那些你们作为父母所犯的错误，我们每个人都在犯错，尤其是我。你们会在本书中了解到我犯过哪些错误，我是怎么改正的以及有哪些时刻我"希望自己采取了不同的做法"。当然，诀窍在于从错误中吸取教训。

有时候，为自己做得不够好而感到内疚是一种警告信号，它表明我们正在犯错误或正在做什么错事。但是，和许多在育儿方面追求卓越的人一样，我有时会对过去的错误或我自己无法控制的事情感到焦虑和内疚。在这些情况下，内疚与其说是一种危险信号，不如说是一种选择。当我感到内疚时，有意识或无意识地，我选择让自己参照一个不切实际的标准，或者，我选择悔恨错误而不是原谅自己。其实我本可以因为自己学会了一些困难的东西或者获得了意外的积极结果而感恩。对过去错误的内疚耗尽了我们现在的精力，如果不被过去分心，我们可以更有效地养育孩子。

替代毫无益处的内疚和焦虑的方法是：专注于我们可以做得对的事情。我们可以教孩子培养幸福快乐的习惯，比如让他们有意识地练习感恩；我们可以成为乐观主义的榜样，教导我们的孩子对他人宽容；我们可以让家庭聚餐变得很重要；我们可以帮助孩子建立友谊；当孩子悲伤或生气的时候，我们可以帮助他们处理痛苦。最重要的是，我们可以让自己成为孩子快乐的榜样。

但是，我们需要把书中所有十个步骤一次性做到吗？或者，要一步不落地全都做到吗？

当然不是。本书中列出的任何一个步骤都有可能显著提升孩子幸福快乐的程度。所以，不要让本书成为你没有把每件事都做正确而感到内疚的另一个理由，不要为自己的不完美而感到内疚。你应该学会接受自己在养育孩子时所犯下的错误，把它们视为真正的成长之路。你还应该欣赏你为养育幸福快乐的孩子所付出的努力，并成为一个更加幸福快乐的自己。所有这些事情本身就已经够好了。与其内疚，不如选择幸福快乐。

为人父母是一个绝佳的机会，它能让你在混乱的生活中找到乐趣。养育孩子的过程常常是磕磕绊绊的，但更多的时候，我们会为这一切的美丽和神秘而惊叹。在某天的晚餐上，我的朋友丽莎描述了她那周最幸福的时刻：看着她的女儿海伦在幼儿园的全校集会上展示跳绳技巧。那时，海伦紧皱着眉头，全神贯注地跟着《走在阳光下》的曲调，单脚或双脚前后跳跃着。丽莎心中充满了自豪，不是因为海伦掌握了出色的跳绳技巧，而是因为海伦对跳绳如此着迷。对海伦来说，快乐就是学会跳绳，并且拥有在 350 个孩子面前表演跳绳的勇气。

培养幸福快乐的孩子就是要像丽莎这样：不是在养育孩子的世界里走马观花，而是认真地融入其中。我们应不断地感受到惊讶、感动和欣喜。就像学习游泳，不能只把脚趾头伸进泳池，而要一头扎入水中。著名畅销书作家、哥伦比亚大学文学教授戴安娜·阿克曼（Diane Ackerman）曾经说过："我不想在生命走到尽头的时候，才发现自己只活在生命的长度上，我想同时也活在生命的宽度上。"你手上的这本书就会教你如何活出生命的宽度，并教会孩子也这么做。这本书将帮助你培养幸福快乐的孩子，同时也让你自己变成一个更加幸福快乐的人。

归根结底，这本书是想让世界成为一个更好的地方。当我们成为更好的父母时，我们的世界就会得到显著的改善。在物质丰富但精神贫乏的生活中，我们经常忘记为人父母所做的工作是重要的、必不可少的。这关系到我们的孩子是否能身心健康地成长，也关系到我们生存的这个世界是否能变得更美好。

目录

第2步
建立一个"村庄"

RAISING HAPPINESS

第 1 步

先戴好自己的
"氧气面罩"

没有什么比父母死气沉沉的生活更能影响孩子心理的了。

——卡尔·荣格

一位自私母亲的忏悔

我的朋友和邻居们都觉得我的生活似乎相当疯狂。他们经常对我说："你做的事情太多了。"我写博客，当然，也写了这本书。我在加州大学伯克利分校运营幸福科学中心，一个月要做好几次关于如何培养幸福快乐孩子的演讲，还在一个父母课堂任教，这些都是我喜欢做的。我积极参与学校委员会和教会委员会的事务，也努力让自己每周都能去学校接几次孩子。幸运的是，我的工作时间是灵活的，这意味着我的大部分工作可以在凌晨四点半的时候做。

我认为，作为一名全职工作的家长，保持理智（和健康）的关键实际上是要做得更多而不是更少：为自己做得更多。我尽量每周去几次健身房，我最喜欢的课程偶尔会被排在家庭的黄金时段，但我也会坚持去。我尽量花大量的时间和我的朋友们在一起。我们有时会带上孩子，有时也不带。我们一起出去吃饭，分享令人捧腹的笑话或发自内心的忏悔。我为了快乐而绘画和阅读，通过冥想来静修。可能我做的事情有些多，但无论以什么标准来衡量，我常常都是特别快乐的。

我唯一做得不好的时候，就是把照顾孩子的需求放在自己的需求之上的时候。我筋疲力尽时就会得咽喉炎。在写这本书时，我的睡眠严重不足（如果我需要在凌晨四点半醒来工作，那我必须在孩子睡觉的时候就睡觉），我在几周内只去了两次健身房。我总是在工作，陪孩子的时间都很少。为了回到正轨，我知道我需要花更多的时间和我的朋友们在一起，我需要一段没有孩子在身边的闲暇时间，我要做一些滋养我灵魂的事情。如果我没这么做，那么除了得咽喉炎以外，我还会在与孩子相处时感到烦躁易怒。我无法充分利用我与莫莉和菲奥娜相处的有限时间，因为我太累了、压力太大了，所以我很快就会对她们发火，这就影响了我们的互动。我需要做的是把和孩子相处的时间，换成锻炼身体或和朋友们出去玩的"个人时间"。

这样做好像有些自私。对于一个想要全心全意完成育儿计划的人来说，尤其如此。我自私吗？我是应该少做些工作多陪陪孩子呢，还是应该多做些工作以保证经济稳定呢？我应该为我的孩子做出更多更大的个人牺牲吗？我的孩子会因为多了一些与我共处的时间而受益吗？如果我周日下午放弃画画，和孩子一起去当地的小学校园骑自行车，会让她们更快乐吗？会让她们为成年做出更好的准备吗？孩子多和我待一分钟，她们的幸福感就会多提高一点儿，这样的想法算不算是自恋呢？

我知道这些问题的答案：我个人的幸福快乐是由我为自己腾出的时间所滋养出来的，而这种幸福快乐能使我的孩子受益。我已经读到过能证明这一点的科学研究结果了。

所以，摆脱罪恶感，享受自己的喜悦吧。在这一步里，我将告诉你为什么戴好你自己的氧气面罩是如此重要，为什么在你试图教会孩子幸福快乐所需的技能之前，你应该先追求你自己的幸福快乐。这部分内容能让你大致了解这本书其余部分的脉络，同时，也将为你提出许多怎样才能让自己幸福快乐的建议。

这部分内容还讲了另一件在你照顾孩子之前非常重要的事情：你的婚姻质量（如果你已婚）或者你与孩子的另一位家长的关系。婚姻质量是父母本人幸福快乐的一个重要组成部分，它会对孩子产生巨大的影响。所以，这个部分一半以上的内容都是关于你应该如何与孩子的另一位家长相处的。

可能有人会说："修复婚姻？可是，你自己不就是单身吗？"有人可能会以为这部分内容是要讲如何修复婚姻，会觉得奇怪，我一个单身女人，有什么资格教别人怎么修复婚姻。的确如此，说得很对。下面给出的所有关于保持婚姻牢固的科学建议对我本人都不起作用，相信我，我尝试过。我以为我可以靠自己的意志力来修复我的婚姻，但其实我做不到。现在我知道了，再多的努力也是无济于事的。

所以，有些人可能会认为不应该接受我关于婚姻的建议，因为它对我自己都不起作用。然而，大家要注意，这本书中的所有建议都是基于科学研究，而不是我个人的观点。这很好，因为事实上我失败的不仅仅是婚姻。回想起来，我在书中所推崇的每件事上都至少失败过一次。例如，在我的生命中，有很长一段时间并没有学会感恩，我忽视了友谊。我的童年是在完美主义和固定型思维模式的困扰中度过的。我在养育孩子方面有时过于宽容，有时又过于专横。我有两次选择了糟糕的托育服务。作为父母，我的确犯过很多错误。

这就是为什么我是社会科学的忠实粉丝。我在科学研究的结论中寻找纠正错误的方法。作为一个人和一位母亲，我都已经学习并成长了。我发现，通常情况下，研究为我指明了一个与我之前所走的道路完全不同的方向，或者支持了一些我认为我知道，但其实我并不确定的东西。我学到的最重要的事情之一是什么呢？先照顾好你自己和你的婚姻。在你开始担心如何养育幸福快乐的孩子之前，先让你自己和你的婚姻（如果你已婚）走向一个更加幸福快乐的地方。

为什么要把自己的幸福快乐放在第一位？

作为父母，我们自己的幸福快乐会在很多方面影响孩子的幸福快乐。广泛的研究已经证实，感到抑郁的母亲与孩子的"负面表现"（如行为失常和其他行为问题）之间存在实质性的联系。实际上，父母的抑郁可能会导致孩子的行为问题，也会降低育儿的效率。看到父母心烦意乱和不开心，孩子会感到烦恼，他们的不良行为正是这种烦恼的表现。

抑郁的父母在教育子女时经常也收效甚微，他们不太可能以建设性的方式纠正孩子的不良行为。患有抑郁症的母亲在回应孩子的需求时往往不那么敏感和主动，她们也不太可能带着积极的情绪和孩子玩耍。那些母亲长期抑郁的孩子——可能会长期感到悲伤和绝望——在入学测试中的表现差强人意，他们使用的语言缺乏表现力，社交能力也比较差。而且，不仅是抑郁，母亲的焦虑（我就很容易出现这种情况）也会增加孩子的焦虑。

因此，如果我没有先戴好自己的"氧气面罩"（例如，我没有足够的睡眠或者没有好好地锻炼身体），那么我就会变得抑郁或焦虑，而我的孩子也有可能会受到影响。好消息是，有令人信服的证据可以证明这个等式的另一面：当我为了自己的幸福快乐而做事情时，我的孩子也将从中受益。

第一个原因很简单，孩子会模仿他们的父母，尤其是当孩子年龄还小的时候。孩子早在6天大的时候就会模仿父母的情绪，这是他们学习和成长的主要途径之一。因此，如果我们使用与创造幸福快乐相关的技能，把自己树立成一个幸福快乐的榜样，我们的孩子很可能会模仿我们的做法。举例来说，如果我以身作则，培养一些关键的快乐习惯，比如善良和慷慨，那么我的女儿们就更有可能成长为善良和慷慨的小孩。

研究表明，人们的情感倾向于趋同——在一起的时间越长，情感就越相似。因此，我自己越快乐，我的孩子就会越快乐。我的朋友及事业伙伴达切尔·凯尔特纳（我们一起管理幸福科学中心）与他的同事们一起进行了一系列有趣的实验，来研究关系亲密的人是否会随着时间的推移变得更加相似。研究人员记录了朋友之间和情侣之间的情绪及情绪化的反应。记录表明，在一年的时间里，这些人的确是变得越来越相似了。

此外，在一段关系中，权力更小的一方在情绪上会更接近另一方。这就是为什么那些倾向于乐观地解释事情的父母，他们的孩子往往也会更乐观。作为人类，我们天生就喜欢模仿。另一项实验则试图确定共同的基因能在多大程度上导致父母和孩子发展出相似的情绪，而这项研究却失败了：尽管这项研究确实发现，从统计学来看，幸福快乐的父母更有可能拥有幸福快乐的孩子，但研究却找不出任何遗传带来的影响。研究的结论是，孩子和父母的情绪可能非常相似，就像室友和恋人一样，但这种相似并不是因为父母和孩子拥有相同的基因。

一般来说，情绪是会传染的。加州大学圣地亚哥分校的一位政治科学家和哈佛大学的一位社会学家发表文章说，幸福快乐尤其会传染。他们的结论是基于对人们 20 多年来社会关系的分析，其结果表明，我们的幸福快乐部分取决于与我们所联系的人的幸福快乐程度。如果你是成年人，那么拥有幸福快乐的朋友、邻居或住在附近的兄弟姐妹，会大大增加你幸福快乐的概率。换句话说，某个社区成员的积极情绪会很容易传播给社区的其他人。

所以我建议，要听从航空公司的建议：先戴好自己的氧气面罩，然后再帮助周围的人。我并不是说你不能帮助他人，而是说，如果你自己因为缺氧而晕倒，那么你对任何人就都没有什么帮助了。就我个人而言，我发现，在我真正投入到培养幸福快乐的、富有同情心和自信心的孩子之前，保持自己内心深处的平和及某种程度的 "自我中心" 是非常必要的。

怎样做才能让自己幸福快乐？

要意识到，真正的幸福就在你的心中。不要浪费时间和精力去外部世界寻找平静、满足和幸福快乐。记住，幸福快乐并不存在于拥有或得到的那一刻，而只存在于付出和给予的过程中。伸出双手，分享你的所有，展露你的微笑，去拥抱他人吧。

——奥格·曼狄诺

关于怎样才能找到真正的幸福快乐及生活的意义这个话题，科学家们有很多话要说，本书将为你解读这些内容，以方便你理解。虽然这本书的重点是如何教会孩子幸福快乐所需的技能，但大多数相同的原则也适用于成年人。即使你自己有一个并不幸福快乐的童年，但成为一个幸福快乐的人永远都不会太晚。尽管科学家曾经相信有一个"快乐设定值"（即无论我们做什么，大部分人在一生中将保持或回归到大约相同的快乐水平），但我们现在有令人信服的证据可以论证这种说法并不正确。例如，在一项大型研究中，25%的成年参与者的快乐水平在17年里发生了显著的变化。在满分为10分的量表中，10%的参与者的快乐水平变化了3分或更多。因此，快乐更应该被认为是一种习惯的集合，而不是一种遗传特征。

让自己更加幸福快乐的方法有很多，这些方法不分优劣好坏。我的博客读者曾经引发过一场激烈的辩论，辩论的主题是："花时间拯救地球或在庇护所中照顾女性，是否比花时间重新调整自己，让自己恢复活力更好？"我完全赞成利他主义是通向持久幸福快乐的途径，我自己就花了很多时间去做志愿者，本书的"第2步：建立一个'村庄'"也将介绍通过帮助他人获得幸福快乐的方法，并分析它能做到这一点的原因。但是，我常常看到我身边的父母在照顾自己的需求之前，就先为别人付出和做事情了。如果你也习惯于没戴好自己的"氧气面罩"就去帮助他人，那么，从本周开始，你可以做一些简单的事情来让自己获得更多的"氧气"。

和朋友出去玩并且开怀大笑几次。通过与他人联结的方式来评估我们的幸福快乐程度是最准确的。我们有很多朋友吗？我们认识自己的邻居吗？我们和自己的大家庭亲近吗？我们关心自己的同事吗？有很多社会关系的人不太可能遭遇非同寻常的悲伤、孤独、自卑以及饮食和睡眠问题。

因此，为了带来持久的幸福快乐，我们需要长期经营我们的社会关系。当然，一个"约会之夜""扑克之夜"或"女生之夜"也一定会给我们带来即时的欢乐（我说的不是你喝得酩酊大醉的那种）。我们与朋友（或任何人，真的，任何人都行）分享的笑声通过延缓恼人的"或战或逃"压力应对系统[⊖]，确实能改变我们身体中的化学物质。一场大笑，甚至一些傻笑，都会使我们的心率下降，血压下降，肌肉放松。

因为笑是会传染的，所以你应该和那些爱笑的朋友或家人出去玩。他们的笑声会带动你一起笑。尽管他们的笑并不是以帮你放松情绪为目的的，但你的情绪的的确确会因此而得到放松。神经科学家认为，听到别人笑会触发听者大脑某个区域的镜像神经元，让听者觉得自己也在笑。关于社会关系怎样建立起我们幸福快乐的基础，请直接跳到第 2 步和第 5 步去了解更多的信息。

让你的孩子或伴侣给你按摩或帮你修剪脚趾甲。神奇的触

⊖ fight-or-flight，心理学、生理学名词，1929 年由美国生理心理学家沃尔特·坎农提出，是指机体在感到威胁时经过一系列的神经和腺体反应，使躯体做好防御、挣扎或者逃跑的准备。——译者注

摸是真实存在的。和笑声一样，积极的触摸也能引发化学反应，让我们感觉良好。被自己喜欢的人按摩或抚摸，哪怕只是短暂的抚摸，都能增加眶额皮质的活跃度，而这正是大脑中能让我们感受到幸福快乐的部分。触摸还能降低心血管的压力反应，降低我们的压力荷尔蒙（如皮质醇）水平。触觉对我们的身心健康至关重要。没有它，我们就会因枯萎而死亡。

因此，水疗（在家做或外出做都可以）是一个非常值得被强烈推荐的快乐助推器，而不仅仅是一种轻浮的奢侈行为。达切尔·凯尔特纳的研究表明，触觉是同情、信任、爱和感激的主要语言，它会促进我们体内催产素的释放，让我们感觉和按摩我们的人更亲近。

给自己一段安静的时间。 和一个冥想了几千个小时的人相比，有什么是他有而你没有的呢？让我们来看看：他有平和和安静。他的衣服上肯定没有孩子呕吐出来的东西，也没有沙坑里的污泥。同时，他大脑中负责幸福快乐的部分也变大了。这是因为大脑就像肌肉一样，如果你像这样训练自己的思维，那你就会改变自己的大脑。

对我来说，水疗的吸引力不仅仅来自于触摸的积极效果，还来自于可以让我有一些安静的时间来反思或冥想。想把你发出压力信号的脑电波转换成发出幸福快乐信号的脑电波吗？开始冥想吧！研究表明，当你感到幸福快乐时，你大脑中某个区域（左前额叶皮质）的活动会增加，而当你冥想足够长的时间之后，那个区域的活跃性就会增加。

过去的神经科学认为，当我们身高不再长高时，我们的大脑就差不多完成了发育而不再生长了。但是，现在我们知道，我们的大脑更像是一块肌肉——经常使用某个特定区域，它就还会生长。科普作家莎伦·贝格利（Sharon Begley）在她的著作《训练你的思维，改变你的大脑》中写道，研究表明，冥想是一种特别有效的方式，它可以促进大脑中负责记录积极情绪的部分的生长。西方人能坦然接受这样的观点，即：如果我们想在音乐、体育或学习一门新语言等方面出类拔萃，就需要刻苦地训练和练习。然而，我们却没有认识到，还可以通过训练和实践来让自己变得更加幸福快乐。本书的"第 8 步：充分享受当下"将告诉你，冥想是集中的快乐训练。

在阅读了以上关于冥想的内容后，你可能会想："嗯……我还是继续享受别人帮我剪脚趾甲吧，那好像更容易一些。"我的建议是，不要完全放弃为自己安排一些安静的时间。相反，要创造一些独处的时间来动笔写下你的"感恩日记"。写下你想要感激的事情，是一种能给你的生活带来更多幸福快乐的简单方法。"练习感恩"的人要比不练习感恩的人幸福快乐得多。他们更开心、更热情，对人对事都更有兴趣、更有决心。在一项研究中，研究人员让人们连续 10 周每周列出他们想要感激的五件事。在研究结束时，参与者"总体上对自己生活的感觉更好了，对未来也更加乐观了"。第 4 步我们会讲如何通过练习感恩来让自己变得更加幸福快乐。

做一些身体上的锻炼。很多新的研究表明，在治疗某些类型的抑郁症时，体育锻炼可能与药物治疗一样有效。定期锻炼身体会让我们更聪明、更快乐，还会增强自尊心。大多数人都知道，我们需要养成锻炼身体的习惯。如果想要知道具体怎样才能建立一个新的习惯，请参阅第 6 步中描述的方法。

让自己与自然世界接触。花时间身处大自然之中已经被证明可以增加我们的积极情绪，并清理我们的头脑。在树林里散步或在山里远足，在河边或小溪边坐下，在草地或海边小憩……怎么做都可以，能怎么做就怎么做，都会奏效的。一项实验表明，即使只是观看大自然的照片，也有助于提高人们的注意力和智力。不过，为了达到全面的效果，需要到一个自己能找到的最广阔的自然环境中去，并在那里待一段时间。

不要去购物。购物是我们很多人为了好玩而做的一件事。可惜的是，这么做不会带来持久的幸福和快乐感。推崇物质主义的人更容易抑郁或焦虑，他们的自尊心也较低。越是追求物质上的快乐，就越不可能得到它。在本书的第 9 步，你会看到更多与"物质主义如何摧毁幸福快乐"相关的内容。

修复与孩子另一位养育者的关系

显而易见，维系一段感情是需要时间的，而这些时间你原本可以用于和孩子在一起。不过，研究表明，改善与孩子的另一位养育者（即使你们并没有结婚）的关系，会对孩子的身心健康产生积极影响。因此，虽然这意味着要放弃一些和孩子在一起的时间，我也还是要说：与任何帮助你抚养孩子的人成为更好的朋友是很重要的，你要把它作为优先事项来对待。

　　这么做有百利而无一害。首先，我们不需要担心我们花在孩子身上的时间比传统父母花在孩子身上的时间少。研究表明，超过一半的人会因为自己和孩子在一起的时间太少而感到内疚。我想说的是，大可不必。我们花在孩子身上的时间并不比父母花在我们身上的时间少。已婚母亲现在用于照顾孩子的时间比过去多了21%！父亲也在加大时间投入。尽管他们用于照顾孩子的时间还不到母亲的一半，但父亲花在孩子身上的时间也已经翻了一番。这是怎么回事？难道我们不再是超级大忙人了吗？

　　好吧，我们现在经常同时处理多项任务。我们吃外卖，我们不再熨烫床单，我们和朋友、家人、配偶（是的，你猜对了）在一起的时间更少了。这让我回到了我的观点：要优先考虑你和孩子另一位养育者的关系（即使你们没有结婚），因为你们的关系对孩子的幸福快乐是非常重要的。心理学家菲尔和卡洛琳·考恩（Phil and Carolyn Cowan）数十年来一直在研究婚姻和育儿，他们想告诉我们的是：如果我们改善了育儿方式，不一定会改善婚姻；但如果我们改善了婚姻，那么一定会改善育儿方式。

　　心理学家和多产作家约翰·戈特曼（John Gottman）也一直在研究牢固的婚姻和健康的关系，他指出了伴侣可以做哪些最重要的事情来改善他们的长期关系。约翰·戈特曼说，我们需要做的两件重要的事情是：以积极的方式处理冲突和成为更好的朋友。

5 小时关系改善法

戈特曼提出了一个由三部分组成的加强婚姻纽带的方法。如果你现在没有和孩子的另一位养育者处于婚姻之内，那么我建议你无论如何都要试用一下这个处方。

1. **开始建立对他 / 她的喜爱和情意，越快越好。**我的一个好朋友很擅长对他的前妻这样做。是的，你没看错，是他的前妻，他儿子的母亲。他总是大谈特谈他第一任妻子作为母亲的伟大品质。当他和她打电话时，即使他们只是在讨论去学校接孩子或者周六去看孩子比赛这样的琐事，你也可以从他的声音中听到感激和喜爱。这并不意味着他仍然爱着他的前妻（事实上，她做了很多让他烦恼的事，而他也愉快地和别人再婚了），他只是意识到她在抚养儿子这方面做得很好，而他对此很感激。

2. **要知道他 / 她的生活中发生了什么，并对此做出反应。**根据一项对家有幼儿的夫妇的研究，用丈夫的爱和关心来预测妻子对婚姻的满意度是最准确的。

3. **在处理问题时，要把它看成是你们都能控制并一起解决的事情。**在《维持婚姻的七大原则》一书中，约翰·戈特曼用了整整一章的篇幅，来讲述那些能让你与他 / 她走得更近的练习。约会之夜当然非常重要，但约翰·戈特曼和朱莉·戈特曼发现，除此以外经常做一些有积极意义的"小事"，给婚姻带来的不同是最大的。他们认为："每周神奇的 5 个小时"是建立亲密关系的重要工具。在繁忙的一周之中拿出 5 个小时看上去很多，但当你看到他们建议你如何度过这些时间时，就会觉得是可行的。

- 工作日早上出门前两分钟：不要在不知道他 / 她将面临什么情况时自己去上班、上学或做其他事情。

- 下班回家后二十分钟：在一头扎进晚间的各种事务之前先一起放松一下。认真听听他 / 她的话，并给予必要的支持。在你开始提供建议之前一定要三思，要记住，你的主要目的是倾听。

- 每天五分钟：表达对他 / 她的尊重和赞赏。在家庭中增加一点感恩行为。每一天都要找到你欣赏伴侣的地方并给予他 / 她真诚的赞美。

- 每天五分钟：做一点爱的表达。每天至少亲吻、搂抱、拥抱或触摸你的伴侣五分钟。希望能超过五分钟！

- 每周两小时：安排时间更好地了解你的伴侣。你们可以在游戏中互相提问，或者利用这段时间来解决问题。如果你没有时间或者没钱去约会，那就想些别的法子。比如，孩子睡觉后，你们一起在客厅里喝上一杯葡萄酒，或者，与另一个家庭轮流照顾两家的孩子，然后你们腾出时间一起出去散步。

戈特曼的"5 小时关系改善法"是一系列幸福快乐的习惯，它将帮助你和你的孩子。你要慢慢地让上面提到的每一项"任务"成为你们关系中日常生活的一部分。你们的关系会变得很好，你们的孩子也会变得很好！

你微不足道的性生活

分娩本身以及随之而来的养育孩子的压力，对哪怕是最有活力的性生活都是一种考验。但是，性生活走上正轨，对我们孩子的幸福快乐有着重要的影响。

在婚姻的过程中，夫妻性生活的质量往往会稳步下降，所以如果你的性生活不像以前那么好了，那么你要知道，并不是只有你一个人是这样的。当我们已婚且有了孩子之后，性生活就不那么令人满意了，也不那么频繁了。在一项研究中，大约 50% 的父母在他们第一个孩子八个月大时，将他们的性生活描述为"糟糕"或"不太好"。

结婚的时间越长，性生活的频率就越低。大多数夫妻在结婚的第一年会有很多性生活（这是"蜜月效应"），但在第一年结束时，频繁的性生活就会急剧减少。一旦有了孩子，生理需求就开始折磨我们。罗格斯大学研究浪漫爱情大脑回路的人类学家海伦·费舍尔（Helen Fisher）说，有了孩子后，夫妻双方的性兴趣差异是由数百万年的进化和适应所造成的。例如，当一个女人在给孩子喂奶时，她的催产素水平会激增，这让她对孩子产生强烈的依恋感，同时，与性欲有关的睾丸激素水平则会直线下降。

"孩子的妈妈不只是过度劳累和找借口——她被下药了",费舍尔博士如是说,"从达尔文进化论的角度来看……父母双方都在对抗一种基本的进化机制,这种进化机制是为了要加强母婴关系以及为人父母时男女之间的关系,而不是性关系。"

预测一对夫妻多久会跳一次 "无裤舞" 的一个最重要的参考依据是他们对婚姻的满意度,这在一定程度上让微不足道的性生活回到了我们的掌控之中(参见前文进过的 "5 小时关系改善法")。在我们的工作中还存在着其他一些性别差异,这些差异通常也会在卧室里留下印记。男性平均每周想要四次性生活,而女性平均每周只想一次。如果你想要一种更喧闹的性生活,这里有一些办法或许可以帮助你激发伴侣的性欲。

1. 女人常常因为男人不帮忙做家务或照顾孩子而怨恨男人,这种愤怒通常会影响她们的性欲。如果想从一位漂亮妈妈那里得到更多的性爱,那么你需要重新考虑一下如何进行前戏。孩子出生之前的浪漫是:送花给她,夸奖她的身材,用鼻子蹭她的脖子。孩子出生之后的浪漫是:在她没有要求你的情况下把衣服叠好并放好,注意到她是否疲惫,帮她放好洗澡水,在她洗澡的时候做她想要完成的任何乏味的家务。

2. 科学研究支持的另一个常识是:性对男性和女性的意义往往是不同的。女性将性视为一种情感亲密的表达,而男性则将性视为通往这种亲密的途径。女性往往会在伴侣对她们表现出爱和深情的时候,对性和婚姻感到更满意。她们通常会把那些口头表达亲密关系的活动(比如真诚的交谈)当作导致性行为的因素。相比之下,男性往往对语言上的亲密不太感兴趣,他们认为对伴侣身体的渴望是他们开始性行为的原因。这里的结论是：语言上的亲密（那些让你们以积极的方式真正联系在一起的深度讨论）可以助你一臂之力。如果你们没有像你希望的那样有频繁的性生活，那就从交谈开始和你的伴侣建立联结吧。

抛开这些令人沮丧的性别差异不谈，我这里有些好一点儿的消息给你：有了孩子之后，性生活并不一定会减少。大多数夫妻在孩子出生之后恢复成一周两次性生活，而且，相关的调查研究支持这样一种结论，即女性在30多岁时达到性欲高峰（我和我的朋友们也都有过这样的经历）。研究结果表明，女性在描述自己时，常常会说，相比其他任何年龄段，30多岁是自己一生中性行为最活跃的阶段。某些专家认为，女性甚至会在她们40多岁的时候才达到性欲的峰值。我认为，女性的性欲高峰或许与她最小的孩子开始上幼儿园的时间重合，或者至少是在母乳喂养结束时才会出现。

但是，在生物钟重新开始为你工作之前，研究人员建议你还是要去寻找一些方法来抵抗这些来自于社会的、人际关系的和生物学上的压力，尽可能地防患于未然。很多知名的治疗师都建议，如果你实在没有别的办法，那就提前把和伴侣过性生活的细节按步骤列个时间表。我不同意这种建议，因为它看起来冷酷而不浪漫。当然，我们需要留出时间彼此接触——这叫作"约会之夜"。当然，我不反对在和伴侣约会之前提前几天计划好行动，让自己兴奋起来。但是，有必要把这些私密的"动作"都排个时间表吗？

不管怎么样，研究表明，对是否拥有健康的性生活来说，有没有时间并不一定是最大的障碍。平均而言，有孩子的双职工夫妻的性生活并不比同样有孩子的居家夫妇的性生活少。以上讨论的只是一些有可能妨碍到你性生活的因素而已。所以，我认为，与其为自己限定只花 15 分钟来快速做爱，倒不如少花些精力在那些会阻碍你性生活的事情上。

　　另一方面，任何形式的性互动都会在我们的大脑中引发一系列感觉良好的化学物质。我认为这一点是非常正确的。一旦我们的婚姻幸福美满，我们就会尽力把性爱想象成体育锻炼：我们可能一开始不愿意离开沙发，而一旦我们开始，我们会很高兴自己离开了沙发（第一个俯卧撑总是最难的）。因为亲密关系与婚姻满意度密切相关，所以，如果我们想让自己的婚姻持续到孩子离开家的时刻（许多婚姻都在这个时刻焕发了新生），那么保持这种亲密关系是很重要的。

我们应该为了孩子在一起吗？

　　这个问题我自己也思考了很久。社会上普遍认为，如果父母在一起会对孩子更好，我们的祖辈就是这样做的，或者说，他们曾努力这样去做。很多人认为，平凡的婚姻也比没有婚姻对孩子更好。我们之所以会这样认为，部分原因来自于心理学家朱迪思·沃勒斯坦（Judith Wallerstein）的一项研究。这项研究存在巨大的缺陷，但却很有影响力，而且曾被广为宣传。

　　该研究"表明"：孩子不会注意到父母的婚姻不幸福。沃勒斯坦认为，除非因家庭暴力而离婚，否则当父母离婚时，孩子的境况会更加糟糕。这项研究使许多美国人维持了他们的婚姻。它虽然受到媒体的欢迎，并成为《纽约时报》的畅销书，但却遭到了社会科学家的抵制，因为沃勒斯坦并没有随机选取离婚或仍在一起的家庭，而是选取了一组有精神健康问题的离婚人士作为她的研究对象。她的研究不符合公认的科学标准，也不应该推广到那些实际并未与她所治疗的稀有疾病（通常是精神疾病史、临床抑郁症和自杀倾向）做斗争的家庭。

以下是我从自己曾经读过的许多关于这一主题的优秀研究中得出的结论：对孩子的身心健康而言，最重要的是父母关系的质量，而不是父母关系的状态（双方是否曾经结婚，双方的婚姻是否仍然存在）。无论父母是否处在婚姻之中，双方的冲突都不利于孩子的幸福快乐。加州大学伯克利分校的研究人员菲尔和卡洛琳·考恩说："对双亲家庭的研究一致发现，当一对夫妻的关系以未解决的冲突和不快乐为特征时，他们的孩子往往会有更多的攻击性行为或害羞、退缩性的行为，他们的社交能力和学习能力也更差一些。"此外，当夫妻关系不融洽时，他们对彼此的恼怒或愤恨往往会影响到他们与孩子的关系。"有些孩子会受到双重打击"，考恩夫妇说，"这些孩子既要承受父母水火不相容的对抗或冷战的情绪，又要承受因父母双方冲突而对自己疏于照顾和管教。"

我知道，当我和丈夫吵架时，我很难一边控制那些不断涌出的强烈的负面情绪（愤怒、失望、伤害），一边努力把菲奥娜和莫莉的日常生活保持在正确的轨道上。而且，如果孩子们当时的状况需要我保持冷静和坚持原则才能处理好，那么我通常就可以赢得"糟糕母亲"的全能奖项了。因为当我自己已经心烦意乱时，我更有可能会用一种既不冷静又不理智的方式来管教孩子。

那么，应该为了孩子在一起吗？这取决于你们婚姻中的冲突有多激烈，你们有多不快乐以及你们是否能解决这些问题。

我们只能像动物一样处理冲突吗?

为人父母是免不了争吵的。但是,我们如何争吵以及如何解决冲突,会对孩子的健康和幸福快乐产生巨大的影响。大量研究表明,父母之间的冲突,无论他们是否在婚姻中,都会增加孩子出现各种问题的风险,包括抑郁、焦虑、不服从、攻击、犯罪、自卑、反社会行为、睡眠问题、学业成绩不佳、社交能力低下,甚至健康问题。我只想说,和孩子的另一位养育者争吵,对你的孩子来说不是一个"幸福快乐的习惯"。

有些冲突也许是不可避免的,但请听好:父母之间的冲突(无论他们是否在婚姻中)对孩子的幸福快乐和成长发育来说都是一个大问题。某些类型的争吵甚至会影响你未出生的胎儿。研究人员艾莉森·夏皮罗发现,通过夫妻在怀孕期间争吵的方式,可以预测婴儿在三个月大时平静和专注的能力如何,这种预测可以达到一半以上的准确率(好消息是,这种损害是可以逆转的)。

如果你尚未找到动力去改善你们争吵的方式,那么请想象一下:你和孩子的另一位养育者之间的争吵方式,就是你孩子青春期时与你争吵的方式。如果你通过生气发火来解决冲突,那么你青春期的孩子也将会如此。相反,如果你采用更有建设意义的方法来解决问题,那么你的孩子到了青春期时,也很可能会模仿你的做法。

用积极的方式处理冲突

此处的小练习基于数十年的研究成果，将教会你如何以一种不会伤害孩子的方式与孩子的另一位养育者沟通。和大多数事情一样，当我们与伴侣（或前任伴侣）争吵时，就是在为孩子树立重要的行为榜样。冲突是生活的一部分，如果处理得当，可以把处理冲突当成培养孩子情绪认知的重要一课。

按照研究人员约翰·戈特曼的说法，婚姻稳定的夫妻在积极解决冲突时会做三件重要的事情。记住，对你的伴侣有好处的事情对你的孩子也有好处。

1. **为你的抱怨加上一点糖衣，就像对待一个你不想伤害其感情的好朋友那样**（戈特曼称之为"软启动"）。我本人非常喜欢直截了当地说事情，所以我总是做错。有一次，迈克在我们原本计划好要做第一次家庭度假的时段里安排了出差。我对他说："你在想些什么？难道你不关心我们吗？为什么不把我们的假期写在你的日历上？我该怎么做？帮你写日历卡吗？你真希望我做你的秘书吗？"现实的婚姻就是这样丑陋。毫不意外，我们的谈话进行得并不顺利。我应该软化我的"启动"，我可以说："哦，迈克，来看看日历，看看你把去波士顿出差安排在了什么时间。你知道你的这趟旅行和我们原计划的假期有冲突吗？"如果我这么说，可能就会奏效了。

2．冷静下来。如果讨论变得过于激烈，那就先休息一下吧。研究表明，如果男性真的开始生气了，那么花点时间降低他们的心率尤为重要。商定一个时间，也许是半小时之后，你们重新聚在一起，重新开始讨论。在这段"休战"的时间里去做点什么，让自己暂时不去想这场战斗。如果你知道如何冥想，那么现在就是冥想的绝好时机。如果你在一场争吵中过于激动，那你必须学会让自己平静下来。无论你做什么，都不要躲到某个角落里生闷气，也不要像我一样精心算计怎样才能赢过对方（大家都知道我喜欢记下要点来使我的论点无懈可击。但这并不是减少肾上腺素在我血管里流动的好方法）。你们的目标是冷静下来，这样就可以平静地回到讨论中了。

3．掌握谈判的艺术。这意味着你需要接受伴侣对你的影响，即使一开始你认为他 / 她完全不理智，你也要这样做。戈特曼推荐"以退为进"原则。这是一个简单的事实，如果你想"赢得"一场争论，你不能简单地反驳"对手"所说的一切，因为这样做只会使战斗升级。我们需要做的是让我们的伴侣至少在某些方面同意我们的观点。为了做到这一点，我们必须在伴侣说的话中找到我们能同意的部分。这对我来说很难，因为我有惊人的辩论天赋，而且总是认为自己百分之百正确。

《情商与孩子》一书的作者、家庭顾问艾琳·希利警告说，这种策略如果用得不对，可能会导致一个无人满意的解决方案。例如，我放弃一些东西，然后你放弃一些东西，然后我放弃……直到我们都没有想要的东西为止。如此多的妥协并不能令人满意地解决冲突。艾琳强调说，谈判的艺术涉及积极地解决问题，我们应该不断地努力沟通，直到双方都觉得找到了一个较好的解决方案，或者，至少找到了一个双方都愿意尝试的方案。

研究还提醒了我们一些常识性的事情：当孩子亲眼看见冲突时，高度冲突的关系对孩子的伤害更大（这并不是说，伴侣之间有很多冲突却瞒着孩子就是可以的，这只是两害相权取其轻而已）。几乎所有愤怒的互动，包括非语言的互动，都会让你的孩子感觉不好。当然，不尊重人的争吵（谩骂、贬损、诅咒）对孩子也是有害的。

有趣的是，从孩子的角度来看，简单地以道歉、保留意见、收回所说的话或草率的服从来结束争吵并不是理想的结果。虽然这些似乎是结束一场战斗的低度冲突方式，但通过父母其中一方（而不是双方）来解决的冲突，从孩子的角度来看其实并没有解决问题。如果你们不能在孩子面前解决冲突，那么稍后一定要向孩子证明你们的关系已经修复了。要告诉孩子你们已经重新建立了联结，并告诉孩子冲突是如何解决的。

正如儿童心理学家鲁道夫·德瑞克斯（Rudolf Dreikurs）所说的："孩子是伟大的感知者，但却是糟糕的解读者。"当父母吵架或父母自己不开心时，孩子会深深地感受到。孩子很善于感知情绪和紧张感，但他们通常会认为他们自己对父母的争吵甚至父母的不开心负有责任，这可能会让他们感到沮丧、焦虑甚至抑郁。**好消息是，研究一再表明，父母积极而相互尊重地修复冲突，对那些长着大耳朵的小人儿最有好处。**当孩子看到我们做父母的解决了彼此之间的分歧，看到我们在对自己的幸福快乐负责时，他们也会学到这个将使他们受益终生的技能。

RAISING HAPPINESS

建立融洽的关系

冲突是成长的契机

"村庄"必须建立在善良的基础上

养育善良孩子的七种方法

都有谁住在你们的"村庄"里?

第**2**步

建立一个"村庄"

你可以称其为氏族，也可以称其为网络，还可以称其为部落，或者称其为家庭：不管你怎么称呼它，也不管你是谁，你都需要一个。

——简·霍华德

幸福快乐的关键是什么？这是我在聚会和演讲时最常被问到的问题。专业团体、父母、教师和青少年，来自每个地方的每个人都想知道：是什么真正让我们感到幸福快乐？是性爱吗？是金钱吗？是瑜伽吗？

如果让我选择对人类的幸福快乐而言最重要的一件事，那我会说，我们与他人的关系比任何其他事情都重要。非常幸福快乐的人比不那么幸福快乐的人有更强的社会关系，其中很大的原因就是幸福快乐让人们想要成为你的朋友，而有很多朋友则让你更加幸福快乐。

的确，我们的幸福快乐与我们的人际关系如此紧密地联系在一起，以至于它们实际上是等同的。有很多朋友的人很少经历悲伤、孤独、自卑、饮食问题或睡眠问题。社会关系缓冲了我们的压力，使我们在身体和情感上更健康。另外，与他人分享积极正向的事情和感受，也会增加我们的幸福感。

心理学家大卫·迈尔斯做了大量的工作来研究人际关系和幸福快乐之间的联系，他得出的结论是："在预测一个人是否幸福快乐时，最好的参照就是他／她是否与其最好的朋友保持着亲密的、互相滋养的、平等的、知心的、终身的相伴关系。"我想把这个概念扩展到我们所有的人际关系之中：没有什么比我们的"村庄"有多强健、多积极更能体现我们的幸福快乐水平了。我们的孩子也是如此。我们都知道，"抚养孩子需要一整个村子的人共同努力",但我们当中有多少人能感觉到自己的孩子已真正嵌入了一个由朋友、父母、亲戚和邻居组成的强大网络呢?

尽管科技和社交媒体(脸书、推特、短信)的发展让我们比以往任何时候都更容易与很多人"保持联系",但实际上,美国人彼此之间的联结却越来越少了。作为一位母亲,这让我不得不思考我们是如何度过个人时间的:如果我们的幸福快乐是通过我们与他人关系的数量和质量来预测的,那么我们该如何在家庭和社区中培养大量牢固的关系呢?

我经常觉得很忙,有时候忙得连和朋友在一起的时间都没有。然后我就会想到自己正在给孩子做出何种榜样。如果我忙得连见朋友都顾不上,那我还有时间做其他什么事情吗?对于我们的整体健康来说,没有什么比我们的人际关系更重要了,对孩子来说尤其如此。人际关系被证明是对孩子健康成长和幸福快乐影响最大的因素之一。

有两种方法来"建立一个村庄",让你的孩子乐在其中,茁壮成长。第一种方法是教孩子如何交朋友以及如何维持友谊。孩子是否能很好地与他人建立良好的关系,会极大地影响他们在童年及以后生活中的幸福快乐程度。经常被同龄人排斥的孩子会有更多的问题,例如,他们更有可能触犯法律,在学校表现很差或者成年后出现精神问题。而那些建立了牢固的人际关系并具备社交商的孩子——正如情商大师丹尼尔·戈尔曼所说的——往往会茁壮成长。

社交商高的孩子能够与周围的人建立融洽的关系,能读懂他人的情绪，并以建立友谊和加深联系的方式做出回应。父母如何才能帮助孩子发展社交商呢？我们需要为孩子建立起一个繁荣的"村庄"。这本书中列出的许多习惯——比如培养孩子的情商（第5步）或选择感恩、宽恕和乐观（第4步）——能让我们更加幸福快乐，因为它们能培养我们与他人更深入的、更积极的联结。在这一部分我们还会讨论其他一些有助于培养社交技能和增强人际关系的元素：建立融洽的关系、解决冲突、培养孩子善良和乐于助人的品质。

父母为孩子"建立村庄"的第二种方法也许是更容易被观察到的，那就是培养孩子与他们所有的"其他家长"的关系。整个社会给母亲施加了很大的压力，要求她们承担并提供孩子幸福快乐所需的一切。然而，父亲（就像祖父母、叔叔、姨妈及我们亲密的成年朋友们一样）对孩子的幸福快乐与身心健康也是很重要的。我们需要让孩子融入丰富的人际关系社区中去。孩子可以在那里磨炼自己的社交技能。这些关系还会给孩子带来很好的安全感，滋养他们的灵魂，成为他们快乐成长的源泉。

建立融洽的关系

每个人都认识这样的人，他们和谁都能一见如故。我的朋友菲利普就是这样。和菲利普交谈时，你能感受到他的热情和真诚。你会觉得他真的理解你，他被你的谈话吸引住了。当你和菲利普这种具有高度社交商的人交谈时，你会"感受到被感受"，正如丹尼尔·戈尔曼所说的那样。当你和另一个人建立融洽的关系时，你们彼此是如此合拍，以至于你们的非语言交流（你们如何移动双手和眉毛，你们姿势的变化）开始趋于一致。在我和菲利普的交谈中，我注意到当他摸他的脸颊时，我也在无意识地摸我自己的脸颊。当我向前倾时，他也向前倾。菲利普的社交能力很强，他几乎可以立刻理解任何人的感受并建立起一种温暖而有吸引力的关系。

研究人员发现，有一些技巧（或者对某些人来说是习惯）可以让人们变得和他人同步，然后迅速建立起完全融洽的关系。具体来说，有两个方法我们可以和孩子一起练习。

1. **目光接触**。研究表明，眼神交流能打开我们产生同理心的神经通路。例如，当别人受伤时，如果我们看着他们的眼睛，那么我们自己的面部表情则更有可能模仿他们脸上痛苦的表情。同样，当人们面对面谈判或处理冲突时，如果彼此看着对方的眼睛，则他们更有可能合作，这使得双方都实现了更高的收益。我的朋友杰克已经练习禅与合气道近20年了，他很有耐心地展示他修行的成果。他常常并不急于和他的儿子洛根进行口头交流。相反，他会与洛根面对面，看着他的眼睛，直到洛根安定下来，然后两人通过眼神交流取得联结。目光接触也能产生出融洽关系的第二个要素，即积极的情绪，因为我们给予彼此的强烈关注会让我们感觉良好。

2. **积极的情绪**。我们人类可以通过语音语调和面部表情来传达大量的非语言信息。一项研究显示，如果经理给员工提出负面反馈时表现出温暖的情感（声音和表情富有同情心，表现出肯定的意味），那么员工就会对谈话的内容有正面的感觉。当我们纠正孩子的错误或给他们传达坏消息时，也可以用这个方法来与孩子建立融洽的关系。如果我们的表情和语气在说"我爱你"，那么即使我们说的话字面意思可能很难听，孩子很可能仍然会觉得这是一次很好的互动。

孩子需要练习这种有点棘手的沟通技巧。例如，菲奥娜被邀请去她的朋友塞西家玩，而她已经和另一个女孩有约了。菲奥娜知道塞西会很失望，甚至可能会觉得有点被冷落。但是菲奥娜和我练习过如何传达坏消息，她知道重要的是要让塞西知道自己有多爱她。当你看着这两个女孩交谈时，你会以为她们在分享一个非常特殊的私人时刻。菲奥娜走近塞西，把一只手放在她的肩膀上，说："我不能来玩，因为我要去露西家。"然后，两个女孩久久地拥抱在一起。没有怨恨，只有无尽的爱。

建立融洽关系的能力是社交商的核心。当我们在孩子与他人的互动中看到"同步性"时，我们就能判断出他们开始擅长这项技能了。同步性是融洽关系中唯一可能无法练习的要素。高度和谐的互动就像花样游泳：它看起来像是一场舞蹈，对话在双方之间来回自由地流动，就好像是精心策划好了似的。建立了融洽关系的人彼此之间会更靠近，他们可以自由地表达自己，他们的眼睛闪闪发光，他们的双手动作活跃。他们经常会把椅子拉得更靠近对方，而且他们也很适应两人都沉默不语。研究表明，人们的动作和举止越自然地同步，他们的融洽状态就越好。例如，当学生无意识地模仿老师的姿势时，他们更有可能会说自己与老师关系融洽，而且老师在教授内容时与该学生的互动也比与别人的互动要多。

关于同步性的好消息是，我们的大脑天生就会创造它。科学家已经证明，一旦两个人建立起融洽的关系，甚至他们的呼吸也会同步。同样，婴儿和学步儿也会让自己牙牙学语的韵律与母亲说话的节奏一致。即使在子宫里，胎儿也会让自己的动作与外界的语言保持同步。

关于同步性的坏消息是，这种同步性不能被伪造或有意识地创造出来。当同谋者（与研究人员"勾结"的人）有意识地模仿与他们交谈之人的姿势和手势时，他们并不是特别受对方欢迎。但当同谋者自发或无意识地模仿对方的动作时，他们则会被对方认为更可爱、更有吸引力。所以同步性不是我们可以直接指导孩子或者教他们有意识练习的东西。但当孩子学会表达自己的积极情绪并给予他人充分关注时，同步性就会自然而然地出现了。

我相信菲利普有能力与我们当中最不擅长社交的人建立联结，这是他感到幸福快乐并对生活高度满意的关键。但毫无疑问，这种技能不仅仅是派对上的把戏，它对纠正错误的关系很重要，对在冲突破坏关系之前就解决冲突也很重要。如果我们想让孩子过上幸福快乐而有意义的生活，那么就需要引导他们掌握一些与他人建立牢固友谊的技能，包括以多做事而不逃避的方式处理冲突的技能。

冲突是成长的契机

"他是一个完全逃避冲突的人,所以我们不会因为任何冲突而争吵。"我的朋友最近在向我们解释她和丈夫是如何解决分歧时如是说。让她感到自豪的似乎是:她家的战斗级别很低。她的潜台词是:"冲突是不好的,很高兴我们家没有冲突。"

冲突会让人很不舒服。当我们自己想要的与别人的愿望不一致时,冲突就会产生。在学龄前儿童和兄弟姐妹之间,冲突通常是因为争夺玩具或空间。我8岁的女儿超级迷恋规则和公平,所以当规则没有被遵守到令她满意的程度时,冲突就会发生。无论年龄大小,我们大多数人都认为,当我们内心的观点和信仰受到质疑时,我们就会进行争论。但是冲突并不等于争论。你和我可能在某些事情上意见不一致,因此我们之间就会产生冲突。但这并不意味着我们一定要争论或者一定要对与我们意见不一致的人产生负面情绪。一旦我们看到冲突并不总是导致愤怒或痛苦,就能理解为什么冲突是积极成长和学习的训练场了。

因为冲突会激发变化,所以生活才会变得有趣。想想看,如果电影里面没有冲突,那该多么让人昏昏欲睡啊。冲突对于智力、情感甚至道德的成长都是必要的。这是好事,因为无论我们如何避免冲突,冲突总是会存在的。孩子之间的冲突就像他们呼吸的空气一样,玩耍的孩子们每三分钟就会经历一次冲突。

虽然我们可以避免成年人之间的冲突,却无法避免孩子之间的冲突。大多数父母和老师都在不断地与孩子讨论怎么解决孩子之间的冲突。在我们教他们之前,孩子是不知道如何建设性地解决争端的。一项研究表明,如果听之任之,90% 的小学生之间的冲突都无法得到解决或将以破坏性的方式结束。大多数的孩子会避免冲突或试图征服他们的反对者,超过 60% 的孩子会依靠成年人来解决他们的冲突。在阅读了十几篇关于解决冲突的研究报告后,我发现我自己的小可爱们经常用三种不健康的方式来处理冲突:

1. 强迫。比如,莫莉会从菲奥娜手中夺走一个她想要的玩具然后跑开。

2. 后退和回避。比如,菲奥娜会大声说"我不想再谈这个了",然后走出房间。

3. 屈服。比如,菲奥娜想要莫莉手里的某件东西,而莫莉不肯放弃,于是菲奥娜就一直数落和质问莫莉。莫莉常常会觉得忍受菲奥娜的数落和质问非常不值得(因为她可以抓住这个机会来获得我的赞许),于是就非常贴心地把菲奥娜想要的东西给了她(我要提醒自己:当孩子屈服于兄弟姐妹的责难时,不要再表扬她们了)。

如何干预孩子之间的冲突?

当孩子们吵架时,我们成年人主要通过两种方式进行干预。第一种是我称之为"简单叫停"的方法:告诉孩子该做什么("把东西还回去并说对不起"),把他们分开或者拿走引发冲突的东西。我们是独裁者或法官，无须吵闹的群众帮忙就直接提出了解决方案和戒律。尽管这些似乎是必要的，但它并没有教会孩子如何建设性地解决冲突，也没有教会孩子如何自己解决冲突。有效地解决冲突需要同理心：孩子必须能够考虑他们的朋友或兄弟姐妹的观点，这为孩子学习考虑他人的感受提供了一个自然的机会。

我们可以采用的另一种干预的方式是充当调解人或教练，而不是独裁者或法官。与其叫停冲突或把我们的解决方案强加给孩子，不如帮助他们看到彼此的观点，并鼓励他们提出自己的解决方案。研究表明，学习如何积极地解决冲突，除了能帮助孩子建立牢固的友谊之外，还能给他们带来其他的好处，包括促进学习方面的表现，增强自信和自尊。它还被证明与更高的学习成绩、更高层次的推理和创造性解决问题的能力有关。学习如何解决冲突还可以帮助孩子应对其他类型的压力，使他们在青少年时期的适应能力更强，抗挫折能力更强，从而使他们在成年后更成功。

至此，你可能会认为这部分内容是为大一点的孩子和青少年的父母准备的。是的，的确是这样。不过，从孩子很小的时候就开始教授他们建设性的冲突解决技巧也是很重要的。2岁的孩子就可以被教会在没有成年人干预的情况下解决冲突。

幸福养育练习

维护家庭和平的 10 个步骤

以积极的方式解决冲突其实很简单。不过，除非你比我聪明得多（这完全有可能），否则你可能需要多次参考下面这张清单才能做到。

1. **深呼吸。** 争吵的孩子会让我很紧张，而且很容易大喊大叫。但是，显而易见，当我们自己生气或沮丧时，我们是无法成为有效的调解人的。在进入战斗之前，我经常需要做几次深呼吸来让自己集中注意力。除非事情变得很危险，否则还是花点时间再读一遍这张清单吧。你还可以把它打印出来贴在冰箱上。

2. **指明状况。** 我们经常需要帮助争吵的孩子意识到他们正在经历一场冲突。对于孩子来说，他们很难处理一些他们无法命名、不知道正在发生什么的事情。孩子可能只知道他们在争论，而我们要做的，就是让他们参与进来一起解决这个问题。有一天，菲奥娜和莫莉同时抓住一件玩具泳衣并尖叫起来。我说："哇，这里好像出现了什么问题。让我们做几次深呼吸，然后再开始平静地讨论这个问题是什么以及我们将如何一起解决它吧。"

3. **帮助孩子冷静下来，远离负面情绪。** 只有等到"热度"退去，冲突才能被有效地解决。加快这个过程的方法之一是创造一个可以让大家都平静下来的冲突解决区域或时间。可以是一张"和平桌"、一个"说话棒"或一场家庭会议。通过创造一个实际的物理空间或一段专用时间，可以帮助孩子退后一步去获得帮助他们解决冲突的新视角。

4. **让每个人都说出他们想要什么。** 在一项研究中，40% 未经训练的孩子无法说出他们想从冲突解决中得到什么。想获得你想要的东西，首先要做什么呢？提出要求啊！让每个孩子都说一说他们眼中的问题是什么，他们说的可能会完全不一样，不过这没关系。

5. **让每个人都表达自己的感受，说说冲突带给他们的感觉如何。** 想要做到这一点，最好的方法是让孩子使用"我"字句（用"我"字打头来描述事情），这种方法应该尽早教给他们并让他们终生使用。"我"字句听起来就像是这样："我感觉……，因为你……。"莫莉只是对菲奥娜说了一句："菲奥娜，我很生气，因为你把我的堡垒搞得一团糟！"奇迹就发生了，菲奥娜有点惊讶地轻声回答道："对不起，莫莉。"然后就离开了房间。

6. **让孩子说出他们想要某个东西的原因和他们的感受。** 对年龄较小的孩子可以跳过这一步，因为他们可能无法清楚地表达自己欲望背后的逻辑。

7. **让每个人都表达他们是如何理解对方的需求、感受和理由的。** 这有助于孩子建立他们的同理心。这也是消除误会和误解的时刻。在这一点上，问题是共同的，他们可以一起努力解决它。

8．**改变焦点**。帮助他们重新关注冲突本身，而不是让"小战士们"继续把冲突个人化。现在，这是一个他们将要共同解决的问题。有一种办法是把问题写在纸上，让孩子们坐下来一起弄清楚到底发生了什么。

9．**要求孩子一起提出三个或更多个能满足他们个人需求（他们之前表达的）的解决方案**。重要的是，你要意识到这些解决方案（特别是小年龄段孩子提出的方案）对成年人来说可能并不好，但这没关系，只要孩子们喜欢他们自己的想法，并且能够同意他们自己的想法就可以了。请注意，我们不是通过让一方或双方妥协来解决冲突，我们是要他们双赢。

10．**同意采用能让双方利益最大化的解决方案**。互相握手或拥抱，然后，去找点乐子吧！

如果你被这张清单压得喘不过气来，然后决定只有面临"世界大战"的时候才会使用它，那么请记住，你并不需要按照清单中的每一步一字不差地去做，来让自己成为有效的调解人。执行清单上的任何一件事（比如，在加入争吵之前深呼吸或者让孩子使用"我"字句）都比"马上放弃"这个方法要好。当你把清单上最简单的事情变成了习惯，再去做下一件事情，以此类推。和你一样，你的孩子最好也循序渐进地学习解决冲突的方法。最终他们将不再需要你的帮助。

教孩子积极解决冲突的另一个重要部分说起来容易做起来难：我们必须把自己树立成积极解决冲突的榜样。这意味着，我们要将这 10 个步骤作为指南来解决自己与孩子的冲突，以及处理与伴侣的分歧。知道了解决冲突的技巧带来的所有好处之后，我现在鼓励我的孩子把冲突看作倾听和学习的机会，而不是"放弃它"。每当我们帮助孩子自己解决冲突时，他们就学会了用自己觉得有效的方式去解决问题。他们增强了合作、共情和建立牢固关系的能力。

所以，冲突确实是件好事。为什么呢？因为冲突提供了必需的"燃料"，使我们能够成长为健康的、幸福快乐的、适应性强的成年人。

"村庄"必须建立在善良的基础上

给别人的生活带来阳光的人，自己也会感受到阳光。

——詹姆斯·巴里

社交商不仅仅是一种建立融洽关系或解决冲突的能力，它还是一种善良的倾向。菲利普有着高超的社交技巧和建立融洽关系的能力，他本质上也是一个非常善良和慷慨的人。为什么？因为他非常有同理心：他很关心周围的人，他会情不自禁地伸出手来，表达一种简单的善意甚至是一个充满爱的想法。当我们给予某人我们全部的关注时，我们与对方的联结就会随之而来，善良和慷慨也会随之而来。

尊崇利他主义的人（那些看似无私的人，那些往往会先造福他人再造福自己的人，那些我们当中的奉献者）不仅仅是那些做志愿者或捐出很多钱的人，还有那些 "工具箱" 里有善良习惯的人。这些善良的习惯有些很小很简单，是我们可以教会孩子的，有些则是像慈善家那样做的大事。无论大小，善良、慷慨、同情和利他主义的行为都是能让人幸福快乐的习惯，能帮助我们提高社交商，与他人建立起牢固的关系，可以说，它们本身就可以成为幸福快乐的形式。

当我们付出时，我们能得到什么？

社会学家和心理学家花了大量的时间讨论利他行为是否真的是无私的。之所以存在分歧，部分原因是当我们善待他人时，我们自己从中获益匪浅。首先，帮助别人可以改善我们的身体健康状况并延长我们的寿命。实际上，善良的人能活得更长久、更健康。那些做志愿者的人往往很少经历疼痛和痛苦。帮助他人对我们整体健康的保护作用是阿司匹林对心脏病的保护作用的两倍。55 岁以上的人如果在两个或两个以上的组织做志愿者，其死亡率会降低 44%，而且，这还是在排除了所有其他影响因素后得出的结论。这些被排除的因素包括生理上的健康程度、是否经常锻炼、性别的差异、婚姻状况以及是否吸烟等。这比每周锻炼四次或去教堂的效果要强得多，这意味着志愿者活动对我们的健康几乎和戒烟一样有益。

当我们给予时，我们感觉很好，因为我们得到了研究人员所说的"帮助者快感"—— 一种与帮助相关的独特的身体感觉。在一项研究中，大约一半的参与者报告说，他们在帮助别人之后感到自己更强壮、更有活力了；许多人还表示，他们感觉自己更平静、更少抑郁，自我价值感也增强了。这有可能是字面意义上的"兴奋"，类似于药物引起的兴奋。例如，捐款的行为会触发我们大脑的"奖赏中心"产生多巴胺，从而引发愉快的感觉。

最后一点，也是最贴心的一点：善良使我们幸福快乐。志愿者活动会大大减少抑郁症的症状，帮助他人和接受帮助都能降低焦虑和抑郁。

对孩子来说尤其如此。认为自己的主要动机是帮助他人的青少年比那些缺乏这种利他动机的青少年快乐三倍。同样，那些乐于奉献、充满希望、善于社交的青少年也比那些不那么愿意利他的同龄人更快乐、更积极、更投入、更兴奋。慷慨的行为可以降低青少年抑郁和自杀的风险。一些研究表明，参加志愿者活动的青少年在学校考试不及格、怀孕或滥用药物的可能性更小，也往往更有社交能力和自尊心。

为什么善良对我们自己有好处?

值得注意的是,实验一次又一次地证明了,善良与我们的健康和幸福快乐是有因果关系的。实验结果不仅证实了善良的人更健康、更幸福快乐(这可能是因为他们首先更善良),而且证实了对他人的善意真的能让我们自己更加幸福快乐,能改善我们的健康状况并延长我们的生命。善待他人能巩固我们的社会关系。为他人付出还能提高我们的自我价值感(增强自己对世界有所贡献的感觉),这让我们对自己的生活感到更满意。但这并不是善良起作用的全部。

我们大多数人都从经验中获知,当我们专注于对自己的担忧时(她会怎么看我? 我能准时到达那里吗? 这个月我有足够的钱花吗),我们就给自己施加了压力。虽然孩子的担忧与成年人的担忧不同,但同样的事情也会发生在他们身上。心脏病和其他与压力相关的疾病与人们在采访中使用"我、我的、我自己"等词的次数高度相关:贝勒医学院⊖的一项研究显示,病情较严重的患者更关注自我而较少关注他人。

的确,为他人付出能让我们更健康、更快乐,因为它能让我们少关注自己,从而减少压力,逆转压力对身体的损害。研究利他主义的著名专家斯蒂芬·波斯特(Stephen Post)写道:"一个人能做的最健康的事情之一就是从自我关注、自我担忧以及敌对和痛苦的情绪中倒退一步。要做到这一点,最明显有效

⊖ Baylor College of Medicine,美国的一所私立医学院,被认为是美国最杰出的医学院之一。——译者注

的方法就是集中注意力帮助他人。"

心理学家芭芭拉·弗雷德里克森令人信服地证明，积极情绪有一种"撤回效应"。情绪——无论是积极的还是消极的——都有生理上的影响。焦虑和愤怒等负面情绪会给我们的生命系统带来压力，导致炎症和心脏病以及大量其他疾病。另一方面，积极的情绪可以"撤回"消极情绪的有害生理影响：降低我们的心率，也降低我们体内与压力相关的激素水平。善良、同情、慷慨和爱，这些都是积极的情感。这样的情感会让负面情绪关闭，并在很多方面降低我们的压力反应。例如，一项研究表明，那些对自己的财务状况感到忧虑和压力的人，可以通过向他人提供社会支持而让自己感觉更好一些。善良的作用是将我们的精力重新引导到让我们感觉良好的事情上，从而减少负面情绪对我们的健康和幸福感的影响。

我猜，大多数父母都希望自己的孩子善良，但很少有人有意识地教孩子善良。在幼儿和青少年中，有很多证据表明，父母的养育方式与孩子的善良程度有着明显的关联。这意味着，我们可以尽早花些工夫来设计、安排一些事情，让孩子长大后成为善良而慷慨的成年人。

培养善良孩子的关键，是教他们如何成为一个善良而慷慨的人。你可能没有意识到这本书里充满了教导善良的方法。例如，在第4步，你将学习如何教你的孩子学会感恩和宽恕。宽恕是一种善良而慷慨的行为，对自己和对他人都是如此。同样，表达感激是一种天赋，它有时显得很微不足道，但却是有力而常用的积极情感的表达。第5步讲述了善良的两个基础：

安全依恋和情绪认知。安全依恋于一个或多个照顾者，能够促进孩子的利他主义，有安全感的人更有可能积极地关心自己的人际关系。增强人们的安全感会让他们更容易同情并帮助他人。

如果没有同情他人的能力（第 5 步），我们的孩子就无法知道如何提供帮助、产生同情心，或以其他方式表现出善意。利他的孩子往往比不那么利他的同龄人更善于表现出同理心，也更善于从别人的角度看问题。

养育善良孩子的七种方法

1. **做善良的榜样。**善良是会传染的：当我们看到别人做了一件善良的事，我们也更有可能产生帮助他人的冲动。研究表明，利他的孩子至少有一位养育者（通常是同性）会刻意向孩子传达利他主义的价值观。同样，学龄前儿童的照顾者如果刻意在孩子面前树立起帮助他人的榜样，那么孩子往往会更乐于助人，还会对其他伤害自己的孩子口头表达同情和理解。

2. **成为一个"传道人"。**不要采用那种令人讨厌的说教的方式，而要像马丁·路德·金那样用鼓舞人心的方式来教导孩子。来自有能力的成年人，尤其是对孩子有直接影响的成年人的关于同理心的教导，已经被证明能激励孩子表现得更慷慨。这里的关键词是移情：帮助孩子想象他们正在帮助的某个人的情绪，这样效果会更好。建议对比下面这两段话，看看哪个更好："我认为我们应该与贫穷的孩子分享，因为如果他们有钱买食物和玩具，他们会非常高兴和兴奋。如果每个人都能帮助这些孩子，也许他们就不会这么伤心了。"与"我认为人们应该和贫穷的孩子分享，为他们捐赠真的很好。应该给比我们贫穷的人一些钱，因为分享是正确的做法。"

3．**在某种程度上让孩子自己负责**。当4~13岁的孩子被要求将他们的万圣节糖果捐赠给在医院住院的孩子时，如果他们觉得自己负有责任，那他们就会捐得更多一些（而且更有可能捐款）。当研究人员对孩子们说"我将依靠你、你，还有你，我会把你们每个人的名字写在我明天给医院的糖果袋上"，而不是说"把你们想要捐赠的糖果放到桌上的盒子里去，越多越好"时，他们就成功地让孩子们感受到自己是有责任的。

4．**鼓励孩子去想象一下他们为别人付出的场景**。仅仅在脑海里想象一下为别人付出的画面，与实际真的为别人付出相比，对孩子的健康和幸福快乐的影响似乎是一样的。有些学生曾被要求去观看关于特蕾莎修女帮助孤儿的电影，看完电影之后，他们的免疫系统明显增强了，特别是当他们将注意力集中在孤儿被他人所爱或孤儿喜欢他人的那些片段时。与此类似，为他人祈祷可以减少老年人因健康问题而受到的不利影响。最后，即使你只是记得自己何时帮助过别人，也可以在数小时甚至数天的时间内为你的健康带来益处。

5．**不要用物质奖励孩子帮助他人的行为**。与只是得到口头表扬或根本没有获得任何奖励的幼儿（刚刚学会蹒跚行走的小孩）相比，那些因帮助他人而得到物质奖励的幼儿似乎更不可能在未来的日子里继续帮助他人。这项研究表明，即使是最小的孩子也是因为受到内在的激励而去帮助他人的，如果给他们外在的奖励，反而会破坏这种驱动性。

6．**父母自己做个乐观的人。**如果父母常常表达出积极的情感，并使用积极的、非强制性的约束来抚养孩子，那么孩子就会变得更善良，对他人更有同情心。第 6 步中描述的"ERN 鼓励法"是积极而非强制性的，吼叫、打屁股和威胁则都不是。

7．**让孩子被别人需要。**我们都太想要保护孩子免受痛苦和折磨了，为此我们常常会让孩子远离他人的需求。我们应该认真考虑一个违背直觉的概念，即同情是一种与幸福快乐密切相关的积极情绪，我们需要给孩子提供感受同情的机会。我们应该教导孩子：同情是一种礼物，它是一种把自己的时间、注意力和精力奉献给他人的方式。这么做能获得的额外好处是：当孩子看到别人的苦难时，通常会表达同情。

引导孩子学习为他人付出

我们有无数的方式来为别人奉献我们的时间和精力，我们需要向孩子示范并教给他们这些方法。下面这些做法可以帮助你开始行动起来。

1. 帮助孩子找到做贡献的时间和机会。我和我的孩子们会在夏季和公众假期去当地的食物银行[⊖]做志愿者。

2. 在家里创立一种为他人付出的传统。许多家庭会在节日期间为贫困儿童挑选礼物、在世界地球日帮助清理公园，或在已故家人的周年纪念日向慈善组织捐款。你可以在家庭团聚时带领家人一起做志愿者工作吗？或者，你能每年春假期间带着孩子去为他人服务吗？

3. 当孩子对他人表现出同情和情感支持时，及时表扬孩子。要教导孩子，有时他们能给予别人最好的礼物是默默地支持和认真地听对方说话。

4. 鼓励孩子做一些小小的善行。我的孩子在上学前班时，老师曾告诉他们，当看到地上的垃圾时，一定要捡起来。虽然孩子什么

⊖ 食物银行是一个公益组织，它收集、储存、包装、分发食物及其他生活必需品给需要的人，无论这些人是因为贫困买不起食物，还是其他原因无法去杂货店采购。——译者注

垃圾都捡的举动常常让我感到困扰，但这是一种小小的利他行为，会让孩子感觉很好。这些小小的善举并不需要花太多的时间或精力。一些多发性硬化症的患者曾经被训练每月打 15 分钟的电话，向其他多发性硬化症患者提供富有同情心的、无条件的积极关怀。这些"提供帮助者"在这样做了两年之后，他们受到抑郁和焦虑的影响被显著降低了。

5．为孩子提供教育、指导或照顾他人的机会。当孩子为某事而努力奋斗时（比如学习如何阅读），他们通过帮助其他同样在努力奋斗的人而获得的收益是最大的。我们可以从人类的灵长类近亲身上得到启示：那些被忽视或孤立的猴子社交技能非常差。只有当它们有机会去照顾小猴子时，它们才能得以康复。

6．庆祝他人的成功和重大事件是一种给予性行为，你可以向孩子展示如何通过这种行为放大积极情绪。你可以在庆祝活动中增加一些非物质的表达。比如，可以在家里开启这样一种庆祝生日的"传统"：不是或不仅仅是给过生日的人买玩具、蛋糕和气球，而是讲述他／她出生的故事，或者，让参加聚会的每个人用"我很高兴你出生了，因为……"这样的开头来造句。

　　无论你最终决定以何种方式来培养孩子善良的品格，他们都会受益终生。一项特别令人印象深刻的研究表明，在青春期就有帮助他人的愿望和能力的人，其在 50 年之后身体和心理仍然保持健康的概率非常大。通过练习和鼓励，大多数孩子都能变得非常善于给予。

　　最后，要记住的是：即使你的青春期孩子不与你同住，你自己的行为表现同样会对他产生巨大的影响。那些家庭相对和谐且乐于奉献的青少年，更有可能在其一生中（从青春期开始）对他人有更好的尊重，他们对社会问题也会有更广泛和更富有同情心的看法，也更能意识到自己有能力照顾自己和他人。

练习仁爱冥想

　　还有另一种非常简单的方法。一项新的研究表明，我们可以让自己与他人的联结变得更紧密，让自己的社交商更高，让自己更友善、更仁慈。这个方法很可能是你想象不到的。

　　这是一种特殊的冥想形式。也许，一边盘腿而坐，一边口中念念有词重复着诸如"愿众生免于苦难"之类的话，对你来说可能有些太遥远了。我自己是一名科学家，所以，你可以想象一下，当我在最近一次为期七天的静修中这么做，并且身边环绕着众多杰出的神经学家时，我是什么感觉。不过，我并不觉得自己傻，相反，我感觉很好。

　　为什么呢？

　　研究表明，仁爱冥想——科学正在证实它的益处——实际上是建立社会关系的好方法，它能使我们更少地感觉被周围的人孤立，更多地感觉自己与周围的人有联结。一项研究表明，仅仅单次七分钟的仁爱冥想，就能让人们感觉自己与所爱的或完全陌生的人更亲近，感觉自己对他人的看法更积极，也更能接受自己。想象一下，如果是有规律的长期训练，那效果将是多么强大啊。

　　研究还表明，坚持做这种仁爱冥想九周之后，人们对积极情绪的体验得到了大大的提升。积极心理学家芭芭拉·弗雷德里克森的工作令人信服地表明，这种做法实际上会把人们放入一种"成长的轨道"，让他们能够更好地对抗抑郁并"对生活更加满意"。这是因为，仁爱冥想能让生活变得更有意义、更成功。它能让人生活得更有目的性，并给社会提供更强的支持，同时，也能让人更少罹患疾病。研究表明，仁爱冥想甚至能"让人们对待生活的方式变得更好"。

我认为，明确地告诉孩子这种锻炼的好处，对他们来说是一种很好的激励。我和我的家人都相信仁爱冥想会让人们爱上你；仁爱冥想会让动物喜欢你；仁爱冥想会让你的脸容光焕发；仁爱冥想会让你的头脑平静下来。

仁爱冥想应该怎么做？

仁爱冥想大概的做法就是闭上眼睛舒服地坐着，想象你希望的生活。将你的愿望分成 3~4 个短句。通常这些句子是这样的：

祝我平安。祝我快乐。祝我轻松自在。

仁爱冥想只是这些短语的循环重复。只需用冥想对象来替换句子中的"我"即可。我常常和菲奥娜在晚上临睡前这么做。

1. 可以先想象一下你要冥想谁。建议从你自己开始。通常都是我先说些什么（比如"祝我快乐"之类），然后菲奥娜复述我的话。接着我再说一遍，然后菲奥娜再复述。这样重复做了几次之后，我们常常就可以齐声说出这些短句了。

2. 接下来，把冥想引向你想感激的人或者帮助过你的人。菲奥娜喜欢想象她的超级明星老师亚当斯太太。所以当我们说"祝你健康，祝你幸福，祝你平安，祝你从苦难中解脱"时，我们就一直想着亚当斯太太。

3. 然后，把冥想引向各种各样你们所爱的人。菲奥娜的父亲经常会在此时"出现"。通常我们会互相想象，因为我们是彼此的亲人。

4. 对我们来说，最难的是想象那些我们觉得"中性"的人——那些我们既不喜欢也不讨厌的人。菲奥娜推荐了我们的邮递员，然后她确定她"爱"他。我们通常会选择那些从未谋面的邻居，尽管我们没见过他们，但因为是邻居，所以我们也很难不喜欢他们。这种想象让我们意识到我们评判他人的速度有多快。

5. 具有讽刺意味的是，下一个反而会更容易一些：想象那些你不喜欢或很难相处的人。他们通常是一些欺负菲奥娜的四年级学生，当菲奥娜发出自己的爱意时，她觉得自己获得了力量。

6. 最后，将冥想的方向指向所有人："愿天下众生都幸福快乐。"

和各年龄段的孩子一起做仁爱冥想其实并不复杂，大多数孩子都很善于运用他们的想象力来表达爱和美好的祝愿。

都有谁住在你们的"村庄"里?

母亲往往会因为孩子是否幸福快乐和健康而得到所有的赞扬或者承担所有的责备。作为女权主义者的我本能地认为这是不公平的胡扯，而作为单亲妈妈的我又一直想知道：我能一个人把孩子抚养成身心健康、幸福快乐的小孩吗？对孩子的幸福快乐来说，父亲真的和母亲一样必不可少吗？对于这些问题，简短而有力的回答是："不，我一个人做不到。是的，父亲是必不可少的。"

虽然研究人员对母亲和孩子关系给予了很多关注——我们作为母亲确实很重要，但孩子对父母双方产生的安全依恋很有可能是一样的。事实上，世界上大多数孩子并不是完全或主要由母亲照顾的。那种"孩子最好完全由母亲照顾"的认知是西方工业化的产物。在非工业化的社会中，只有 3% 的母亲是孩子唯一的照顾者。

大量研究表明，父亲和其他照顾者对孩子也很重要，孩子不仅从多重依恋中受益，而且天生就有形成这些依恋的倾向。

当孩子与父亲的关系既敏感、安全、充满支持又亲密温暖时，孩子的生活会好得多。离婚最大的问题之一是，当父亲离开家庭后，父亲与孩子的关系会频繁地被动摇。如果父亲能继续参与对孩子的抚养和教育，那么孩子就可以更好地应对父母的离婚。一般来说，当父亲积极参与照顾孩子并与孩子有大量互动时，孩子更有可能获得很多好处。

研究表明，父亲积极参与养育的孩子往往会表现出以下特点：

1. **在学校和工作中表现得更聪明、更成功。**有父亲参与养育的孩子在蹒跚学步时更善于解决问题，到 3 岁时智商更高。有一种解释是：父亲和孩子说话的方式与母亲和孩子说话的方式不同，因此孩子在和父亲说话时，会使用更长的句子和更多样化的词汇。父亲积极参与养育的学龄儿童更有可能获得较高的平均成绩，他们在数学、阅读、解决问题和语言方面的技能也较好。这些孩子往往更喜欢上学。他们更积极主动，也更有能力自我指导和自我控制。父亲积极参与养育的孩子，更有可能在日后的职业生涯中取得更大的成功。

2. **更快乐。**父亲积极参与养育的孩子总体上更有可能对自己的生活感到满意。他们经历的抑郁、痛苦和焦虑较少，恐惧和内疚等负面情绪也较少。

3. **拥有更多的朋友和更好的人际关系。**父亲积极参与养育的孩子有更好的社交技能，他们更受欢迎，更受他人喜爱。他们与同龄人的冲突更少。他们长大后也更有可能变得宽容和善解人意。他们与兄弟姐妹之间有更多积极的互动。他们更有可能拥有由长期亲密友谊组成的支持性社会网络，他们的婚姻和亲密关系也更成功。

不仅如此，父亲积极参与养育的孩子也不太可能陷入困境或从事其他危险活动：父亲的参与可以保护孩子在青春期不滥用药物。幸福快乐和成功的孩子确实也可以激励他们的父亲更积极地参与育儿，有很多研究以这样或那样的方式考虑到了这些因素。毫不意外的是，研究结果仍然表明，当父亲积极参与养育时，他们的孩子会在许多方面受益。因此，当我们谈到为我们的孩子"建立村庄"时，要记住，父亲也需要一起来添砖加瓦，这很重要。

以下是所有这些研究对我作为一个母亲的意义。首先，父亲的积极参与是非常重要的，作为母亲应该尽我们所能去鼓励孩子的父亲——即使我们没有和孩子的父亲结婚，或者我们发现自己很难和他在一起。其次，这里的关键是，孩子与成年人的关系越积极就越好。上面的讨论着眼于孩子与母亲、孩子与父亲之间的关系，但我相信孩子与祖父母、姨妈、叔叔和亲密朋友之间积极持久的关系也会起到同样的作用。

幸福养育练习 **6**

引导孩子的父亲积极参与育儿

可能会有一些读到此处的母亲对所有这些强调父亲重要性的说法感到有点恼火，因为是她们承担了家庭中抚养孩子的大部分责任。即使在今天——在女性重新进入劳动力市场几代人之后——我们仍然理所当然地认为母亲对孩子的养育是最重要的。当然，我希望本书读者中的许多人都是父亲，他们可能会因为本书大部分讨论都假定他们不是主要读者而感到恼火。那我只能说：如果你是一位积极参与育儿的父亲，那么恭喜你！你可以跳过这部分。

现实情况是，并非所有的孩子，甚至并非大多数孩子，都能幸运地拥有一个积极参与育儿的父亲。总的来说，时代变了，父亲们比克利弗先生[⊖] 更关心孩子的养育了。我的父亲也曾被认为是积极参与育儿的人，因为他曾两次指导我打垒球，并带我去参加父女晚宴舞会。然而，今天的父亲们需要做的不仅仅是这些好玩的事情。我的父亲在我家为孙女们做的事比他在我和弟弟小时候为我们做的事多太多了——换尿布、取处方药、清理宠物粪便。

不过，我的父亲是一个例外，他为照顾我的孩子们做了很多事情。家庭社会学家经常得出这样的结论，尽管女性在工作中取得了巨大的进步，但她们在家庭中仍然面临着停滞不前的性别革命：男性通常没有承担起他们应该承担的家务或照顾孩子的责任。好消息是，在过去的三十年里，男性做家务的时间增加了一倍。坏消息是，女性仍然承担着 70% 的家务劳动。改变是需要很长时间的。

　⊖ 《反斗小宝贝》中的人物，是一位非常受人尊敬的父亲。——译者注

"说真的"，一位母亲曾经对我说，"我们如何才能让父亲们更多地参与到育儿工作中来呢？"

有三件事或许能让男性成为一个积极参与育儿的父亲。

1．让父亲成为母亲的支持者。当母亲希望并相信养育子女是一项父母双方的合作时，男性更有可能成为参与育儿的父亲。当母亲认为父亲的角色非常重要时，父亲往往会更重视自己的角色，这反过来会使他更多地参与到育儿中去。

母亲有时要充当父亲参与育儿的"守门人"。对父亲的能力感到矛盾的女性和那些不想失去养育子女控制权的女性，往往会阻碍父亲更多地参与育儿（无论她们是否意识到自己在这样做）。反之，母亲对父亲参与育儿的支持可以提高父亲养育孩子的质量。父母双方对家务劳动和照顾孩子的标准不同，可能是父亲更多参与育儿的普遍障碍。母亲越多给予父亲支持和鼓励（而不是抱怨），父亲就越有可能参与到育儿事务中来。

2．建立良好的共同养育关系。以孩子父亲与孩子母亲的关系（无论他们是否结婚）质量来预测父亲是否参与育儿是最准确的。如果婚姻或共同养育关系中充满了冲突，父亲往往很难与孩子相处，这当然会削弱父亲与孩子关系。父亲和孩子良好的关系能巩固婚姻。积极参与孩子生活的父亲更有可能拥有成功的婚姻。

3．合理的工作时间。父亲们说，工作时间长是他们对育儿事务参与度低的最主要的原因。想要改善员工子女健康和福利的组织需要想办法减少孩子父亲的工作时长和工作量。

父亲必须和孩子住在一起才能让孩子受益吗?

不与孩子住在一起的父亲对孩子幸福和成功的影响，与住在家里的父亲对孩子幸福和成功的影响一样大——如果他们与孩子保持牢固的联结。除非父母之间的关系极为紧张，否则当孩子能够与父母双方保持有意义的联结时，他们在父母离婚之后常常会做得更好。

父亲与孩子关系质量的最佳预测指标是父亲与母亲的关系质量。当分开居住的父母能够有效合作时，父亲和孩子之间的接触往往会增加，这反过来促进了养育方式的改变，并加强了非居家的父亲与孩子之间的联结。

父亲如何养育孩子也很重要。当父亲以一种既不太纵容也不太严格的方式介入时，孩子会表现得更好。这些"权威的"父亲会参与到以下的活动中：

- 制定并执行规则，对孩子实行始终如一的管教。
- 监督并引导孩子。
- 为孩子的家庭作业提供帮助。
- 提供建议和情感支持。
- 表扬孩子的成就。

参加"休闲活动"——比如外出吃饭、给孩子买东西或者一起看电影——往往不会对孩子的身心健康产生影响。非居家的父亲如果想要在育儿方面做得好，那就需要参与到养育孩子的基础事务中去，而不仅仅只是在周末带孩子出去玩耍。

我们不要忘记，非居家的父亲为孩子的成长和幸福快乐做出贡献的最重要的方式之一，是支付孩子的抚养费。子女抚养费的多少会在以下方面影响孩子的身心健康：

- 学业成绩和认知测试成绩。
- 社交技能。
- 情绪方面的健康。
- 行为问题。
- 身体健康与营养。

即使考虑了母亲的收入、父亲与子女接触的频率以及父母之间的冲突等因素，非居家父亲支付的子女抚养费对子女的影响也仍然是非常大的。

成为"村庄"的一分子

并不是只有生物学意义上的父母才能培养出幸福快乐的孩子。现在，随着西方家庭变得越来越小，父母比以往任何时候都需要"其他家长"——祖父母、继父母、姨妈、叔叔、亲密的朋友站出来，成为孩子所生活的"村庄"的一部分。如果你是一位"非居家的家长""另一个母亲"或"另一个父亲"，同样会对孩子的健康和幸福产生深远而持久的影响。虽然我没有和我孩子的父亲结婚，但我不认为自己是一个单亲妈妈。

为什么？首先，也是最重要的一点是，迈克是一个全身心投入育儿的父亲。他会为孩子们做午餐、辅导她们做家庭作业，还会参与到养育孩子的各种各样会把人弄得脏兮兮的细节工作中。此外，我的父母（孩子的外公外婆）和我住得很近，他们每周看望孩子一两次，把他们从学校接回来，或者带晚餐来我家。他们会帮我照看孩子，或者只是顺便过来帮忙辅导她们做作业和洗澡。孩子们和住得较远的祖父母（孩子的爷爷奶奶）之间有特殊的传统和仪式，这些传统创造了强大而真实的社会纽带。当孩子的祖父母们（外公、外婆、爷爷、奶奶）支持我和迈克时，他们就使我们的"村庄"变得更强大了，也使我们对孩子的养育变得更强大了。

我的弟弟也住在我家附近，他每隔一周来我家吃一次晚饭。他和孩子们的日常活动包括以某种方式捉弄她们或教她们一个恶作剧，这通常导致我们在下一次看到他之前会筹划许多向他"复仇"的方法。所以，尽管我们无法每天见到他，但他和孩子们的联结仍然是非常紧密的。

我还有一位自己没有小孩的朋友——简。简像爱自己的孩子一样爱着菲奥娜和莫莉。她每周一都和我们一起吃晚饭，每个月还会为我提供好几次免费的"保姆服务"。简和我的孩子们有亲密的关系，很大程度上基于她们有着共同的兴趣爱好：简是一名艺术家和动物学家，她教孩子们有关世界上所有脊椎动物的知识，而且，她总是在构思新的艺术项目。自从孩子们记事以来，简就一直对她们很感兴趣，所以她们之间的联结也很紧密。

另一个关键点是：我有一个庞大的本地好友网络，当我在工作中遇到困难时，他们会去学校帮我接孩子。我们经常为对方做饭，像对待自己的孩子一样对待对方的孩子。这些"其他母亲"的存在，对我保持理智至关重要的，对孩子的安全和幸福快乐也是至关重要的。当莫莉跑出幼儿园，并在看到我之前给我的朋友艾德丽安一个大大的拥抱时，我感到非常高兴；当菲奥娜决定和我的朋友凯瑟琳讨论一个问题时，我也同样感到非常高兴。我也许是一个单身母亲，但我不会真的独自抚养孩子的。

这本书中的任何一个步骤都可以被"其他家长"用来练习。溺爱孩子的祖父母、姨妈和叔叔以及任何想在孩子的"村庄"里占有一席之地的人，如果想要自己付出的关爱能够对孩子的成功产生巨大的影响，或真正参与到孩子的生活中去，都可以学习并掌握"成长型思维表扬法"（第 3 步）。还可以有意识地练习感恩（第 4 步），通过在邻居、朋友圈或家庭中建立感恩的习惯和仪式，你就可以成为这个专门为孩子打造的"村庄"的积极而核心的一部分。

作为"其他家长"，要成为孩子"村庄"积极的一部分并不难。你们的关系是敏感而温暖的吗？是鼓励而深情的吗？是支持、培养和接纳的吗？下面这些简单的事情能让你积极地参与到孩子的生活中。

1. 花时间和他们交谈。通常孩子最需要的是一个好的倾听者。

2. 教孩子如何做你希望他们做的事情。

3. 鼓励和支持孩子的活动和兴趣。去看他们的体育比赛和游戏活动。当知道他们需要搭车去滑板公园时开车送他们去。送他们一些能支持他们爱好的礼物。

4. 当孩子和朋友在一起时督导他们，或者在他们做家庭作业时提供帮助。

5. 和孩子一起为某人跑腿做事。你永远不知道在车里或杂货店里的简短交谈会在什么时候对孩子产生巨大的影响。

6．为孩子提供基本的照顾和护理，如喂饭和洗澡。

7．找到你们共同的兴趣，让孩子参与到这些活动中来。你们能一起读书吗？能一起打棒球吗？能一起下棋吗？

8．让自己成为可靠的人，让孩子能放心地与你交谈或坐你开的车。

9．花时间和孩子一起做计划。他们周末想干些什么？他们的生日计划是怎样的？你可以做哪些事情来帮助他们实现计划？

10．向孩子表达爱意。活在当下和爱他人都是很有价值的。

11．当孩子遇到困难时，在情感上支持和鼓励他们。

"其他家长"可以积极参与的许多方式中，没有任何一种是取决于他们是否与孩子共同居住的，但所有这些都将帮助你去建立孩子的"村庄"。当我们加深彼此之间的关系时，我们都将受益。当孩子的姨妈与孩子建立起融洽的关系时，姨妈和孩子的感觉是同样美好的；叔叔和祖父母从被孩子需要中获益，就像孩子从他们的帮助中获益一样。如果我只能选择一项作为孩子幸福快乐的关键，那么我要选一大群爱他们的朋友、家人和邻居。

RAISING HAPPINESS

什么是成长型思维模式？

关于"成功"的科学

完美主义带来的问题

有太多选择未必是一件好事

第**3**步

鼓励努力而
不是追求完美

只有那些愿意冒险走得更远的人，才有
可能发现自己能走多远。

——托马斯·斯特尔那斯·艾略特

"你太厉害了！"

"她喜欢音乐，但她似乎没有继承父亲的天赋。"

"你太有创意了！"

"哦，天呐，你是个数学天才啊！"

"别那么沮丧，亲爱的。也许足球真不是你的菜。"

我过去经常对我的孩子说上面这样的话。后来我发现，某些类型的表扬从长远来看会让孩子表现不佳，更不用说会让他们焦虑和不开心了。表扬本身并不是坏事，但是正确的表扬模式——成长型思维表扬法（我将在下文对此做出解释）——对大多数人来说是非常违背直觉的。这种方法一旦被掌握，就能帮助孩子：

- 学得更多，表现得更好。
- 在活动中更享受。
- 更勇于接受挑战。

这部分内容将教会你如何有效地表扬孩子。你也会明白为什么接受孩子的失败会为他们带来成功，以及为什么不赞美、不庆祝、不以任何其他方式关注孩子的分数和成就是一件非常重要的事情。

什么是成长型思维模式?

斯坦福大学著名的心理学家卡罗尔·德韦克(Carol Dweck)对成功心理学的研究表明,父母的"思维模式"——这里是指我们认为什么事情能够帮助孩子成功——会极大地影响孩子对学校的感觉以及他们在学业、运动甚至社交和艺术上的成功程度。

基本的思维模式有两种。秉持固定型思维模式的人认为,天赋和个性或多或少是与生俱来的,是很难改变的;拥有成长型思维模式的人则相信,成功是努力的结果,努力与天赋一样重要,甚至比天赋更重要。

根据我的经验,大多数父母在描述孩子的性格时都采用了固定型思维模式:他们会说自己的第一个孩子学数学很容易,而最小的孩子则在语言方面很擅长;其中一个孩子继承了父亲的音乐天赋,而另一个则继承了母亲的手眼协调能力。这种对基因的强调似乎是无害的,但它实际上给孩子传递了一个关于学习和努力的强有力的信息。近 30 年的研究表明,当孩子相信他们的智力(或运动能力和其他任何东西)是天生的,而不相信自己可以通过后天努力培养出一种天赋时,他们的人生会因此受到长久而深远的影响。

当我们告诉孩子,他们的天赋是天生的——比如,说他们是"天生的棒球运动员"或"天生很擅长学数学"——我们就让他们有了一种紧迫感,要一遍又一遍地证明他们自己的"天赋"。并不是说孩子不喜欢这种赞美，他们的确会喜欢。这可能会让他们自我膨胀，也可能鼓励他们继续做他们正在做的事情。不幸的是，当孩子想要保持他们在天赋上的特殊标签时，他们也会开始避免学习新事物，开始根据他们认为自己是否会成功或失败、是否会看起来聪明或愚蠢、是否会被拒绝来选择活动。固定型思维模式的问题在于，它低估了努力在学习过程中的作用。如果父母选择了固定型思维模式，那么孩子很可能会自然地接受这种思维模式。

例如，我的朋友伊丽莎白上五年级的女儿玛德琳似乎"天生"擅长体操，她做侧手翻和劈叉时看起来一点儿也不费力，丝毫不会让观众因为觉得她疼痛而产生同情。当伊丽莎白为玛德琳报名学习体操时，玛德琳感到非常兴奋，直到她听说还有其他五年级的学生会和她上相同的体操课，而那些孩子都已经学习体操很多年了。玛德琳知道这次她不会得到她习惯的那种赞美了（哇，玛德琳，你是个优秀的体操运动员），于是她开始找借口不去上那节体操课，比如"我觉得我没有足够的时间""我不喜欢体操""这家健身房是给小娃娃设计的"。她不想成为班上的初学者，也不想冒失去"天才体操运动员"身份的风险。

尽管伊丽莎白本能地想用固定型思维模式的赞美来安抚孩子——"别担心，你天生就是体操运动员的料"——但是她忍住了，她想出了一些成长型思维模式的鼓励："其他女孩可能会比你更好，但这多棒啊！你会从她们身上学到很多东西。最重要的是，你会很开心，学习新的体操动作时你好像都很开心啊。"

对于那些将成功归因于天赋而不是训练之类的其他因素的

孩子和父母来说，"必须付出努力"这一事实表明孩子的本领不是天生的。举例来说，我们可以设想一下，当一个孩子被告知他很聪明，但他却无法轻松地弄清楚某事时，会发生什么。这是否意味着所有人都错了——他其实并不聪明？每当孩子需要学习新东西时，这就会成为一个问题。掌握一项新技能或学习一门新学科需要付出努力，而且常常是艰苦的努力。

我的朋友杰基在他的女儿布鲁克6岁时就发现了这种固定型思维模式的问题。布鲁克能画出精细而复杂的花朵——对她这个年龄的孩子来说这简直难以置信。每当杰基家雇了新保姆，布鲁克就会反反复复地画她的花。可以预见的是，新保姆会滔滔不绝地说布鲁克是多么伟大的艺术家，而布鲁克则只会微微一笑。但我们都知道，如果新保姆请布鲁克画一棵树或一个苹果，布鲁克甚至连试都不愿意试一下，因为她不想让自己看起来很差劲。为了能始终看起来像一个伟大的艺术家，布鲁克限制了自己的艺术表演。

和布鲁克一样，我本人在上小学时也是一个固定型思维模式的学生，我在这里要告诉你们的是，这是一件非常不舒服的事情，因为你一生都要担心别人是否认可你擅长那些你自己想要擅长的事情。幸运的是，我们可以教孩子以不同的方式来对事情做出评估——不是从他们是否会赢、是否会成功或者是否能成为第一名的角度出发，而是从他们是否会玩得开心、是否能学到东西、是否能对团队做出贡献的角度出发。

在任何人身上建立成长型思维模式都很容易：研究人员只需一句话就能做到。我们所要做的就是明确地向孩子传达"努力比成就更重要"的信息。**当我们将成功定义为孩子的努力程度而不是他们取得了什么样的成绩或者是否赢得了比赛时，我们就培养了孩子的成长型思维模式。**我知道，对许多父母而言，说起来容易做起来难。我们也许能从理论上理解固定型思维模式与成长型思维模式之间的区别，但事实上，我们的固定型思维模式往往反映了我们对孩子以及对我们自己根深蒂固的信念和愿望。

你会问："孩子考大学时会怎样？"毕竟，大学并不关注孩子付出的努力，他们要寻找的就是高成就的精英。我确实意识到，我们的文化通常更看重成就而不是努力，但我并没有说如果你强调努力你的孩子就不会成功。这里我指的是传统意义上的成功，即高成就和精英表现。成长型思维模式确实让我们对孩子的成功有了不同的定义，但它也会带来更大的传统意义上的成功。

关于"成功"的科学

你可能会问："这是真的吗？如果我不再强调孩子的'天赋'，不再赞扬他们的成就，他们就会幸福快乐而且成功吗？或者，他们会感到幸福快乐，但是否只能以不那么传统的方式获得成功？成功真的可以单靠努力就行吗？"

幸福快乐与成功之间有牢固的联系。幸福快乐的人赚的钱更多，表现更好，对同事也更有帮助。大多数人认为这种联系是存在的，因为人们在成功时会感到幸福快乐。但是，幸福快乐往往是先于成功的。此外，培养幸福快乐以及其他的积极情绪可以带来更好的表现。

幸福快乐显然不是成就伟大的唯一因素，甚至也不是最重要的因素。虽然著名的高尔夫球手泰格·伍兹（Tiger Woods）可能会因为快乐而打得更好，但很少有人会说他是在快乐的基础上取得了伟大的成就。相反，大多数人会着重指出他不可思议的天赋。但是，来自多学科的研究人员得出了惊人一致的发现：先天能力与人们从擅长某事到成为伟大人物的关系相对较小。

成功人士往往有五个共同点。

第一，他们以特定的方式努力练习。有成就的人每天会花数小时"刻意练习"。这种练习不是那种因为好玩而在钢琴上随意弹奏，它是为了达到特定的目标（比如，能够演奏一段超出他们能力范围的新曲子）而进行的不间断的练习。

第二，非常成功的人会坚持不懈地练习。安德斯·艾利克森（Anders Ericsson）是一位心理学家，也是该主题具有里程碑意义的研究者，他说："人们已经发现，许多不同领域的精英平均每天的练习量大致相同，他们在周末的练习量也是一样的。"只是在周末打一桶球并不能让你成为一名出色的高尔夫球手，但每天都打一桶球却让你有这种成功的可能性。

第三，精英们通过长期的努力获得经验。研究人员称之为"十年规则"。大多数成功人士在真正成功之前平均都有十年的实践和经验。即使是神童一般的人也要努力十年或更久才行。国际象棋世界冠军鲍比·菲舍尔（Bobby Fischer）16 岁时成为国际象棋大师，但他从 7 岁起就开始学习了。当泰格·伍兹成为美国业余锦标赛有史以来最年轻的冠军时，他已经从事高尔夫运动 15 年了。

第四，孩子需要的是那种能让他们刻意练习并持续练习超过十年的热情。我的朋友莎拉 12 岁的女儿帕克喜欢唱歌。莎拉是第一个指出"帕克缺乏歌唱天赋"的人。莎拉说，帕克开始唱歌时唱得并不好，但她真心喜欢歌唱，她每时每刻都在以唱歌取乐，因此她唱得越来越好，最后竟然好到可以在音乐剧中演出了。最重要的一点是：帕克的练习和努力是由她自己内在的欲望来驱动的，而不是由她父母所谓的"进取心"来驱动的。事实上，帕克的爱好也许正在向更好的方向发展——而且，她成功的机会也增加了——因为莎拉既不会强迫帕克唱歌，也不会因为帕克唱得够不够好而情绪波动。音乐剧是帕克自己的爱好，她对此拥有完全的自主权。

大多数伟大的人都不是轻而易举就获得一次又一次成功的。成功的人往往都经历过一些重大的失败。失败似乎是成长过程中以及最终达成伟大成就的关键部分。J·K·罗琳（J.K. Rowling）的第一本《哈利·波特》曾被 15 家出版商退稿，甚至在写那本书之前，她还遭受过一连串可能会毁灭她的个人失败。迈克尔·乔丹（Michael Jordan）曾被高中的校篮球队除名。优秀的橄榄球接球手杰瑞·莱斯（Jerry Rice）也曾由于动作太慢而被 15 个职业球队拒绝过。

第五，也是最后一点，优秀的人坚信自己通过坚持不懈的努力会获得成功，这一点已经得到了验证，研究人员称之为"自我效能感"。父母和老师可以通过给予孩子有效的鼓励、帮助他们找到掌握某项活动的有效策略、帮助他们以其他成功者为榜样等方法，培养孩子的自我效能感。

惊人的成功会给你的孩子带来真正的幸福快乐吗？不一定，尤其是当孩子并不真正喜欢他们所做的事情时。但是，知道"使一个人获得成功的是努力而不是天赋"，则可以帮助孩子冒险攀登他们所在领域的顶峰，或者尝试新事物以找到他们真正的激情所在。而更重要的是，将努力和参与视为成功的关键，可以帮助孩子更享受他们的活动，而不是整天忧心忡忡地要向世界证明自己的特殊才能。

告诉孩子："我不在乎你是赢是输"

小学孩子的父母可能比高二孩子的父母更容易把努力看得比成绩重要，后者会觉得学科分数或运动成绩似乎更重要一些。但即使孩子还小，通常父母也很难接受自己的孩子平凡无奇。事实上，对于父母（尤其是完美主义者）来说，这可能是一种期待，因为我们爱自己的孩子，希望看到孩子发挥他们的潜力，也因为孩子的挫折或没有成就，看上去像是父母的失败。"我做错了什么？"当孩子犯错或表现不好时，父母就会这样问自己。

我一直在想应该怎样把自己的时间和金钱花在孩子的活动上。菲奥娜想学语言。一年级时她学了西班牙语和汉语。但到目前为止，她似乎还不太擅长这两样。事实上，在这一年结束的时候，我很难说出她在这两门课上究竟学会了哪些东西。我告诉菲奥娜，语言好不好并不重要，重要的是她努力了，而且喜欢上课。但老实说，如果我们的孩子永远都不会说外语，父母还愿意花钱上外语课吗？

然后，我找到了自己的问题。如果我让菲奥娜退出那两门课，那么我传递给她的信息就是，只有她擅长的事情才值得去做。需要记住的是，大多数真正擅长某事的人一开始往往并不是成绩很好，反而是兴趣促使他们不断地练习，才让他们最终获得了成功。选择"知难而上"而不选择"扬长避短"的孩子会学得更多，也会更快乐。

与其他孩子相比，父母过分强调成就的孩子更有可能遭遇严重的抑郁、焦虑，也更有可能出现滥用药物的问题。这种情况很常见，因为我们生活在一个固定型思维模式的世界里。看看我们家里墙上挂的是什么，听听我们是怎么跟父母说他们的孙辈的。我发现我自己总是会为孩子完成了本垒打和三连击而欢呼雀跃。但是，三十年来对思维模式的研究清楚地表明，我们需要强调的是努力和享受，而不是成就与完美。

使用成长型思维模式表扬孩子

对于大多数父母来说，通过表扬来培养孩子的成长型思维模式是最简单的。大多数父母都能很自然地鼓励和表扬自己的孩子。当我们想让孩子建立自信时，我们会说："亲爱的，你能做到的，你是个聪明的孩子。"但是，这句话传达了一种复杂的信息。用固定型思维模式来表扬孩子（告诉孩子他们很聪明）是很容易的，但正是这种表扬会导致新的问题。我们需要说一些诸如"我知道，如果你用心去做你就一定能做到"之类的话，来向孩子传达具有建设性的信息。

卡罗尔·德韦克的研究小组进行了一项实验：先让孩子们

完成一个简单的智力拼图，然后对他们说一句赞美的话。这句话要么是"你做得很好，你一定很聪明"（固定型思维模式），要么是"你做得很好，你一定非常努力"（成长型思维模式）。在完成了第一次拼图之后，研究人员会给孩子们提供一个稍难一点、但他们能够学习并完成的拼图，或者一个比他们刚刚完成的那个拼图更简单的拼图。大多数被称赞聪明的孩子都想要更简单的拼图：他们不想冒失去"聪明人"身份的风险。反之，超过90%获得成长型思维模式鼓励的孩子都选择了更难的拼图。

为什么会这样呢？德韦克解释说："当我们表扬孩子的努力和因努力所取得的成就时，他们会想要继续参与这个过程。他们不会因为担心自己看起来聪明不聪明而从学习任务中分心。"

我们在夸奖孩子时，如果无意中把他们的成功归因于天赋，就相当于递给了他们一份写着"无趣的成就"与焦虑的秘方。在德韦克的研究中，玩第一个拼图时，几乎每个人都很开心。但是，当被夸"非常聪明"的孩子得到了一个更难一些的拼图时，他们就会说拼图游戏不再好玩了——当你的特殊才能处于危险中时，这就不再有趣了。实际上，告诉孩子他们有多聪明，除了会让他们缺乏安全感、扼杀他们学习新事物的兴趣外，还会阻碍他们获得好成绩。反之，那些因为努力而受到表扬的孩子即使成绩不好也能继续玩得很开心。

请记住：表扬本身并不是坏事。我们可以整天表扬自己的孩子，只要我们把成功归因于他们的勤勤恳恳、说到做到、随机应变、不怕吃苦和认真练习就好。这些才是真正帮助他们成长、成功和幸福快乐的事情——也是最值得赞扬的事情。

怎样批评孩子

如果你今天就是不想表扬孩子怎么办？如果他们把你逼疯了，或者，他们犯了一个必须要被纠正的错误怎么办？

如果你和我完全一样，那你也可能会经常被一种强烈的愿望所征服，那就是指出孩子显而易见的缺点，以便他们下次做得更好，或者希望他们从此以后不再犯同样的错误。

当我们对孩子感到失望时，应尽量建设性地提出，这是很重要的。直截了当的批评很少能达到我们想要的结果。第一步，最好什么都不做。冷静下来，直到你自己的情绪得到了控制为止；稍后，当你可以用一种充满爱意和好奇的语气而不是失望和批评的语气说话时，再提出这个问题。一旦我们能做到不再掺杂自己的情绪而就事论事，我们就可以用诸如"你对自己的表现满意吗？"或者"下次你会有什么不同的做法吗？"之类的问题，来让孩子自己评估他们的成绩或行为。

记住，说这些话的语气很重要：你的语气应该传达爱和支持，而不是指责和评判。问问孩子为什么会有这种感觉，以及他们从中学到了什么。对于年龄较小的孩子，比较好的开始可能是问他们为什么会有某种行为（"发生了什么事情？""你想做什么事情？"）。也许孩子会觉得他们需要一位家教来帮助他们学习，或者你了解到更有规律的家庭聚餐对他们有所帮助，或者你可以为他们制订一个少看电视的计划。

第二步，向孩子表明你把失败看成是一次事件，而不是个人特征。如果孩子对自己的表现或结果感到失望，我们可以同情他（"我知道你对此很失望"），然后帮助他想一想下次如何让事情有所不同。对我来说，最难的事情是在和孩子讨论的时候不说"我早就告诉过你"这句话。我发现我很容易就会说出下面这样的话："我已经跟你说过一千遍了，做完作业后要马上把作业本放进书包里，不要第二天早晨再放。"如果你能提及那些他们做得好的时候就最好了："上周你一直记得带家庭作业去学校。有什么事情是你上周做了而今天没做的吗？"你可以告诉孩子，让下次做得更好的方法是了解哪些努力是有回报的，哪些策略是有效的。

当孩子犯错误时，我们可能会失望，但重要的是不要表达愤怒或暗示我们不爱他们。错误就是错误，虽然它们可能需要处理，但你绝不应该以此为理由收回自己对孩子的爱。

如果我们自己是完美主义者，那么我们需要接受偶尔不那么好或第二名已经足够好了，并且我们要让孩子知道我们的这个想法。如果孩子也像我们一样为自己的失误感到沮丧，那我们最好把精力花在同情他们而不是批评他们上。我们可以问问孩子的感受，然后重复他们的感受。例如，我们可以这样说："我看得出来你真的很失望"或者"听起来你感觉很尴尬"。但不要只是停留在重复那件事让孩子感觉多么不好上，要进入到让他们明白"失败已经不再重要了"的部分："听起来一开始确实挺糟糕的，但我很高兴看到你现在已经可以自嘲了。"

完美主义带来的问题

但这些对努力和勤奋的强调也可能会误导孩子。我并不是说要让孩子头悬梁锥刺股或者坚信愚公能移山、磨杵能成针

（记住，这是一本关于幸福快乐的书，纯粹靠意志力硬撑或者苦熬可并不有趣）。

坚持练习和完美主义之间只有一线之隔。完美主义是持续努力工作的阴暗面：它会导向一种努力永无止境的感觉，让人以为没有什么是足够好的，而失败是世界上最糟糕的事情。完美主义者不享受努力的过程，也不会从出色的工作中获得满足，更不用说从错误中成长和学习了。他们血液中的压力荷尔蒙偏高，使他们更容易出现一系列的健康问题，包括抑郁、严重焦虑和更高的自杀率。

很多人错误地认为，完美主义能让孩子在班级中、团队中，最终在各个领域中名列前茅。虽然完美主义看起来像是一条通往成功的笔直的道路，但实际上它并不是，它当然也不是一条通往幸福快乐的路。相反，完美主义倾向于通过创造一种稳定的不满意状态来降低成就感和幸福感，这种不满意状态是由一系列负面情绪（如恐惧、挫折和失望）所驱动的。完美主义者甚至都无法享受自己的成功，因为他们会觉得在过去的时间里总有什么事情是他们能做得更好的。所有这些恐惧都将完美主义者的精力从更有建设性的事情上转移开来，从而降低了他们的学习能力和创造能力。具有讽刺意味的是，完美主义者在他们拼命想要避免的事情（失败以及想象中因失败而受到的批评）上花费了大量的精力。事实证明，完美主义者的这种偏见会影响他们在体育、学业和社交场合的表现。

像所有的固定型思维模式一样，完美主义让孩子不敢冒险，不敢接受挑战（想一想前文中布鲁克和她的花）。出于这个原因，有时完美主义会导致孩子无法发挥他们的潜能：他们会因为预测自己做不到足够好而中途放弃，甚至都不会去尝试开始。我们应该鼓励孩子迎接挑战，特别是在我们并不需要他们一开始就获得成功的情况下。这是让他们从擅长某事到精通某事的最佳途径之一。

此外，完美主义会导致孩子隐藏自己的错误并逃避建设性的反馈。在几乎每一个领域中（写作小组是最明显的例子），小组评论都是一种快速改进的方法。作为达特茅斯学院的一名追求完美主义的本科生，我最害怕的是教授大声朗读我的作品，或者在课堂上让学生点评我的画。虽然除了逃课，我无法阻止这些事情的发生，但当我不得不忍受小组点评时，我就会因为害怕别人的评判或暴露自己的错误而束手无策，以至于我无法从别人给我的建设性反馈中学到东西，我甚至都不会认真听他们在说什么。

需要明确的是：完美主义并不是在给自己设定高期望值或希望自己每次努力都能成功，完美主义的关注点是自己会不会犯错，以及一旦犯错，别人会怎么想。

我们知道，在大多数情况下，孩子并不是天生的完美主义者，是环境造就了他们。你是否过于担心自己犯错呢？如果是，那么你的孩子很可能也会这样。因为没有孩子是完美的，所以当父母追求完美时，孩子会觉得受到了批评。

随着父母对孩子施加的压力越来越大，越来越多的孩子成了完美主义者。有时，父母善意的完美主义表现得更为微妙，比如当我们试图通过指出孩子的错误来帮助他们时，会让他们感到自己被评判和批评了。孩子认为，如果没有我们的帮助，他们永远都不够好，或者永远不能独立完成任何事情。许多孩子放弃了，成了后进生，感到无助和绝望。这就是我朋友杰夫的儿子亨利在二年级时开始发生的事情。杰夫对亨利的要求太高了，每次亨利做完作业，杰夫都会帮他"修改"一遍。于是，亨利基本上放弃了数学和写作。他得出结论说，没有父亲不断地帮助和提醒，他根本学不会。

所以，我们可以做出选择。我们可以关注我们的孩子是赢是输、看起来是聪明还是愚蠢、看起来是有才华还是平庸；或者，我们可以帮助孩子认识到，除了成绩，他们的生活中还有更多其他的东西。用前一种方式关注孩子的短期成就可能会阻碍他们在长期取得更多的成就。

即使孩子表现得很好，笃信完美主义的父母还是会挑出毛病：会对满是"A"的成绩单上的一个"B"感到惊讶，会指出孩子在一场打得非常好的棒球比赛中做出了几次糟糕的投球。我们可千万不要这样做。当孩子做得很好时，我们直接表扬他们就好了，不要指出他们在哪些方面本可以做得更好。干得好就是干得好，不要加"但是"。

更好的做法是，只使用成长型思维模式来表扬孩子。不认可孩子做得好（表扬的同时总是指出哪些地方可以做得更好）与滥用表扬（无论孩子做什么、做得怎么样都夸好）之间有一条微妙的界线。如果孩子在某个项目上并没有非常努力或根本就没有付出过任何努力，那么最好还是把你的表扬留给其他事情吧。

当孩子很轻松就把某事做好时，我们难道真的不表扬他们吗？是的，这种情况还是不表扬他们比较好，否则他们就不会走出自己那份写着"容易达成的成就"的清单（想一想前文中布鲁克和她的花）。当孩子快速而完美地做成某事时，德韦克建议我们对孩子说："哎呀！我想那太简单了。很抱歉浪费了你的时间。让我们做一些你能真正学到东西的事情吧！"

最后一点，当我们做父母的无法看到错误、失败及工作未完成的积极面时，当我们担心孩子的糟糕表现会给我们自己带来不好的影响时，我们就会把孩子塑造成完美主义者。如果你发现自己在力所能及的范围内，一直在做各种事情防止孩子失败（把孩子忘带的作业送到学校、熬夜"帮助"孩子重写论文、操控所有的事情让它们变得对孩子有利），请退一步思考一下，你是否真的想阻止你的孩子学会应对挑战和错误呢？

拥抱孩子的失败

当然，长期的失败从来都不是好事，但从失败中学习和复原的能力是生活中必不可少的。然而，我们并没有把失败视为学习和成长的沃土，而是经常把它视为不惜一切代价都要避免的事情。维基百科将失败定义为"没有达到预期目标的状态"。仅此而已，只是差了一点而已。失败没有那么糟糕，也没有什么好羞愧的，更不必每时每刻小心翼翼地去避免。

不过，我们总是想保护我们的孩子，想使他们免于失败，想使他们的生活永远不会因为错失一点而痛苦。当孩子忘记带作业去学校时，我们会为他们带上；我们会动用手段让孩子进入那些我们认为能让孩子"闪闪发亮"的班级；我们会让孩子晚一年上学，好让他们上体育课时是班上年龄最大的，这样他们就可能是个头最高的、成绩最好的。

当父母告诉孩子，比起结果，自己更关心过程本身时（比如，父母向孩子表明，自己并不在乎孩子是否能入选球队、是否能通过考试，或者是否能进入精英大学），他们就把孩子从固定型思维模式中解放出来了。不害怕失败的孩子不需要别人的好评来度过一生，他们可以根据更高的原则来生活。他们会被诸如感激或尊重之类的美德所推动，或者只是被"要做真实的自我"这个信念所推动。他们可以对自己的错误一笑置之，最重要的是，他们可以从错误中学习。

如果我们在孩子即将犯错时进行干预（防止他们犯错，或者只是想让他们更轻松些），我们就向孩子传递了这样一个信息：我们认为他们在某些方面是无能的，或者，失败会给他们带来太大的创伤。我们需要保护孩子，不是让他们远离失败，而是让他们远离缺乏失败的生活。

因此，帮助孩子的一个好方法就是帮助他们找到哪里出了问题。如果他们似乎被某个特定的瓶颈困住了，那么我们可以帮助他们制订计划，帮助他们找到实现目标的新方法。我们只和他们讨论策略，指导他们哪里需要改进，但是，要让他们自己去改进。也许菲奥娜看起来不擅长垒球是因为她练习得不够，或者，她对如何让球棒与球接触有错误的想法。我们所能做的就是帮助孩子适应他们自己的生活方式，并传达这样一个信息：虽然我们期待他们的全身心投入和不懈努力，但我们也可以接受他们的错误和失误。

说一个自己犯过的错误

我们可以在晚餐时间或任何全家人聚在一起寻找聊天话题的时候做这样一件事：请每个人描述一下他们最近犯的错误或者经历过的挫折以及他们从中学到了什么。父母可以先分享自己犯的错，然后问孩子是否能想到自己犯过什么错或克服过什么困难。举一个我自己的例子：有一天晚上我感到很沮丧，因为我的杂志编辑要求我重写我以为已经写完了的稿子。

于是我就在晚餐时谈起这件事，让孩子们知道我为什么感到沮丧以及我是如何怀疑自己能力的。然后，我强迫自己用一种较为乐观的语调说："好吧，我承认，很多时候我其实无法第一次就把事情做好。你们知道吗？每个人都有要把事情重做一遍的时候啊。"那篇文章发表后，我把它拿给孩子们看，并且说："虽然重写花了我很多功夫，不过最后我很高兴编辑当初让我重写了。他帮助了我，让我写出了一篇更好的文章。"

一个雕刻怪异的南瓜，一份难以辨认的家庭作业，一场打得很烂的比赛……当我们的孩子学会处理这些事情并在失败面前重新站起来时，他们将变得更能面对生活中不可避免的挑战。

放弃也可以是一件好事

如果我们想让孩子成功和幸福快乐，我们就需要教他们认识到努力和练习的价值。但是，我们还需要教他们何时放弃以及如何放弃。

"胜利者永不放弃，放弃者永不胜利"的说法只是一个神话。从压力管理的角度来看，当实现某个目标的成本超过其收益时，我们需要让自己能够与那件事脱离开来。研究表明，无法摆脱困难目标的少女，其血液中与压力相关的有害化学物质水平会升高，这种化学物质与糖尿病、心脏病和早衰都有关系。无论这些女孩子们最终是否达到了目标，她们超出寻常的毅力都会增加她们的压力荷尔蒙，而且让她们付出昂贵的身体方面的代价。

当人们从一个过于困难的目标中解脱出来，重新投入到一个更容易实现的目标中时，他们的身心往往会感觉更好。例如，在大学里，我的好朋友瓦妮莎的微积分考试不及格，但她在其他科目上的成绩很好。瓦妮莎的导师指导她接受自己很难学好微积分这个事实，而且，导师还建议她与其在这项注定要挂科的课程上继续花大力气，倒不如将宝贵的精力重新投入到她喜欢的、能学好的而且的确成绩不错的课程中去。瓦妮莎的导师担心她会在微积分上花费太多的时间和精力（在那个时间点，瓦妮莎是绝不可能通过微积分考试的），导致她在其他两门课上也表现不佳。

这个"选择失败"的建议对瓦妮莎来说是革命性的，她永远都不会忘记。她放弃了微积分。从那以后，瓦妮莎所有的科目都取得了很好的成绩。更好的是，她享受了自己的大学生活，读了研究生。她热爱学习，现在还能自嘲说自己无论如何就是学不好微积分。微积分这一门课的不及格对她的生活没有负面影响。

勤奋努力也许是成功的关键，但我们也需要教导孩子："休息"是成长和学习的重要组成部分。牺牲睡眠的孩子会让自己的身体发育和智力发育受到威胁——具有讽刺意味的是，他们的成绩也会受到威胁。《精力管理》一书的作者吉姆·洛尔和托尼·施瓦茨强调说，成长发生在挑战和休息的循环之中，要挑战你的肌肉，然后让它们休息和恢复。

精神上也是如此：在我们的大脑努力处理所学知识之后，休息是必要的。人生短暂，不能 7×24 小时一直勤学苦练。并不是所有的山都值得我们一路攀登到顶峰，特别是如果这样做的成本过于巨大时。所以，如果你的生活中有超级忙碌的小孩或者目标导向的青少年，你要确保他们在累的时候可以休息。社会对放弃者的压力很可能是巨大的，对某些人来说，放弃努力需要很大的勇气。你的孩子会不好意思承认他/她就是做不到吗？我们做父母的，是否很难让我们的孩子放弃一个项目或放弃我们已经付了钱的课程呢？请记住，对放弃努力来说，有一些理由是很好的，比如持续的压力和成本超过了潜在的收益；但也有一些理由是不好的，比如：害怕失败。

停下、休息、玩耍——有时放弃也是——并不是放纵或者浪费时间，它们是孩子身心成长所必需的。

帮孩子放弃完美主义

你读了这一步关于完美主义会让人难以幸福快乐的内容，然后不停地想"该死，我创造了一个完美主义者"，不停地担心你的女儿最终会抑郁窒息，或者你的儿子最终会成为一个焦虑的瘾君子……如果真是这样，请马上停止，每个人都不会有事的。你不需要先成为完美的父母然后才能培养出幸福快乐的孩子。

让我们复盘一下：完美主义所有的问题都是对失败的恐惧。所以，对于完美主义者来说，最糟糕的情况是：我们犯了错误或失败了，而我们的错误或失败被别人发现了。完美主义的逻辑是：

如果我不追求完美，我就不会完美，那我就会感觉糟糕。

当然，这是错误的逻辑。让孩子戒掉完美主义的方法是向他们表明：当他们犯错或失败时，他们不会感觉糟糕。事实上，他们可能会觉得很自由。一旦我们知道我们可以"活着"从失败（或者只是一个小小的错误）中解脱出来，我们通常就会觉得自己可以为了成长而承担更大的风险或抓住更多的机会。

根据完美主义研究者兰迪·弗罗斯特（Randy Frost）的说法，完美主义者认为他们的自我价值取决于他们的表现，即如果他们做得不好，他们就毫无价值。这就是为什么他们认为当他们停止追求完美时，他们会感觉糟糕。完美主义的孩子倾向于认为，如果他们做不到最好，就会严重削弱父母对他们的关爱和高度的认可。

以下是帮助你生活中的完美主义小孩放弃完美主义的一些方法。

1．选择一项孩子希望做好，但却不太可能在第一次尝试时就能**完美完成的小任务**。在之前的例子中，这意味着让布鲁克画一棵橡树，而不是她的 400 万瓣花瓣。

2．请你的小完美主义者试一试这项任务，**即使他不太可能做得很好**。我上高中的时候，父亲总是求我得个 C，他想让我明白，就算我不是全天候优等生，我的心脏也不会因此而停止跳动。我最终是在攀岩时学到这一课的。教练让我做的第一件事是从 15 米高的岩石上跌落下来。在我感到那些绳子抓住了我的那一刻，我发自内心地知道，就算我真的跌落下去了，我也仍然会活着，我的双腿于是不再因恐惧而颤抖了。完美主义者需要认识到这一点：失败通常不会造成太大或太长时间的伤害。

3．**和孩子聊聊体验**。把事情搞砸了的感觉如何？如果布鲁克画的橡树真的很糟糕，可以问问她是否认为这意味着她永远无法画出一棵逼真的橡树。如果孩子因为第一次尝试的失败而降低了对自己的评价，那么父母可以指出：托马斯·爱迪生在发明一种能正常工作的灯泡之前，尝试过一千多次。如果在孩子看来自己做得很好，那就问问他这意味着什么。通常情况下，做得好不好是由旁观者而非当事者本人来判定的。你应该让孩子知道你不在乎他的表现是否真的好。你爱他本来的样子。

当你问孩子感觉如何时，你可能会注意到孩子实际上并不觉得糟糕。他很可能会感受到你的爱和关心。你可以用你的同理心来指出这一点："虽然你做了一些你害怕会让自己看起来很糟糕的事情，但听起来你感觉很好。"要热情地祝贺他："这可真棒啊，你正在学习尝试新事物！哇！"

做完以上这些，你就可以提些建议来帮助孩子在下一次尝试时能做得更好。提建议时要尽量保持轻松愉快的气氛。如果你发现孩子在反思自己的工作做得不完美时嘲笑了自己，那么你就知道你已经成功了。

有太多选择未必是一件好事

《选择的悖论》一书的作者心理学家巴里·施瓦茨（Barry Schwartz）做过一项有趣的研究，来探究人们如果生活在一种认为选择越多越好的文化中会有怎样的后果。他将世界上的人按其面对选择时的态度分为两类，一类人是"最大化者"，他们想要选最好的，另一类人是"满足化者"，他们只要觉得自己的选择足够好就可以了，并不担心自己可能会错过更好的选择。

"最大化"是完美主义的一种形式：在做决定的时候，我们通过寻找所有可能的最佳选择来最大化，希望做出"完美"的选择。"满足化"则是当我们根据预先设定的标准选择了某样东西继续往前走时，我们就会感到满足。"满足化"并不意味着满足于比既定标准差一些的东西，它只是另一种做出决定的方式。快乐的人和不快乐的人有着不同的决策过程，前者更倾向于满足化。追求最大化对完美主义者来说是一种诱惑，它与不快乐和不满意相关联。

这可能很难让人相信，特别是如果你是一个完美主义者，因为似乎最大化者会有更高的标准，应该可以期待他们做出了能让他们更快乐的更好的决定。但其实并不一定。最大化者往往在他们做出最终决定时并不太快乐。这是为什么呢？

让我们以我个人的家庭为例吧。去年，当活动中心的兴趣班课程表公布出来时，我让菲奥娜仔细阅读，并圈出她感兴趣

的东西。她圈出了十几件她"非常非常非常"想做的事情。该
如何决定呢？她说，如果学西班牙语，她就可以和凯特和汉娜
一起去活动中心，因为她知道她们也会学西班牙语；她说，做
木工会很酷，因为她可以做个鸟窝；她说，做陶器会很棒，因
为她想做个茶壶；她还说，缝纫课绝对要上，因为她要给她最
喜欢的娃娃佐伊做一件衬衫……最后，菲奥娜选择了西班牙语、
汉语、编织和戏剧——她为自己没能同时选择缝纫和垒球而感到
遗憾。在让菲奥娜思考她的众多选项时，我鼓励她思考每一个
选项有多酷，然后我强迫她放弃了很多选项。你面临的选择越
多，那么你要放弃的选择就越多。

今年，我让菲奥娜从两个选择里选一个：木工或足球。她
说："我能选戏剧吗？"我说："春天之后才能有这个选项。因
为现在这门课上课的时间对你来说不合适。"菲奥娜选择了足
球，从此她再也没有选过别的课。

你可以参照下面的方法，来培养孩子以满足化而不是最大
化的方式去做选择。

- 让孩子概述他认为的成功的标准。问问他，什么样的客观标志
  能表示一个项目完成了或一个选择足够好了？例如，如果孩子
  正在考虑要申请哪所大学，那么问问他什么样的客观条件是必
  不可少的？告诉孩子并不需要把眼光放低，只要把目光放在一
  些具体的事情上就好了。

- 鼓励孩子选择能满足他的标准的第一个选项，或者，在预定的
  "完成标志"出现的那一刻就停止工作。对选择困难或追求
  完美主义的孩子来说，最好为他设定一个时间限制，比如：

两分钟内必须做出决定，或者，每天浏览大学网站不超过半小时。

- 一旦做出了选择或完成了工作，那么就专注于该项选择或成就的积极的一面。不后悔的最大化者并不比一般的满足者更快乐。专注于可能发生的事情并不是一个幸福快乐的习惯。享受你的工作成果吧。

施瓦茨研究的要点是，拥有太多的选择是对我们幸福快乐的诅咒。了解到这一点，我对自己限制孩子选择这件事的感觉更好了。当我不考虑所有的选项就做出决定时，我不再认为自己太随便、太草率，我是在为我的孩子们树立一个"满足化者"的榜样；如果她们能学会这种做选择的方法，从长远来看她们将会更加幸福快乐。

RAISING HAPPINESS

4

第 4 步

选择感恩、
宽恕和乐观

发现人类可以通过改变内在的思想态度来改变生活的外在方面，是我们这一代人最伟大的革命。

——威廉·詹姆斯

如果童年的幸福程度可以用吃冰淇淋和游泳的时间计算出来，那么养育孩子就容易得多了。但是，实际上，任何年龄的快乐生活都取决于我们所体验的积极情绪。正如我之前所说的，积极情绪在很大程度上是我们可以教给孩子的技能和习惯。在这一步中，我们将着眼于自己在教孩子幸福快乐时所做的重要选择——我们甚至都没有意识到自己正在做的选择。

在我们感受到的情绪中做出选择的想法似乎有些自相矛盾，从定义上来讲，情感难道不是非理性的吗？一般来说，情绪与逻辑思考会激活大脑的不同部位，这也许可以解释为什么我们认为情绪是非理性的。但是，我们每天思考和做的事情会让我们产生不同的情绪，而感激、宽恕和乐观等情绪则要求我们做出理性的选择，我们往往都不曾意识到这些选择就摆在我们面前。

如果你和开始研究幸福快乐之前的我一样，那么你可能很难相信乐观这样的品质是选择和习惯，而不是个性特征。我们是谁，很大程度上取决于我们的基因构成和生活环境，比如我们是否富有、是否在城市生活或者是否已经结婚。但是我们40%的幸福快乐来自于对我们所追求的事物的有意识选择。

通过使用复杂的统计技术和对大量双胞胎案例进行分析，一些研究人员得出了结论：人们幸福水平的差异大约有50%是由我们几乎无法控制的遗传因素造成的。还有10%的差异是由不同的生活环境造成的：富有或贫穷，健康或不健康，美丽或平凡，已婚或离婚，等等。

　　这意味着，如果我们将 100 个人置于相同的生活环境中（让他们拥有相同水平的外貌吸引力，相同的年龄和性别，住在同一个社区的同一所房子里），他们的幸福水平差异只会受到 10% 的影响。剩下的 40% 是由行为决定的，即我们每天所做的事情。我们对自己拥有的东西是心存感激还是认为理所应当？我们对他人的冒犯是宽恕原谅还是怀恨在心？我们是悲观的人还是乐观的人？

　　40% 是很大的影响力。当我们的文化鼓吹愤世嫉俗、寻求报复或权力时，我们会让它影响孩子的幸福程度吗？或者，我们会有意识地教导孩子去践行感恩、宽容和乐观吗？

　　即使我知道自己应该怎么做，我仍然发现自己会条件反射般地沿着生活的道路笔直地飞驰（现在还带上了孩子）。我已经知道了，在我的一天当中，有许多机会可以改变方向——例如，在乐观和悲观之间选择，或者在宽恕和愤怒之间选择。有时我在十字路口徘徊，错过了转弯的机会。有很多可以走的路，但其中只有一部分道路能通向幸福快乐。在这一步，我们要学会识别出我们在影响孩子的幸福快乐方面都有哪些选择。这么做最大的好处就是：当我们教孩子认出那些指向幸福的路标时，我们往往会发现自己也走在同样的路上。

"理所应当"与"感恩"

为什么我们会觉得我们养育的这一代孩子对他们所拥有的一切都不屑一顾，或者认为理所应当，而不是心存感激呢？孩子们一出生就觉得自己有权得到我们的照顾，他们并非生来就知道如何感谢生活给予他们的一切。感恩与踢足球或说法语一样，是一项需要学习和练习的技能。

练习感恩？就像练习背乘法口诀表那样吗？是的。美国人生活在如此令人难以置信的富足之中，以至于当谈到要感谢他人为自己所做的事情时，往往都不知道该如何去做。我们的文化崇尚独立，却低估了他人的帮助，我们认为自己所得到的都是靠个人的努力换来的。

我自己的孩子们从观看迪士尼公主的电影中获得了关于浪漫爱情的丰富概念，但在我反复说给她们听之前，她们无法说出灰姑娘可以对什么事情心存感激。我问当时 4 岁的莫莉，在灰姑娘所有的梦想（包括穿上漂亮的礼服和乘坐马车去参加舞会）都成真了的第二天，她会对她的仙女教母说些什么。莫莉想了一秒钟，然后说："仙女妈妈，下次我能穿粉红色的裙子吗？"

如何练习感恩？

练习感恩非常容易：简单地数一数生活中让你觉得感恩的事情，并让你的孩子也这样做。诚然，如果你觉得这很做作，或者，你的配偶或孩子觉得那些事都不值一提或理所应当，那就没那么简单了。坚持是关键：选择一种感恩练习并坚持下去，直到每个人都觉得那样感恩是很自然的为止。

每天晚上睡觉前，我会让孩子们告诉我白天发生的三件好事。什么事情进展顺利？为什么？她们的回答从琐碎到深刻各式各样。有时她们能说出很多件好事，有时她们只会发牢骚和抱怨。不过，大多数时候，莫莉和菲奥娜只是简单地讲述了那天让她们开心的小事。

这里有一些其他的方法，让孩子养成习惯来历数他们自己获得的帮助。

- 我们附近的一个家庭在餐桌上放了一个"感恩盒"。每天，每个家庭成员都会在一张小纸条上写下他们想要感谢的事情，然后把小纸条放到盒子中。他们把这些纸条上写的内容称为"感恩财富"。每周日的晚上，他们会轮流朗读盒子里的小纸条。
- 我认识的另一个家庭会在每次家庭聚餐结束时做"感恩活动"：家人轮流说出他们想感谢在场的每一个人做的哪件事。

表达感谢是我们要教给孩子的与他人建立牢固关系的最重要的方式之一。我们的人际关系中有那么多是关于给予、接受和回报的——这些都是与联结相关的。表达感谢则是要确认这些联结有多深。出于这个原因，我们也要记得练习向帮助过我们的"外人"（家人以外的人）表达感谢。而向"外人"表达感谢的最好方式，我认为，是写感谢信。

心理学家对一种特别有效的感谢信进行了测试，这种感谢信被称为"感谢拜访"。你可以帮助孩子给对他来说很重要的老师、朋友或亲戚写一封感谢信，然后鼓励他亲自送达给对方并大声朗读出来。我的朋友肯德拉有两个孩子，7岁的基思和11岁的埃弗里。这两个孩子平时都不喜欢表达感谢，但这些感谢信却让他们变得不同了。基思和埃弗里今年给老师写了"学年结束感谢信"，然后带着这些信去拜访了老师。

肯德拉说，基思和埃弗里的信都是发自内心的。两个孩子都期待着再次写下一封感谢信并亲自给老师送去。"感谢拜访"不仅能教会孩子对更多的事物（不仅是生日礼物）表达感谢，而且也让他们认识到有意义的礼物通常是非物质的。那些践行"感谢拜访"的成年人，在事后整整一个月内都会对自己的生活感到更加满意。

关于富足的悖论

困难和稀缺会激发感激之情。我的表姐和她的丈夫带着他们的四个孩子去了肯尼亚生活。两年中，她所见到的每一个肯尼亚孩子都会对摆在他们面前的食物表达感激之情。从肯尼亚回来之后，她们全家都对美国中上层生活为他们提供的一切深表感激。帮助那些不那么幸运的人会让孩子意识到自己是多么幸运，会让他们注意到那些自己以前认为理所当然的事情。

我的朋友布莱恩让他10岁的儿子马克斯每周挑选一个玩具送给贫困家庭。如果你觉得这听起来有点夸张，那你就想想看，美国孩子平均每年会得到 70 个新玩具。与送出玩具之前相比，马克斯已经开始更加重视他保留下来的玩具了。同样，我的朋友盖比和乔治每年感恩节前后都会让他们的孩子捐赠玩具——数量与他们各自的年龄相同——这样其他孩子也能得到圣诞礼物了。

当孩子习惯了我们能预测出他们的每一个需求时，如果他们没有得到自己想要的东西，就会感到失望——而不是感激。出于这个原因，我们需要确保孩子所有不切实际的幻想都不会成真。虽然我们经常本能地想保护孩子免受痛苦，但我们不能让孩子以为他们生活在一片神奇的土地上，在这里他们将永远幸福快乐地生活而不必与深深的悲伤或失望斗争。布莱恩刚开始让马克斯送出玩具时，马克斯感到很不开心。直到第四或第五周，马克斯才对把玩具送人这件事感到高兴。而一旦马克斯学会了应对"失去"，他就体会到了巨大的感激和幸福快乐。

美国人的生活虽然常常是富足的，但却不一定是轻松容易的。当事情进展不顺利时，我们可以用感恩来培养成长型思维，或者理解成功来自于努力和练习，而不是第一次就能很快地把事情做完美（见第 3 步）。**当我们认为失败是学习的必要步骤，是值得感恩的事情时，我们就能更好地战胜挑战了。**

感恩的好处

让孩子养成感恩的习惯，除了能让他们少些逆反之外，还能带来其他各种各样的好处。例如，科学家发现，与那些不练习感恩的人相比，练习感恩的人会：

- 更有热情，对事情更有兴趣、更坚定。
- 幸福感上升25%。
- 更有可能对别人友善和乐于助人。
- 睡眠更好。

我不知道有谁会不想要一个快乐、善良、乐于助人、晚上睡得好的孩子！

鼓励孩子尽力找出一个理由来对不愉快的事情或困难的关系表达感谢，这可以教会他们成长并促使他们改变。从坏事中找出一丝好的方面，并不是肤浅的盲目乐观，而是决定要用好的感觉来取代坏的感觉。在将近一年的时间里，我一直在思考到底什么是我们家的艰难时刻。由于某种似乎特别糟糕的坏运气，我们不得不搬出我们深爱的房子，如果不搬，我们就会永远失去可以搬走的选择。搬家给我们家的每个人都带来了极大的压力。

但是，我们现在生活在一个理想的地方，周围都是我们喜欢的邻居。如果当时我们没有搬家，我们就不会认识他们了。我们的邻居给我们带来了许多好运，如果不是为了两个邻居，或许我根本就不会写这本书。直到我愿意看到搬家带来的好处时，我才停止了对我们不得不这么做的怨恨。教孩子认识这样的转变并不难。她们有时会希望自己仍然住在"老房子"里。当她们这样想时，我们就会练习思考生活中因搬家而带来的美好事物。我们通常会谈很长时间，我们会聊到住在公园附近的好处，离学校近的好处以及我们新认识的邻居朋友有多好，等等。

关于坚持，我想多说一句：我认识的许多父母都向我反馈说，他们的配偶或十几岁的孩子最初对练习感恩有强烈的抵触情绪，因为这类行为在那些不练习感恩的人看来可能有点做作。你要坚持下去。对特别固执的人来说，可能需要大量的利他主义才能激励他们转变。请记住，练习感恩本身必定会有回报，所以即使是我们当中最冷酷、最视一切为理所应当的人，最终也会参与进来的。

练习感恩

● **列一张"家庭感恩清单",或者,收集一些家人觉得应该感激的事情。** 可以在冰箱上贴一张大纸,让每个人在周日或每天某个固定的容易养成习惯的时间把他们的感谢写上去,写什么都可以,无论大事小事——人、地方、玩具、事情——都可以列在这张单子上。让年龄大一些的孩子成为清单的保管者;年幼的孩子可以口述让别人帮忙写。这个方法也可以有多种变化,例如,在吃饭时,可以按坐座顺序由每个家庭成员谈一谈当天发生的三件好事。

● **放慢脚步,闻闻玫瑰花香。** 享受美好的体验可以提高积极情绪。可以教孩子享受积极的事情,当好事(即使是非常小的事情)发生时,习惯性地表达感谢。只要停下你正在做的事,对这一刻表达感谢就好了,比如看到了美丽的日落、婴儿展露的微笑,获得了和孩子待在一起的机会,等等。庆祝好消息是"品味"的一种形式。反复重播和陶醉于快乐的时刻(比如毕业、精彩的足球比赛或假期)可以让我们更快乐。.

● **写大大小小的感谢信。** 大的比如:帮助孩子写一封感谢信给一个对他们来说很重要的人,然后鼓励他们亲自递送感谢信并大声读出来。小的比如:鼓励孩子为礼物以外的东西写一些出人预料的"谢谢你"字条,可以向对你说好话的人表示感谢,向对你伸出援手的人表示感谢,或者为自己度过了愉快的一天而表示感谢。

愤怒与宽恕

执着于愤怒就像是抓着一块想要扔到别人身上去的热煤，你自己才是那个被烧伤的人。

宽恕是幸福生活的另一个重要因素。很少有人能完全意识到宽恕的能力会对幸福快乐产生影响。大多数人也不认为这是一种他们需要教孩子并与孩子一起练习的技能。然而，重要的是：宽容的人往往更快乐、更健康、更有同情心，而且更宁静、更随和、更有灵性。

另一方面，无法宽恕别人，往往会让我们变成那种似乎永远无法停止阴谋报复或反复思考自己是如何被冤枉的人。研究人员发现，无情的人往往充满仇恨、愤怒和敌意——这使得他们焦虑、抑郁和神经质。这就是我们需要教孩子如何宽恕他人以及为什么要宽恕他人的原因。

我们的童年时期很有可能会充满恶意的行为和霸凌。当我们学习如何成为更善良、更优秀的人时，我们不可避免地会犯错。因此，我们需要学会道歉和宽恕他人。与流行的看法相反，我们还需要教给孩子：宽恕并不意味着必须忘记、原谅伤害你的行为或者与伤害你的人成为朋友。我的朋友艾米定期提醒她 9 岁的儿子扎克对一个曾经欺负过他的同学保持警惕。扎克成功地宽恕了那位同学，但他认为这种宽恕是他为自己做的事情，目的是远离霸凌事件给他的生活带来的所有痛苦的感觉。扎克的经历明确地证实了宽恕在很多方面都可以让我们感觉更好。

在观察我的女儿菲奥娜和她的同学时，我发现她们犯的大多数错误都很幼稚，但这些冒犯仍然需要道歉和宽恕。我特别清楚地记得菲奥娜上一年级时发生的一件事。她和她的两个最好的朋友凯瑟琳和奎恩一起步行去学校。菲奥娜对她们三个在课间休息时应该玩什么游戏有明确的想法，而凯瑟琳有其他的主意。但菲奥娜太过兴奋了，以至于她没有意识到凯瑟琳的反对。

凯瑟琳把奎恩拉到菲奥娜前面，小声对奎恩说："你不觉得菲奥娜很霸道吗？"

菲奥娜崩溃了，她对朋友们喊道："你们这么做太卑鄙了！"

"你才卑鄙！"凯瑟琳喊道。更多的指责和眼泪接踵而来。

除非孩子们互相道歉和宽恕，否则这样的交流往往会消耗他们的情感，当然，也会妨碍他们的友谊。我们需要教给孩子的最困难但最重要的一课是，当我们对一些看似合理的大事或看似微不足道但令人讨厌的小事怀有怨恨时，我们就会持续不断地伤害自己。

菲奥娜受到伤害时的本能反应是避开伤害她的人。逃避是对过错的一种常见反应，这是宽恕尚未发生的标志。凯瑟琳倾向于在她的脑海里一遍又一遍地重复自己的过错——这是另一种对伤害的常见反应，被称为反思。每当她想到菲奥娜指责她"卑鄙"时，她就又一次感觉受到了伤害。反思是有压力和不愉快的，它让我们感到失控、愤怒、悲伤、焦虑和不那么宽容。所以宽恕的一个重要部分是下决心停止去想他人对我们的冒犯，并将我们的精力花在寻找宽恕的方法上。

当我们受到伤害时，我们会对冒犯者感到愤怒和敌意，我们会想要报复对方。敌意会损害我们的健康（例如，会增加我们患心脏病的风险）。想要报复会让我们与伤害我们的人产生更多的冲突，增加我们的愤怒和焦虑。当我们沉溺于诸如愤怒、痛苦和仇恨等负面情绪时，我们就无法体会幸福快乐和感激。

所以，对我来说，帮助菲奥娜和凯瑟琳找到彼此宽恕的方法是很关键的，这样她们才能继续她们的友谊并且获得更好的感受。当然，最可靠的宽恕之道是真诚的道歉（关于有效道歉的技巧，请看本章后面内容里讲到的"有效道歉的 4 个步骤"）。当我们看到冒犯者愿意牺牲一些东西，我们就会更愿意宽恕对方。在菲奥娜和凯瑟琳的例子中，作为道歉的一部分，双方都需要同意去玩对方指定的游戏。

让菲奥娜和凯瑟琳谈论什么是公平、什么是不公平对她们并没有帮助。大脑记录宽恕的位置是其情感中心（边缘系统）的深处，而不是与推理和判断相关的皮层区域。**激活大脑边缘系统宽恕区域的最好方法是与对方共情，而不是去探究问题发生的原因。**为了帮助菲奥娜和凯瑟琳相互宽恕，我们需要引导她们远离公平的讨论，鼓励她们站在对方的立场上想象对方的感受。如果凯瑟琳指出，她们总是玩菲奥娜的游戏是不公平的，我们可以简单地把讨论引向另一个方向："凯瑟琳，请想象一下奎恩把菲奥娜拉到你的前面然后小声对她说'凯瑟琳太霸道了'，你会有什么感觉？"

宽恕的好处

与那些从不容易宽恕他人的人相比，比较容易宽恕他人的人有：

- 更好、更幸福的关系。
- 更好的心情。
- 更高的自尊心。

宽恕可以：

- 减轻压力，降低血压，减少愤怒、抑郁和伤害。
- 增加乐观、希望、同情和身体活力。

在一项针对因暴力而失去家庭成员的人的研究中，参与者报告说，在练习宽恕之后，他们的抑郁下降了40%。

除了与我们想要宽恕的人共情之外，我们还可以通过有意识地唤起对与我们有冲突的人的积极情绪来为道歉和宽恕做好准备。当我对孩子的父亲迈克感到生气而又知道我需要宽恕他时，我会让自己想起他最近为我做的所有甜蜜的事情。同时，我还会从迈克的角度想事情——从他的角度看待我自己，思考他可能会有哪些想法——这么做常常能让我早点做好准备去宽恕他。

对菲奥娜和凯瑟琳来说，让她们分享她们喜欢对方的地方或回忆她们一起度过的快乐时光都是有效的。微笑、大笑或一系列积极的想法实际上可以改变我们的生理机能，让我们感觉更好——可以降低我们的血压和心率，还能放松我们皱眉的肌肉，让我们更有可能宽恕他人。

练习宽恕所需要的技巧

作为父母，我们在宽恕他人的同时也就是在教孩子宽恕，因为孩子会以我们为榜样。我们还需要直接教孩子如何宽恕。但是，宽恕他人是具有挑战性的。如果练习感恩就像是在公园里散步，那么练习宽恕就像是拿着保龄球跑马拉松。尽管宽恕是一项几乎任何人都可以学会的技能，但它的学习过程可能会很漫长。与大多数困难的任务一样，我们尝试宽恕的次数越多，我们就越可能成功。宽恕不是遗忘，而是放手。那个保龄球可能会很重，最好还是放下再跑。宽恕是选择积极情绪，而不是消极情绪，这是一个导致完全不同的情感体验的决定。

如何宽恕？

斯坦福大学宽恕项目的负责人弗雷德·拉斯金花了几十年时间研究和教授宽恕。他开发了一整套方法来帮助人们学会宽恕，哪怕是最令人发指的行为。这套方法被称为"宽恕计划"。下面我把拉斯金的"宽恕计划"分解成技能和概念，父母可以用来教孩子并和孩子一起实践。

1. 帮助孩子发展理解自己情绪的能力，并在有事情困扰他们时把这些情绪表达出来。让孩子通过识别和谈论他们自己的感受来练习，尤其是当他们受到伤害时。孩子可以从很小的时候就开始学习谈论他们的感受（更多关于成为孩子"情绪教练"的内容，请参阅第5步）。

2．当孩子感到受伤时，要帮助他们认识到自己的痛苦是来源于现在的想法和感觉，而不是来源于最初的冒犯，无论那个冒犯是发生在几个月前还是几分钟前。有一天，菲奥娜和莫莉在玩滑板车时撞到了一起，两个人的膝盖都蹭破了点皮。两个人都开始大声指责对方，也都在夸张的痛苦中号啕大哭。我看到她们两个人都没有因为碰撞产生大碍，所以我就指出，这种情况的痛苦不是来自于事故本身，而是来自于相互责备（两个人都想让自己看起来比对方血流得多，而实际上两个人都没流多少血，那点小伤只是让她们感到有点疼罢了）。一旦她们决定了要宽恕对方然后向前看，两个人谁也不疼了。

3．当孩子沮丧时，帮助他们练习本书第8步中列出的正念技巧。这将有助于关闭他们的"或战或逃"反应，使他们能更有效地应对令人不安的情况。

4．让孩子明白，当他们要求得到生活不能给予的东西时，他们便会感到痛苦。当然，他们可以有所期待，也可以通过努力去得到他们想要的东西，但他们不能强迫不受自己控制的事情发生。当我们期待一些我们无法控制的事，而那些事却没有发生时，我们就会感到受伤和委屈。我们要帮助孩子练习放弃对那些他们无法控制的事物的渴望，把他们的精力转向那些他们可以控制的事物上去。

5．**帮助孩子理解，宽恕并不意味着忘记、原谅伤害他们的行为，或者与伤害他们的人和解。**宽恕是一种让我们自己感觉更好的选择。和孩子谈谈，当我们反复思考我们是如何受到伤害时，我们的感觉是多么糟糕。提醒他们宽恕对自己的好处。

6．**和孩子谈谈对复仇的渴望，让他们知道最好的复仇就是自己好好生活。**向他们解释，当我们专注于自己是如何受到伤害的时候，我们便给了伤害我们的人力量，因为这会让我们继续受伤。

宽恕是一项艰巨的任务。当我们受了委屈时，放下负面情绪需要勇气和决心。通过练习，宽恕会变得更容易一些——特别是如果我们能从小事开始并尽早养成习惯——它会让我们成为更强大、更好的人。

练习宽恕的 3 个方法

宽恕训练提高了受害者的自尊和希望，降低了他们的焦虑。这里有一些练习可以教孩子（和我们自己）如何宽恕。

1. 与家人分享曾经被宽恕的故事。 例如，在晚餐期间，轮流回忆自己被他人宽恕的时刻，回忆一下有意或无意地伤害到别人的时刻，然后讨论是否觉得自己的冒犯行为得到了宽恕。如果觉得自己被宽恕了，那么可以接着讨论以下话题：

- 你怎么知道自己已经被宽恕了？
- 你认为那个人为什么会宽恕你？
- 你认为被你伤害的人在宽恕你之后感觉更好还是更糟？
- 被宽恕后，你有什么感觉？
- 你现在与那个人的关系如何？
- 被宽恕是否会让你或多或少地重复对那个人的伤害行为？
- 如果你觉得自己没有被宽恕，谈谈你想怎样去请求对方的宽恕。

2. 通过角色扮演练习同理心和宽恕。 选择一位家庭成员来扮演一个特定的犯错者，他因为伤害了他人而受到其他人的责备。然后大家轮流站在犯错者的立场上发言。他为什么会这么做？他当时可能有什么情绪？努力相信犯错者是无辜的，想象犯错者可能经历过的种种不同的事情。要提醒大家，练习同理心与宽恕不良行为不同，它只是一种放下愤怒的技巧。最后，用角色扮演练习宽恕。

- 你能对犯错者说些什么吗？
- 你在扮演角色时有什么情绪呢？
- 试试表演那些你认为宽恕他人时可能会有的面部表情。
- 当你感到或表达宽恕时，你的身体感觉如何？

3. **写一封宽恕信。** 帮助孩子写一封讲述他们受伤时刻的信。这封信孩子可能会也可能不会寄给伤害他们的人。让孩子说明当时的伤害现在如何影响着他们，以及他们现在仍然在遭受着的不良情绪的影响。孩子可以陈述他们希望犯错者在当时做了什么事或没有做什么事。引导孩子在这封宽恕信的结尾明确表达自己的宽恕、理解甚至是同理心（如果孩子能做到）。例如："我想你没有意识到你说的话会让我哭，所以我宽恕你伤害我感情的行为。"

有效道歉的 4 个步骤

所有的父母最终都不得不面对荒谬而虚伪的道歉。在我们家，我也会同样荒谬地坚持让冒犯者真诚地道歉（道歉，现在，马上！）。然而，如果我们不能真诚地道歉，我们就根本不应该道歉；不真诚的道歉比不道歉更让人生气。这意味着如果我们的孩子不能真诚地道歉，就不要坚持要求他们立即道歉。

根据研究道歉心理学的亚伦·拉扎尔（Aaron Lazare）的说法，有效的道歉应包括以下部分或全部的内容：（1）明确和完全地承认所犯的过错；（2）解释；（3）表达悔恨；（4）补偿。

以前面描述的菲奥娜和凯瑟琳的故事为例。只有做到下面这些方面，她们的道歉才会有效。

1. 每个女孩都需要承认自己的过错，但不要提及对方做错了什么。菲奥娜应该说"很抱歉我说你卑鄙"，而不是说"很抱歉我说你卑鄙，但你也说我霸道了"。要想让道歉奏效，冒犯者需要完全承认自己的过失，而不是吞吞吐吐或找借口。

2. 双方都可以给出自己的解释，尤其是当他们解释说自己不是故意伤害对方的感情，或者保证说这种情况不太可能再发生的时候。菲奥娜可以说："你在私下议论我让我很受伤。以后，我要练习用不刻薄的话告诉你我受伤了。"

3. 使用懊悔、羞愧或谦卑的表达来证明自己已经意识到为什么会伤害到对方。"我知道如果别人说我卑鄙会多伤害我的感情，我却用了这个词来说你，我感觉很难过。对不起。"

4. 好的道歉通常包括某种补偿，无论是真实的还是象征性的。菲奥娜和凯瑟琳都需要同意玩一段时间对方的游戏。

悲观主义与乐观主义

许多孩子天生就喜欢期盼未来——比如生日聚会或大型比赛。这种对未来的期盼是乐观思维的自然组成部分。乐观也是父母可以教给孩子的一项技能。乐观主义和幸福快乐是如此紧密地联系在一起，以至于两者实际上可以等同起来。乐观主义者收获的好处是很多的。与悲观的人相比，乐观的人会：

- 在学校、工作和体育方面更成功。
- 更健康、更长寿。
- 对婚姻更满意。
- 不太可能患抑郁症。
- 不那么焦虑。

谁不想让自己的孩子得到这份福利清单呢？以下是孩子跟着父母学习乐观的三种方法。

父母之爱

我常说父母的爱能影响孩子的人生观。我喜欢靠近并触碰与我交谈的人，我的弟弟觉得我这样做很烦人，但我更愿意认为我这么做是在给我的孩子们播种希望。宾夕法尼亚大学康复项目 $^\ominus$ 的负责人表示，得到父母关心爱护的孩子更加乐观。父

$\ominus$ Penn Resiliency Program 是一个基于小组的计划，旨在防止年轻人抑郁症的初始发作并减少其恶化。——译者注

母的关心爱护——这一点都不奇怪——是孩子对这个世界建立信任的至关重要的条件。当孩子从父母那里得到一个"安全岛",他们就会相信这世界是个美好的地方。除了培养乐观情绪外,父母的关心爱护还会使孩子敢于承担风险并勇于探索——这是他们学习乐观的另一种方式。

冒险与失败

应对挑战和挫折的能力对乐观的习得至关重要。研究表明,被父母保护而从未受到失败和逆境影响的孩子不太可能发展出乐观的品质。为什么呢?当我们犯错误并从中吸取教训时,我们也就知道了自己可以克服可能面临的挑战。这让我们对未来充满希望。

乐观是会传染的,尤其是对年幼的孩子来说。当托德的女儿苏西害怕做某事时,他通常只是用兴奋的声音说:"让我们看看!让我们看看会发生什么。"这个时候苏西的焦虑(悲观主义的一种形式,对结果感到担心害怕)通常就会被转化为好奇心。我喜欢这种做法,因为它内含了乐观主义:无论结果如何,苏西愿意尝试的事实本身就是一个好的结果。

另一方面,反复的失败会导致习得性无助,而不是乐观主义。所以,让孩子面对的挑战与他们的身心发育相匹配是非常重要的。过多的艰辛(孩子几乎没有机会改变而又无法选择退出的挑战,比如贫困或高压的学习环境)会让孩子不知所措,焦虑不安。

做一个乐观的榜样

悲观的父母更有可能生出悲观的孩子。比起模仿我们如何乐观或悲观地解释自己生活中的事件，孩子更愿意模仿我们如何解释他们生活中的事件。换句话说，孩子对他们从父母那里得到的与自己相关的反馈，比他们获知的父母对自己生活事件的解释更为敏感。这意味着，当我们批评孩子时，我们会让他们更容易受到悲观主义的影响。

这里有一个发生在我们家的负面例子。有一天，菲奥娜拿出了一个亲戚送她的生日礼物，一个能让人"发疯"的机器人拼插玩具。这类玩具是为比她年龄大两倍的孩子准备的，所以我对她的能力持悲观态度。"你做不到的"，我警告她，"我也没时间帮你做。"她泄气地翻了翻那本五十多页的说明书，然后去找了别的事做。我在不知不觉中教会了她在没有测试的情况下质疑自己的能力。

那天下午，我的朋友简来到了我们家，她看到了桌子上放着的一盒机器人零件。菲奥娜向简解释说，她想用铜线做个机器人，但这对她来说太难了。"真的吗？"简乐观地问，"我们要不要试一试，看看是不是真的太难了？"一个小时后，她们两个人让机器人运转起来了。菲奥娜对自己的创作充满了喜悦，实际上大部分都是靠她自己完成的。"你是对的，妈妈"她自豪地对我说，"这的确挺难的。但事实证明，我擅长制造机器人。"

以乐观的方式思考

如果 10 岁的孩子能被教导如何乐观地思考和解释世界，那么当他们进入青春期后，抑郁的可能性就会减少一半。有很多方法可以用来练习乐观地思考。

- 找出困难带来的好处。
- 如何看待半满的杯子：更多地指出事物好的一面。
- 反思从失败中学到了什么。
- 选择信任：相信自己和他人是无辜的，不屈服于自我怀疑、责备或被冒犯的感觉。

著名心理学家马丁·塞利格曼（Martin Seligman）研究乐观主义已有数十年了。他指出，我们乐观或悲观的程度会决定我们如何解释生活中的事情。比如，一个孩子在棒球比赛中打得很棒，而且他所在的球队赢了。要理解为什么会发生这种情况，乐观的方法是把原因解释为有可能再次发生的事情以及可以影响到其他情况的事情："我们的团队真的合作得很好！ 我们整个赛季都会打得很棒！"而用悲观的方式来解释为什么好事会发生时，就会把原因归为暂时的或者具体的情况："我们今天赢了是侥幸，另一个队的好球员没上场，这种事不会再发生了。"

我们可以通过找出好事会继续发生的原因来帮助孩子乐观地思考。例如，指出孩子作为投球手的专注练习得到了回报，比如对孩子说"你在比赛中打得很棒！"因为练习会使技能不断提高，而只在一场比赛中成绩好则可能是侥幸。

乐观的想法也来自于把好的事情解释为是我们自己促成的。悲观主义者会把成功仅仅看成是投球手应该做到的，而更悲观的态度则会让成功变得更没有人情味："另一个团队不是很好，任何人都能打败他们。"这就相当于把成功从投球手的手中夺走，把功劳归于其他人或环境。

当糟糕的事情发生时，情况正好相反。比如，一个孩子在人行道上摔倒了。悲观主义者会认为："我太笨了。我总是到处绊倒。我现在看起来很蠢。"他把摔倒归于永久性的原因和个人的笨拙，他认为笨拙是一种性格特征。乐观主义者则会想："该死！快来人把人行道上的那条裂缝修好！"他跌倒的原因与个人无关，而与人行道上的那个特定位置有关，她本人跟这事一点关系都没有。

毫不奇怪，那些经常在事情进展不顺时责怪自己的人，比那些根本不责怪自己的人更不快乐。

成长型思维模式、表扬与乐观主义

思考孩子在乐观主义方面需要哪些技能，为我们应该如何表扬孩子增加了一个维度。表扬对孩子来说很重要，但我们需要以一种成长型思维模式（强调努力和勤奋）来表扬，这样才能使孩子在面对挑战时能够适应和坚持。关键是要让我们的表扬始终基于成长型思维模式和乐观的态度。成长型思维模式的表扬注重努力而不是天生的能力。乐观的表扬是针对被表扬的人指出好事有可能再次发生的原因。例如，在称赞我女儿的艺术作品时，我可以说："我看得出你花了很多工夫画这张画，菲奥娜，你对艺术的热情得到了展示。"

当我赞美我的孩子时，我不太担心自己是否乐观，专注于成长型思维模式就足够了。但是，我确实努力去避免对不幸或不当行为做出悲观的解释，因为孩子会跟着学。教孩子悲观和教孩子乐观是同样容易的。

假设我的女儿莫莉打了她的姐姐或说了一些脏话。对此的悲观反应可能是："莫莉，你太不善良了。如果你那样做，你在学校就不会交到朋友了。"我这么说，等于是把"不善良"的性格缺陷强加给了莫莉，而且，听起来好像我希望情况永远如此而不是暂时如此似的。而乐观的反应则是："莫莉，你现在肯定感觉不好。我想你可能饿了。请向你的姐姐道歉，我们去给你弄点吃的。"这使得不良行为成为一种暂时的和特定的情况——她不饿时就会表现得好一些。此外，这种情况会在道歉后结束，这是对事不对人的；更重要的是，造成错误的原因是她的血糖而不是她的性格。

聊一聊遗传学

然而，怀疑我的朋友们总是问我："有些孩子天生就是悲观主义者，有些孩子天生就是乐观主义者，难道不是吗？"当然是的！但基因并不是一切。事实上，对分开抚养的同卵双胞胎的研究告诉我们，基因对一个人是否会倾向于乐观的影响不超过 25%。所以在给孩子贴上"天生悲观主义者"的标签之前我们千万要小心。虽然，在我们的文化中，用遗传学来解释人们为什么会这样、为什么会那样是很常见的，但这是一种固定型思维模式，也是一种悲观的思维方式。我们最好专注于教孩子克服悲观倾向所需的技能，以及他们成年后过上幸福快乐生活所需的技能。如果你身边有一个坚定的悲观主义者，我会推荐马丁·塞利格曼的著作《教出乐观的孩子》。里面有一整章都是关于如何把悲观主义者变成乐观主义者的。

RAISING HAPPINESS

依恋关系：越"多"越好

做孩子的"情绪教练"

"制造"幸福快乐

第 **5** 步

培养孩子的情商

当你开始发展你的同理心和想象力时，整个世界
都会向你敞开。

——苏珊·萨兰登

　　我的批评者——那些认为幸福快乐无足轻重且不如善良或成功那么重要的人——总是问我一些关于负面情绪的问题。该怎么看待压力呢？他们问。压力难道不是经常能产生激励作用的吗？或者，我认为愤怒可以成为一件好事，我不希望我的孩子们觉得自己每时每刻都需要幸福快乐。

　　虽然这是一本关于培养孩子积极情绪的书，但它并不是说要让人每时每刻都感到幸福快乐。即使是最幸福快乐的生活也会充满不愉快，如痛苦、失望、失败、失去和背叛。通常，快乐的人和抑郁的人最大的区别是：快乐的人知道如何处理痛苦的情况和情绪，他们知道如何从痛苦中"反弹"回来。

　　灵活地面对困难需要一种特殊形式的智慧。传统的智慧——书本上的智慧甚至街头智慧——都不一定会带来幸福快乐，但社交和情商却可以。以下部分是一些如何提高孩子情商的方法，这是让他们能持久幸福快乐的基础。

　　好消息是，情商是一种技能，而不是天生的特质。正因如此，我更喜欢"情绪认知能力"而不是"情绪智力"的说法。用"认知"这个词可以提醒我们，我们正在教孩子所需要的技能，使他们能够更好地理解自己大量的且不断变化的感受。人们在一定程度上具有情绪认知能力，他们能够识别出并理解自己和其他人的情绪。具备情绪认知能力的孩子能够识别、解释并建设性地回应自己和他人的感受。

　　父母可以通过两种基本方式来培养孩子的情绪认知能力。

首先，应该与孩子建立起安全的依恋关系——这种敏感而能及时响应的关系给予孩子探索世界时所需要的支持。其次，可以做孩子的"情绪教练"，这样就可以和孩子建立一套情感用语词汇表，让孩子觉得自己有能力以自己感到舒服的方式去处理那些感受。这部分内容将教会你如何做到以上这两件事。

培养幸福快乐的孩子（那些生活中充满各种积极情绪的孩子）所要做的事情中有一部分就是教孩子如何表达和处理消极情绪。愤怒、悲伤和焦虑等不舒服的感觉不一定是坏事，它们可以提醒我们有哪些需要摆脱或改变的情况，它们可以让我们意识到我们彼此的联结有多深。但是消极情绪确实需要被有效地处理（研究人员常说它们需要被"控制"）。

心理学家约翰·戈特曼对情商的研究表明，能够控制自己情绪的孩子在沮丧时更善于安抚自己，这意味着他们经历恐惧和愤怒等负面情绪的时间更短，他们感染传染病的概率更低，注意力也更集中。这样的孩子能更好地理解他人，更好地与他人交往并形成更牢固的友谊。

情绪认知能力也是预测孩子在学校的表现以及未来职业成功与否的最佳指标之一，甚至比智商的预测还要更准确一些。这在一定程度上是因为具备情绪认知能力的孩子更善于学习，而且在课堂上也有着更好的人际关系。情绪认知能力可以改善孩子的适应力，帮助他们提高学习成绩，促使孩子在生活中几乎每个领域都获得进步——最明显的是幸福快乐与学业成功。所以情绪认知绝对是我们希望孩子能够发展的一种能力。下面我们来看看怎么做。

依恋关系：越"多"越好

人们生活在彼此的庇护之下。

——爱尔兰谚语

情绪认知能力根植于亲子关系之中。当父母和其他看护人密切关注孩子表达的情绪线索并做出反应时，孩子就可以学习更好地调节自己的情绪。父母和其他看护人与孩子之间的情感纽带被称为"依恋"，亲子依恋分为三种主要类型：回避型、焦虑型和安全型。不用我说你也知道，我们想和孩子建立的关系是安全型依恋。安全型依恋有很多好处，安全型依恋的孩子会：

- 更健康。
- 对世界的探索更有信心，更能应对充满挑战的环境。
- 更喜欢以成就为导向，是独立且坚持不懈的问题解决者。
- 在沮丧时更愿意请求别人的帮助和寻求别人的安慰。
- 更受老师喜欢，这可能是因为他们需要较少的指导和纪律管束。
- 不太可能欺负别人或被别人欺负。
- 在学校表现得更好，更少出现浮躁的现象。

安全型依恋如此重要的一个原因是它们是未来关系的基础。与父母和其他看护人有安全依恋关系的孩子更受同龄人的喜爱，也往往会有更多的朋友。强烈的依恋关系可以帮助孩子建立起情绪认知能力，进而促进他们与老师、朋友及社区里的其他人形成积极的、支持性的关系。

安全型依恋在整个童年和青少年时期都很重要。安全型依恋的孩子自我感觉更好，记忆力更强，对友谊有更积极的感觉，他们的道德观念也发展得更好。建立安全的联结在对孩子进行纪律约束方面也是有好处的：有安全型依恋关系的幼儿在父母要求他们做某事时会更顺从，而且他们父母的管教技巧也更有可能奏效。

那么，我们要如何培养一个安全型依恋的孩子呢？很简单，我们的反应程度决定了孩子的安全依恋程度。对此，我们可以做以下几件事情。

对孩子的需求要敏感，与孩子的互动要热情。在既定的情况下，我们的孩子需要什么？我们是否会出现在孩子身边以及是否会对他们保持关注都是很重要的。我们可以通过承认孩子的需求来表达我们的同理心并向孩子传递温暖："我能看出来你感觉很累，需要打个盹儿。我累的时候也发脾气，我们回家就躺下休息吧。"

要反应迅速且言行一致。知道孩子需要什么是一回事，满足这种需要则是另一回事。当孩子还是婴儿时，响应他们的需要通常是相当简单直接的（尽管这会很累）。我们给他们换尿布，喂他们吃东西，哄他们睡觉。但随着孩子年龄的增长，他们的需求会变得更加复杂。你可不要误解，我说的"响应"并不意味着给孩子提供他们想要的任何东西。

有时，当我们的孩子想要推迟他们必须回家的时间时，他们需要的是更有规律的作息或者更严格的纪律约束。父母对孩子需求的响应可以用来预测孩子是否会有更强的社交能力和自律能力，是否会有更多的对他人的积极行为和更强的自尊心。父母对孩子响应的一致性也很重要：依恋研究专家约翰·鲍尔比（John Bowlby）将其称为连续性定律："对孩子的规则越稳定、越可预测，孩子的依恋倾向就越安全；越不连续、越不可预测……孩子的依恋倾向就越焦虑。"

让孩子在情感上和身体上都可以接触到我们。我们可能会花很多时间和孩子在一起，但如果我们情感不在线，所谓"身在曹营心在汉"——也就是说，如果我们全神贯注于自己的手机或沉浸在自己的烦恼中——那么和孩子在一起的时间就没有多大意义了。同样的道理也适用于当我们的动机是好的，想要多陪孩子，但实际却并没有常常在孩子身边的情况。如果我们无法给孩子足够的时间来和他们真正建立联结，那么我们与孩子建立联结的强烈愿望就无法实现。

鼓励多重依恋。研究表明，虽然对母亲**或**日间看护者有安全型依恋的婴幼儿在与他人的互动中会表现得更成熟、更积极，但对母亲**和**其他看护者都有安全型依恋的孩子则是情绪认知力最强的（对父亲的依恋没有在这项研究中进行测试）。孩子从与母亲、父亲和日间照顾者的安全关系中获益最多。

认识到兄弟姐妹和同伴依恋的重要性。兄弟姐妹和朋友对孩子（即使是只有 15 个月大的孩子）的安全感也很重要。例如，当婴幼儿被转移到新的日托场所时——需要与看护者建立新的关系——如果是与亲密的朋友一起被转移，那么他们会比只是自己单独被转移表现得更好。同样，兄弟姐妹可以通过提供亲密、舒适和安全感而成为重要的依恋对象。

做孩子的"情绪教练"

当我们诚实地问自己，生活中哪个人对我们最重要时，我们常常会发现，不是那些为我们提供建议、解决方案或治疗方法的人，而是那些选择分担我们的痛苦，用温柔之手抚摸我们伤口的人。

——亨利·卢云

此刻，许多父母可能会认为我刚刚介绍的研究结果是非常显而易见的：当父母敏感、有爱心、始终如一、积极回应时，孩子会表现得更好。这些我们凭直觉就可以知道。

这里有一些可能无法凭直觉了解的东西：虽然爱、可靠和敏感确实能创造安全型依恋关系，但它们还不足以培养孩子的情商。安全型依恋关系是情绪认知力的重要基础，但父母还需要成为孩子的"情绪教练"，教孩子应对愤怒、焦虑和恐惧等情绪。安全型依恋关系创造了一个安全的环境，使孩子可以在其中接受训练；对孩子进行情绪训练有助于建立和维持安全型依恋关系，同时发展父母和孩子之间的忠诚和感情：这两件事是相互依存的。

能有效对孩子进行情绪训练的父母对孩子的情绪会更敏感，部分原因是他们将这些情绪的表达都视为与孩子联结和教育孩子的机会。他们以同理心倾听孩子的表达，帮助孩子探索和验证自己的感受。而且并不止于此：他们教孩子用语言来表达自己的情绪，然后在帮助孩子解决问题的同时给孩子设定限制（比如"打妹妹是不对的"）。

真的吗？我真的需要成为情绪教练吗？我知道，这听起来好像有很多工作要做。约翰·戈特曼一直是我最喜欢的研究人员之一，他认为情绪训练是培养快乐、适应能力强、善于自我调整的孩子的关键。他的研究表明，仅仅成为温暖的、尽心尽责的和充满慈爱的父母是不够的。温暖和关注可以培养某些方面的情绪认知能力，但它们不一定能教会孩子处理悲伤和挫折等负面情绪，情绪训练却能够做到。当然，现实是，生活不可避免地包含痛苦和折磨、失望和失败、失去和背叛。尽管我们很想保护孩子免受这些事情的伤害，可是却无法做到。不过，我们可以教孩子如何处理在生活中不太快乐的时刻产生的艰难和痛苦的情绪。

具有讽刺意味的是，当我们接受孩子将经历痛苦的事实并决心指导他们度过它时，孩子的痛苦会消散得更快一些。接受情绪训练的孩子往往会经历更少的消极情绪和更多的积极情绪。戈特曼发现，对于那些父母有冲突或父母离异的孩子来说，情绪训练是唯一可以让他们的情绪创伤和负面风险因素（比如在学校里惹麻烦或与同伴发生冲突）得以缓解的方式。

戈特曼在他的《培养高情商的孩子》一书和视频中教父母如何成为优秀的情绪教练。以下三个步骤改编自戈特曼的计划。我强烈推荐大家阅读戈特曼的这本书。戈特曼的情绪训练策略不仅帮助我管理了我那两个倔孩子的情绪，也帮助我与其他成年人在一起时管理我自己的情绪，尤其是那些与我有强烈情感关联因而交谈中常常令我情绪高涨的人（那些经历过离婚的人应该都知道我在说什么）。

应对负面情绪（你自己的、你孩子的或者你婆婆／岳母的）的第一步是要弄清楚对方的感受并接受这些感受。 即使我们不接受消极情绪带来的不良行为，我们仍然希望传递这样的信息：所有的情绪都是正常的，即使是最糟糕的情绪。嫉妒、恐惧和贪婪等负面情绪会帮助我们成长，让我们更好地了解自己并成为更好的人。当我们在孩子身上看到这些"不受欢迎的"情绪时，我们要把它看作是一个了解孩子内心世界的绝佳机会，而更重要的是，这是一个教孩子如何处理现在和将来的负面情绪的绝佳机会。

要成为一名优秀的情绪教练，我们需要与孩子共情，这样我们就可以帮助他们给自己不愉快的情绪贴上标签。 我们的目标是确认孩子的情绪，让孩子学会理解和信任自己的感受。当我们不理解自己的情绪时，我们就无法有效地处理它们或应对当时的情况，所有这些都会导致自我怀疑和自尊的丧失。通常，尤其是对小孩子来说，不好的感觉总是伴随着某个不好的行为。想想这样的情况：一个学龄前儿童，感到沮丧和愤怒，然后她打了自己的朋友。重要的是要让孩子意识到他们的感觉不是问题所在，他们的不良行为才是问题所在。所以，现在先忽略这些不良行为，直到你完成了第一步：标记并确认当下的感觉。

第一步：标记并确认当下的感觉

在我们能够准确地标记并确认孩子的感受之前，我们需要与他们"共情"——首先理解他们的感受，然后与他们交流我们所理解到的。这很简单，但并不总是容易做到。

"共情"并不意味着在黑暗中寻找造成这种感觉的原因，然后开足马力去解决问题；也不意味着我们要通过分散孩子对负面情绪的注意力来减轻他们的痛苦；更不意味着我们要以牺牲孩子为代价，在本就令孩子不舒服的情况中寻找幽默，然后重新构建出另一种让孩子不舒服的场景。我经常为自己不与孩子负面情绪共情的这三种错误反应感到内疚。虽然莫莉常常小题大做说些过激的话，但我利用分心、贿赂和间接威胁的方法能非常有效地消除她的愤怒。我的确这么做过。

莫莉（大叫）：我恨你！你是世界上最坏的妈妈！

我：嘿，莫莉，你说你想要一个巨大的毛绒海豚做圣诞节礼物吗？我听说圣诞老人的精灵会做这个。你觉得圣诞老人现在会在听你说话吗？

莫莉（抽泣着，用一种紧张而甜美的声音说）：真的吗？菲奥娜说，如果我有一只海豚并给它起名叫菲恩，她绝不会像她班上那个男孩那样叫它菲恩利。

我也很擅长假装自己知道问题出在哪里（当我真的不知道时），然后从那里继续前进。我经常说一些会让孩子放松下来的话，比如："嘿，莫莉，你看起来超级累而且需要吃点零食。来吧，让我们把你的血糖升高然后一起去沙发上看书吧。"即使我是对的，孩子的情绪正被饥饿和疲惫所激发着，即使我通过给孩子一点额外的爱改善了她的情绪，我仍然没有真正地与孩子沟通，没有理解她的感受或者理解她为什么会那么做。在解决问题之前，我需要标记并确认一下孩子的感受。

偶尔，我也会允许自己以牺牲莫莉为代价捧腹大笑，这通常会使她的情绪变得更糟糕。当莫莉不停尖叫的时候，她的威胁会变得很有趣（比如："妈妈，如果你不让我去克莱尔家，我就永远永远永远不再拥抱你了"），所以有时候我就会忍不住想笑。幽默让我感觉很好，尤其是在紧张程度高涨的时刻。不过，在这种情况下，笑声可能会被误解为一种恶意，从而对事情产生破坏性。因此，我只能想象如果我生自己母亲的气，而她却在嘲笑我，我会有什么感觉。

以上这些对孩子情绪的反应偶尔会暂时有效，但这些做法的问题在于，它们既没有帮助我们确认孩子的情绪，也没有帮助孩子更好地理解自己的感受。而对孩子来说，这些感受却是非常真实的。第一步的关键是要把自己想象成孩子去感受他们的痛苦，这才是真正的同理心。假设莫莉感觉很糟糕，因为她在学校课堂上说话太多而惹上了麻烦（真不知道她从哪里继承了这个特点）。

孩子经常会把负面情绪转移到他们所爱之人的身上，比如兄弟姐妹、父母和看护者。这意味着，虽然莫莉可能只是生自己、同学或老师的气，但她回家后把这种情绪转移到我和菲奥娜身上也是很正常的。所以，如果我刚好在这个时间对她说她不能和克莱尔一起玩，就会引爆她的愤怒情绪，她会把我让她挂好的背包甩到墙上，会叫她姐姐"傻瓜"，会说自己"以后一百万年"都不想跟姐姐玩了。

与其立刻处理莫莉的不良行为（马上停下），或者使用上述那些非同理心的方法来缓解她的愤怒，倒不如利用这个极好的机会来完成情绪训练的第一步：标记并确认当下的感觉。

表达同理心、给情绪做标记，并且让孩子确认

我：莫莉，你看起来非常生气和沮丧。你现在觉得自己
　　很渺小吗？（我知道莫莉在感觉自己渺小时经常表现
　　出激烈的情绪）

莫莉：是的，我觉得自己很渺小。（她的怒气缓和了）

我：你还有别的感觉吗？

莫莉：我**非常非常非常**生你的气。

我：你在生我的气，非常生我的气。跟我说说怎么回事。
　　你是不是也因为我不让你现在出去玩而感到失望？

莫莉：是的！我想约个人出去玩，现在就去。

我：你好像很伤心。（莫莉爬到我的膝盖上，啜泣了一会
　　儿，把头靠在我的肩膀上）

现在，我已经帮助莫莉识别并标记了几种感受：愤怒、渺小、沮丧、失望、悲伤。我也和莫莉确认了她是如何感受的，她知道我认为拥有那些"坏的"感受是可以的。有趣的是，现在她平静了、疲惫了——显然，她需要零食和拥抱。

然而，有时候，在孩子表达自己的感受和我们认同他们的

感受之间，非常需要一段冷静期。我博客的一位读者描述了在
没有冷静期的情况下这个过程是如何进行的。

> 父母：儿子，我看得出你很生气，很沮丧。你还有其他什
> 　　么感受吗？
>
> 儿子（怒目而视而且用最大的声音说）：我没生气！我没沮丧！
>
> 父母：那你现在的感受是什么？
>
> 儿子（涨红了脸，双眼瞪得更大了）：我很高兴！

另一种情景是，妈妈平静地让儿子去沙发上坐下，把他一
个人留在那里几分钟让他冷静下来，然后再去跟他说话，这时
的谈话更可能是这样的：

> 父母：一分钟前你进来的时候好像有点生气啊。（注意要
> 　　轻描淡写）
>
> 儿子：是啊……
>
> 父母：你好像也有点儿伤心……

儿子爬到妈妈的腿上，妈妈可以继续给情绪贴上标签。虽
然我们在这些情况下使用了暂停，但我们不会以此来惩罚不良
行为，我们这么做的目的是让孩子足够冷静，不会抗拒我们所
做的任何事情。孩子一开始往往非常愤怒、非常消极，那个时
候就算是吃冰激凌这样的好事，如果是由我们提出来的，他们
也会拒绝。

不管需要多长时间，关键是最终要给孩子的情绪贴上标签

并和孩子做确认。孩子的情绪词汇量越大，我们就越容易在孩子爆发出大规模情绪之前给他们的情绪贴上标签。通常当孩子感到被理解时，他们就知道自己不需要通过发脾气来让别人听到自己的话了。

第二步：处理不良行为（如果孩子做出了什么不良行为）

此时，我只想继续前进，忘掉孩子扔背包和骂人的事。不过，设定限制是非常重要的，这可以使孩子即使在面对强烈的负面情绪时也能知道如何才能表现得很好（另请参考本书第7步关于纪律和如何教孩子自我约束的内容）。我告诉莫莉，她需要回房间休息五分钟，我明确表示，有些行为是不可以的："感到愤怒和沮丧是可以的，但绝不可以乱扔东西，也不可以用恶意的语言给别人起外号。五分钟之后，请向姐姐道歉，然后过来吃小点心。"

十分钟之后，我坐在莫莉的旁边，看着她吃小点心。接下来是第三步。

第三步：解决问题

现在，我们要进一步探索并帮助孩子弄清楚未来自己应该如何更好地处理这种情况。在我们标记并与孩子确认了问题引起的情绪之后，可以转向问题本身："莫莉，今天在学校发生了什么让你感觉糟糕的事情吗？"

这时，莫莉告诉了我在学校发生的一幕：她不得不独自坐在一张桌子旁，因为她在阅读时总是说话，扰乱了课堂。我想到：

这个孩子原本超级喜欢社交，老师也非常喜欢她，现在她不仅要与朋友们分开，而且还让老师感到了失望，这对她来说是多么糟糕啊。想到这些，我很容易就与莫莉共情了。我们谈到了当其他孩子一起工作而莫莉只能自己单独工作时她感到多么的悲伤和孤独，也谈到了一个人被单独放到一边让她感到多么的尴尬，我们还谈到了她放学回家时感到多么的饥饿和疲惫。

我没有告诉孩子她应该有什么感觉（"莫莉，我希望你为把背包扔到墙上而感到难过"），因为那样会让她对自己的真实感受产生怀疑（对她来说，扔背包的感觉可能很不错）。我的目的是让孩子接触、了解自己的情绪，不管那些情绪是好的还是坏的。所以，就算我们是在解决问题的过程中，我也还是要标记和确认她的更多感受：孤独、尴尬、饥饿、疲惫。

接下来，和孩子一起集思广益，找出有可能解决问题或防止问题再次发生的方法。我们做父母的越能扮演好教练的角色越好——我们需要克制自己所有很棒的（专横的）想法，让孩子自己思考。最好的想法将来源于孩子自己，当他们从自己的角度、以自己的知识水平去探索问题时，他们就能找到最好的办法。既然莫莉最了解什么时候在课堂上停止聊天特别难，那么她才是那个能想出最有效的方法去防止这种情况再次发生的人。同样，在我们用头脑风暴来讨论生气时可以做些什么的时候（例如，不扔背包还能做什么），她也更有可能去尝试那些她自己想出来的解决办法。她决定，下次放学回家感到沮丧和失望时，她要一边吃零食一边沿着我们住的街区遛狗，直到自己感觉好些为止。

这就是我们要做的所有事情！首先，标记并和孩子确认你观察到的情绪；其次，如果你觉得需要，就去处理不良行为。最后，帮助孩子解决这个问题。你现在是一位真正的情绪教练了。这里还有一些需要你注意的其他事情。

- 我们的目标不是保护孩子免于感觉不好，而是要帮助孩子了解自己的感受并加以应对。要抑制住自己试图淡化孩子负面情绪（"这没什么好怕的"）或否认孩子感受（"你没害怕，你以前做过这个"）的冲动。因为这么做只能教会孩子不相信他们自己的感受（"我感到害怕，但我妈妈说我不害怕"），而且还可能会让他们对自己的情绪感到难过（"我不想害怕，妈妈也不想让我害怕，但我确实感到害怕了"）。

- 你在孩子情绪训练上花的时间越多，孩子就越会将你视为盟友，也就越信任你将来可以帮助他们。当我们花时间去理解孩子的感受时，他们会觉得自己得到了我们的支持，同时也知道了他们的感受是正常而且值得被尊重的。

- 负面情绪是成长和学习的机会。当孩子在公开场合爆发了愤怒令我们感到尴尬而只想要他们赶快结束的时候，当孩子的情绪爆发看起来像是在对我们的权威进行挑战的时候，当我们看不下去自己所爱之人如此痛苦的时候，我们很容易忘了负面情绪是成长和学习的机会这件事。然而，从长远来看，我们越是把麻烦且不容易处理的情绪当作建设性的教育时刻，将来我们的孩子在这些不舒服的状态中度过的时间就会越少。

"制造"幸福快乐

如果世界上没有真黄金，那就不会有假黄金一说。

——苏菲格言

在培养孩子的情绪认知能力方面，除了与孩子建立安全的依恋关系和对孩子进行情绪训练之外，我们还可以做另一件事，那就是教孩子如何在需要的时候唤起他们自己的积极情绪，或者，我们自己激发出一些好的情绪来传递给孩子（有时，这么做会更容易些）。

微笑，世界就会和你一起微笑

人类是被我们称之为"宇宙"的这个整体的一部分，是受时间和空间局限的一部分。人类将其自身、思想和感觉作为与其他部分相脱离的事物来体验——这是意识的一种光学错觉。

——阿尔伯特·爱因斯坦

为什么一个生气的孩子这么容易让我们自己生气？因为我们的大脑中有"镜像神经元"，它会让我们感染他人的负面情绪，就像被严重的流感传染那样。神经科学告诉我们，我们的大脑被设计成要与周围的人同步的状态。爱因斯坦说，我们感觉自己独立于其他事物，这种感觉其实是我们意识的错觉。他是对的。我们的镜像神经元感知他人的感受，并在我们自己的身体中诱发出同样的感受。

当我们面对快乐的面孔时，我们会下意识地微笑；当我们面对悲伤的面孔时，我们自己也会皱起眉头。这种反应的速度如此之快，令人感到惊讶。在一项研究中，研究人员在屏幕上以微秒的速度闪现快乐或悲伤的面孔，速度之快以至于参与者都不知道自己刚刚看到了一张脸。随后，研究人员放出一张中性的图片，比如一张椅子。虽然事实上参与者此时并没有看到一张人的面孔，但他们还是会有不自觉的情绪反应，在大多数情况下，他们甚至都不会意识到自己正在移动的面部肌肉。

实际上，我们不仅无法控制自己不去觉察别人的情绪或者控制自己的脸不去模仿别人的表情，我们也无法控制自己不去体会别人的感受，就好像那些感受是我们自己的一样。仅仅听到呕吐的声音就会激活我们大脑的某些区域，那些区域在我们自己真正感到恶心时也同样会被激活。类似地，听到别人笑会激活我们大脑中的某个区域，那个区域在我们自己笑的时候也同样会被激活。好的情绪具有传染性，消极的情绪也具有传染性。

对于快乐的感觉来说，这似乎是个好消息，而当我们的孩子表现出负面情绪时，这似乎又是个坏消息。不过，这其实对于正负两个方面的情绪来说都是好消息。因为，要想成为优秀的情绪教练，我们最需要的就是同理心，而事实证明，我们天生就具备同理心。所以当我们的孩子感觉不好的时候，我们可以去思考那件事带给我们自己什么感觉，并以此来帮助自己走过重要的开端，进入情绪训练的第一步：标记并确认孩子的感受。当我们承认孩子的感受时，大声承认我们自己的感受会特别有效。当然，这也是一种很好的榜样。

成功从"假装成功"开始

还有其他的因素会起到作用：面部表情本身会让我们产生感觉。如果你皱起鼻子，眯起眼睛，好像很生气似的，那么你的身体就会释放肾上腺素，你的心率会加速，就像你真的很生气一样。

积极的情绪也是如此。这意味着，有时即使我们不想微笑，我们也应该微笑。尽管这听起来很勉强，但实际上这么做会让我们感到更加幸福快乐，这是有科学论据支持的。在没有事先感受到相应情绪的情况下，仅凭面部表情的变化就足以在我们的自主神经系统中引发可识别的变化。

挤出一个微笑——像我祖母常说的那样，翘起漂亮的嘴角——挤出眼角的鱼尾纹，你的身体就会将各种让你感觉良好的大脑化学物质释放到你的系统中。你甚至可以将一支铅笔夹在上下牙之间——这能激活你的微笑肌肉——然后，你可能会发现你的心率下降了，你开始感到平静、快乐（研究表明，你也会发现一段时间内事情变得更有趣了）。我已经发现，咬铅笔的小把戏对我来说很管用，只是这么做会让我流口水。

我并不是在提倡当我们心情不好的时候，强迫自己或孩子微笑或感觉快乐。如前所述，消极情绪是很好的学习机会。当孩子感到沮丧时，我们需要对他们进行情绪训练，让他们学会处理自己的负面情绪。反正，无论我们怎么做都骗不了孩子：研究表明，我们并不太擅长隐藏自己的感受。我们展示的微表情别人也许没有留意到，但却会触发他们的镜像神经元。因此，当我们与某人谈论不愉快的事情时，相比一开始就分享痛苦来说，努力抑制负面情绪（例如，当我们不想用自己的痛苦去打扰别人时就会这么做）实际上会增加两个人的压力水平，而且还会减弱双方的融洽关系并阻碍两个人之间的联结。

但是，在消极情绪的宣泄（也许扔背包就很管用）结束之后，我们的情绪会变好。莫莉发脾气之后，我们都准备好了要一起开怀大笑。我们给负面情绪贴上了标签并加以确认，处理了不良行为，解决了问题，然后继续前行。我知道，如果我自己微笑，莫莉可能会感到更加快乐，或者如果我引得她的姐姐咯咯笑，莫莉可能会觉得自己也在笑。事实证明这是一个很好的育儿技巧，可以营造愉快的心情。

此外，当我们以这种方式"引入"快乐时，我们的积极情绪会清除一部分由负面情绪造成的生理损害。换句话说，微笑会在我们自己和我们周围的人身上引发积极的生理变化，因为它可以叫停任何出现在它之前的负面情绪所造成的伤害。微笑可以增强我们的免疫系统，减轻我们的压力，降低我们的血压，让人们更喜欢我们。

这至少有一部分原因是，良好的感觉具有那种被研究者芭芭拉·弗雷德里克森称之为"清除效应"的积极性。情绪——无论是积极的情绪还是消极的情绪——都有其生物学和生理学的影响。积极情绪会"清除"消极情绪所带来的生理反应，平息心率并降低我们体内与压力相关的激素水平。积极情绪会关闭或减弱我们的"或战或逃"反应。

正确处理积极情绪和消极情绪的比率

希望你读完这部分内容后能意识到，尽管我们最终希望孩子幸福快乐，但负面情绪也很重要，尤其是对培养情绪认知能力而言。那么，为什么我们想要"制造幸福快乐"呢？

因为要想在生活中真正幸福快乐——正如弗雷德里克森所说的——我们需要在经历了一种消极情绪后经历三种或更多的积极情绪才行。实际上，每体验一种消极情绪，我们至少需要体验2.9013 种积极情绪才能获得幸福快乐，我提到这个精确的数字只是为了让你印象深刻，这是由几项极其复杂的科学研究所证实了的数学（和心理学）事实。

弗雷德里克森认为，这是一个明确的临界点，就像冰融化成水时有一个明确的临界点一样。研究人员称，积极情绪和消极情绪之比低于 3∶1 的人会感到沮丧。他们的工作表现会受到影响，他们更有可能抑郁（而且无法恢复），婚姻更有可能失败，而且绝对不会幸福快乐。他们的行为在心理学家看来是可以预测的，但这种可预测并不是好事：衰弱的人会变得僵硬。他们往往会感到生活负担沉重。那些积极情绪和消极情绪之比低于 3∶1 的人可能仍然会体验到积极的情绪和快乐的感觉，但他们能体验到的积极情绪的数量不够，因此影响较小：他们会变得缺乏生命力。

因此，虽然我们为了让孩子幸福快乐而刻意培养他们的感恩习惯、成长型思维和情绪认知能力，但如果我们的孩子没有足够多的积极情绪，那我们做出的伟大而善意的努力都将是徒劳的。

幸运的是，当我们的积极情绪和消极情绪之比超过 3∶1时，一些显著的变化就会发生了，我们会生机勃勃。不过，社会科学家认为只有 20% 的人是生机勃勃的，这些人即使面临巨大的困难也能感到快乐和适应。他们是高功能个体，在自我接纳、生活目标、环境掌控、与他人的积极关系、个人成长、创造力和开放性等方面得分较高。他们感觉很好，也做得很好，可以这么说：他们与家人、朋友、同事和社区工作人员都能高度互动。

这个比率被称为洛萨达线，是以发现它的数学家的名字来命名的，它在群体中也是适用的。约翰·戈特曼的研究表明，已婚夫妇至少要保持五个正面评论或互动对一个负面评论或互动的比率，否则他们的婚姻更有可能会结束。

与此类似，高绩效团队的正面"话语"与负面"话语"之比几乎是 6 : 1。你的家庭也可以成为一个"高绩效团队"，只要你们的积极互动始终比消极互动多就行。**从这项研究中得出了一个好的建议是，要确保你对孩子的评论更多地是以他们为中心，而不是以你自己为中心。**在告诉孩子你自己的感受之前，先问问他们的感受。要确保你更多的时候是在提问，而不是在为你自己的观点做辩解。

研究人员得出结论，因为消极的情绪和经历比积极的情绪和经历对我们的影响更大（例如，害怕的感觉通常比开怀大笑的时间长得多），所以我们需要有更多积极的情绪和经历才能茁壮成长。此外，我们知道一个人能承受的积极情绪的数量是有上限的。具体来说，积极的经历或感受与消极的经历或感受之比如果超过了 11.6 : 1，就会让人乐极生悲。这颇有些讽刺的意味。毕竟，如果我们跳得太高，脑袋也可能会撞到云彩。不过，我倒是永远都不会为此而担心。

随着快乐的音乐起舞

另一个显而易见的观点是，某些类型的音乐能带来积极的情绪，这一事实现在已得到了科学的验证。我发现，当我和孩子们度过了一个特别艰难的下午后，我需要一些快乐来消除我们的不开心，这时，我需要做的就是放一些让她们开心的音乐。

在我 20 岁出头的时候，我和我的朋友们下班回家后会放几首歌，总是那几首，然后跟着跳舞。即使我们刚刚经历了职场菜鸟最难熬的一天，所有那些不自觉的舞动和歌唱也会让我们精神振奋。现在，神经科学家已经证明，虽然思考和创造等会使精神疲劳的活动能引发生理上的压力信号，但音乐会降低这些信号（比如唾液中的皮质醇水平）。

我家把这种听着音乐胡乱舞动的活动叫作"跳舞会"。它的另一个好处是让我们的身体得到了锻炼，这个影响也获得过充分的研究。体育活动比欢快的音乐更能激发好心情，它对我们思考和感觉的方式来说至关重要。体育锻炼让我们的大脑为学习做好准备，改善我们的情绪和注意力，降低我们的压力和焦虑水平。把音乐和锻炼这两样东西放在一起，我们就有了一个能让孩子幸福快乐的秘方。

关于快乐结局的科学

我们人类喜欢快乐的结局。人们通常会认为，如果消极事件后面能跟着一个积极事件——一个快乐的结局——那么我们对前面那个消极事件的记忆就会更愉快一些。我们如何评估自己对某事的感受可以通过以下两点来预测：我们的情绪达到顶峰的那一刻，以及事情即将结束时我们的感受。这就是芭芭拉·弗雷德里克森所说的"高峰与结束规则"。换句话说，在一段被框定的时间里（如一整天，或与咄咄逼人的商店店员十分钟的互动时间里）我们将主要基于以下两个参考点来评估我们的整体体验：最情绪化的时刻与最终的时刻。

例如，研究项目的参与者被要求将他们的手放在一桶15摄氏度的冷水里一分钟（"消极事件"）。然后他们被要求再做一次并持续更长的时间，但这一次在最初的一分钟后，水被加热到仍然不温不火的16摄氏度（一个快乐的结局）。令我觉得有趣的是：69%的参与者都说，如果他们必须再做一次，他们会选择时间更长、结局更好的实验；他们也对后一个有"更快乐结局"的实验产生了更美好的回忆。

以下是我从这些实验中得出的结论。一件事持续多久并不会影响我们如何记住它。所以，迅速克服消极情绪并不像以更积极的方式结束那么重要。与其匆忙度过不好的情绪让我和莫莉都能更快地感觉好些，倒不如我多花些时间去了解、标记并验证莫莉的愤怒情绪，这样她才能学到一些东西。孩子将来会根据事件的结局来决定他们的行为。消极的"高峰"可以用快乐的结局来抵消，从而减少消极体验的影响。作为父母，我们可以特别注意一些小举动，就像上面提到的那个实验里的做法，把水稍稍加热那么一点点就好了。

如果我们的孩子在一天之中经历了一些非常消极的事情，那么我们可以遵循"高峰与结束规则"，以多种方式来影响他们对那天的记忆。首先，我们可以尝试给孩子一个不同的、积极的峰值。对我年幼的孩子们来说，一场跳舞会（如上文所述的）或半小时的欢闹就能做到这一点，她们所感受到的快乐通常会让之前困扰她们的事情黯然失色。其次，我们可以集中精力以积极的方式结束一天。我的做法是，在孩子们进入梦乡之前，让她们告诉我那天当中发生的三件好事，这种回味会唤起她们很多积极的情绪。有时，我们还会因为当天发生的有趣的事而再次大笑。我们还经常对与朋友共度的快乐时光表达感恩之情。这种回味让每一天都有了自己的快乐结局。

建立你的"家庭情绪词汇表"
（改编自艾琳·希里的著作《情商和孩子》）

如果我们想提高孩子的情绪认知能力，我们需要给他们一份用来描述情绪的词汇表。一种方法是简单地把要谈论的感受罗列出来。当孩子听到大人如何谈论感受时，他们就学会了如何谈论自己的感受。

创建一份"家庭感受清单"

这将帮助孩子（和成年人）意识到他们自己和其他家庭成员的情绪。

1. 在一张大纸的顶部写上"家庭感受清单"。

2. 用头脑风暴的方式列出自己和孩子所感知到的感受和情绪。最终生成一份包含很多感受的清单，而不是筛选或决定什么是情绪，什么不是情绪。像"被别人忘了"这样的模糊描述也是可以的。

3. 将清单贴在任何人都可以随时添加的地方，并定期重温清单中的内容。

4. 开始谈论家庭感受清单上的情绪。在晚餐或家庭会议期间，每个人轮流讲述你们在什么时间会感知到清单上的哪一种情绪。在开始之前，要确保每个人都明白，没有人可以对别人分享的内容进行批评、判断或者说教。

5. 让孩子在感受清单上用不同颜色的笔把自己感知到的情绪画上标记。这将帮助孩子意识到，其他家庭成员有时也会有和他们一样的感受，从而消除有时会伴随负面情绪而来的孤独感。

6. 为每个人分配一种情绪让他们在接下来的日子里去观察。下一次，让每个人分享他们对那种情绪的观察。那种情绪会让你的身体有什么感觉吗？有那种情绪的人，其面部表情是怎样的呢？

叙述你自己的情绪

只要一有机会，就大声说出自己的感受。不一定非要说消极的感受，任何情绪都可以。这里有一些例子。

- 太阳出来了，我很高兴。
- 在商店排队的时候我感到很沮丧。
- 我饿了。我真希望午餐的时候我能多吃一些。
- 我很兴奋，明天要去远足了。
- 当我忘记给别人回电话时，我对自己感到失望。
- 当爸爸叠好所有的衣服时，我对他充满感恩。

6

第　步

培养幸福快乐的习惯

智者塑造自己的生活，就像灌溉者引水
到他的田地里，就像弓箭手用箭矢瞄准，
就像木匠雕刻木头。

——名家名言

"自动驾驶仪"上的幸福快乐

这是一个和往常一样的早晨。尽管我断然拒绝，菲奥娜还是不停地问我要不要吃一块她已经藏了三个月但不小心找出来的万圣节糖果。莫莉沉浸在和她的毛绒玩具"托托"的游戏中，以至于我无法让她遵循哪怕是最简单的指令。她们的父亲迈克最近和我分居了，我是一个单亲母亲，正努力想办法让孩子们走出家门去上学。在我自己的第一次工作会议开始之前，我只有 25 分钟的时间把两个孩子送到学校去，我快要迟到了。可能要迟到很长时间。

"请穿上你的鞋子，莫莉。听我说，请穿上你的鞋子。"
"菲奥娜，你刷牙了吗？你的作业放进蓝色文件夹里了吗？"
"莫莉，请穿上你的鞋子。它们就在门口。"

我上楼去收拾电脑，却被一封电子邮件分散了注意力。我一边打字回复，一边对楼下的孩子们尖叫："我真的需要你们都赶紧上车！"我没有听到朝房门走去的踢踢踏踏的脚步声，也没有听到打开车门的声音，所以我又跑下楼，拎着我的公文包、莫莉的午餐盒，还端着一杯速溶咖啡。我就这样摇摇晃晃努力保持着平衡，拉着女孩们走向房门。我感觉自己就像要出门去遛一群猫似的。当我们就快要走出房门的时候，我意识到自己忘记涂体香剂了。我本想再返回楼上去涂一些，但我看到莫莉还没穿鞋。

"莫莉！要我说多少次？穿上你的鞋子，否则我就永远拿走托托！"莫莉还沉浸在游戏中，甚至都没有抬头看我一眼。我抓住她的胳膊，让她坐在楼梯最下面的台阶上。她抗拒着我抓她胳膊的手，并对着我的脸挑衅地大叫："你弄疼我了！"我想尖叫，"这就是必须由我给你穿鞋的后果。你得穿上这双！"

我把她最不喜欢的鞋子推给她。那双鞋我确实花了不少钱，但她从来都没有穿过。我的声音一点儿都不亲切，"如果你想穿你的红宝石鞋（一双莫莉很喜欢的鞋），明天你就得自己穿，不能让我求着你穿。"莫莉开始大哭起来。我累了，而且我一直在担心自己会迟到太久，我觉得我的心脏好像要爆炸了。我不高兴。莫莉扯下我刚给她穿上的鞋子，将其中一只一把扔到了房间的另一头。她也不高兴。

那天早上的某个时候，我突然意识到我知道如何能做得更好，但我却没有做。这本书的核心前提是，幸福快乐是一种父母可以教孩子的技能。如果我们想要自己幸福快乐，想要孩子幸福快乐，我们必须知道如何将书中介绍的技能以及我们已经拥有的积极技能变成自动的习惯。但像这样的早晨表明，我一直在教孩子培养消极情绪而不是积极情绪的习惯。例如，很明显，两个孩子都有一个恼人的习惯，就是非要等到我第十次让她们去做某事时，她们才会去做。对我来说，这是在培养她们挫败感的习惯。而且，我经常随机加入一些威胁来增加对她们的推动力，这是在培养她们恐惧的习惯。

我们大多数人都会与孩子在每天的例行公事中有些互动，

这些互动有些是不起作用的，但我们还是义无反顾、日复一日地重复着。对我的朋友莱利来说，与八年级学生之间的家庭作业之战让她精疲力竭、灰心丧气，而她的儿子则疏远她，还常常发脾气。我们该如何打破这种培养挫败感的习惯呢？我们该如何在孩子的地盘上建立起幸福快乐的习惯呢？对此科学研究有很多话要说。

大象与骑手

正如乔纳森·海特（Jonathan Haidt）在《象与骑象人》一书中巧妙描述的那样，我们的大脑功能分为两个系统：自动化系统和控制化系统。自动化系统由大脑中较"老"的部分控制，正是这些部分赋予了动物复杂的自动能力，比如鸟类可以根据恒星位置导航，蚂蚁可以合作经营真菌农场。自动化系统使我们能够以"自动驾驶"的方式驾驶我们的汽车，用那种"或战或逃"反应来应对威胁，还让我们可以在不先思考为什么好笑的情况下就对一个笑话发笑。控制化系统则需要语言和有意识的思考，而且几乎是人类所独有的。

乔纳森·海特使用了大象（自动化系统）和骑手（控制化系统）的比喻。虽然我们很想让骑手来指挥大象，但他只是大象最亲密的顾问，充其量只是个向导。大象是主人，通常会去它自己习惯去的地方，停下来寻找能带来奖励的东西（食物、爱情），然后逃离危险。骑手可以为大象提供方向，但前提是这个方向要与大象自己的欲望没有冲突。"情商高的人"，海特写道，"拥有一个熟练的骑手，知道如何分散大象的注意力和哄骗大象，而不必与大象的欲望进行直接较量。"

习惯是属于大象的领域：它们是我们无须再去思考的自动过程。当我们每天在相同的道路上开车去上班时，我们不需要思考自己将如何到达那里，也不需要思考在这条路上是否需要为过马路的孩子减速。这是自动的。

因此，如果我们想帮助孩子发展那些能培养积极情绪的习惯，我们就需要用自己的努力来训练大象，而不是说服骑手。这可不是一项轻松的任务。

奖励如何刺激孩子的行为？

用物质奖励孩子是有争议的。大多数研究人员都认为，从长远来看，这不是一种激励的好方法。在这方面，我也有用"后果"来威胁孩子的习惯（比如"如果你再这样做，一个星期都不许玩电脑游戏"）。**奖励和惩罚的问题在于，它们会让孩子感受到爱是有条件的：只有当他们做了我们希望他们做的事情时，他们才会被爱。** 而且，幸福快乐的人往往是受到来自于自己内心的某些东西的启发，而不是受到来自于外部的物质奖励的刺激。

有些行为确实会获得内在的回报。例如，当我们练习表达感恩时，往往会感到更加幸福快乐，所以我们不需要得到一颗金色的小星星才会想再次这样做。但是有很多事情并不那么好玩有趣。幸福快乐的一大关键是把生活中每天无趣的事情变成自动的例行公事，这样我们就用不着和不做这些事的冲动做斗争了。

可以理解的是，我的孩子们通常更愿意继续玩她们的纸娃娃，而不是清空洗碗机。从内在动机的角度来看，做家务唯一的好处就是团队合作。孩子们想要感受到自己是家庭的一部分，所以当我们强调把事情一起完成的团队合作意义时，这会有所帮助。不过，让我们现实一点，当莫莉沉迷于过家家的游戏，而我因为快要迟到了而恳求她穿上鞋子时，我需要的是她马上就去做。我需要她养成我第一次提出要求时立刻就去做的习惯，或者更好一些，她自己能够把这些事当成必须要立即去做的例行公事，这样我就不用开口要求她了。为此，父母和老师经常会使用奖励。

新的习惯是通过用一种叫作多巴胺的强大奖励去训练"大象"（自动化系统）而形成的。多巴胺是我们大脑愉悦系统中的一种重要化学物质。当我们获得奖励或参与某些活动（比如吃饭）时，多巴胺就会释放，让我们产生愉悦的感觉以及重复这些活动的欲望。当奖励始终与行为相关联时，多巴胺就会使行为成为一种自动的处理过程。无论是动物、孩子还是成人，都能够学会重复那些能给我们带来真正回报的行为。一致性是个关键，当某个行为没有得到奖励时，"大象"会给自己做个小标记。这会使驯象变得更加困难。

与多巴胺触发的奖励不同，"厌恶刺激"（例如，被别人训斥）实际上会产生相反的效果，它会促使"大象"避免这些体验，朝着"避免厌恶刺激的乐趣"这个方向前进。换句话说，当我大喊大叫、威胁孩子或者做出其他让人反感的行为时，我实际上是在激励我的孩子完全忽视我；当我用这样的方法提出要求时，我反而在激励她们避免听我的话。如果情况正好相反，莫莉只要穿上鞋子就能避免被呵斥，那就容易多了，但是，消极的刺激很少能激发积极的行为。

多巴胺的好处在于，它与动机有关，与活动无关。我的孩子们不用觉得清空洗碗机很有趣，她们只需要感到做这件事会有回报就可以了。

被奖励"惩罚"？

知道了奖励在短期内可以激励孩子，于是我曾经（好吧，现在我仍然这样做）用这种方法来贿赂我的孩子们。我经常这么做："第一个上车的人可以选择音乐！""如果两分钟内把睡衣穿好，我就再给你们读一本书！"我还威胁她们，这有点像是贿赂她们的反面行为："菲奥娜，如果你再踢我的汽车座椅后背，我就一个月都不和你一起玩了！"

当然，我知道，贿赂和威胁不是让孩子快乐的方法，但它们是激励和奖励"大象"的有效方式——至少在短期内有效。生活中充满了不受欢迎但又重要的任务。我们大多数人都感觉不到自己灵魂深处有一股想要把洗好的衣服叠起来收好的热情之火，但我们还是要去做。社会科学家对此进行了大量的研究。他们把自我激励称为内在的驱动力——纯粹因为我们能够从活动本身获得乐趣而有做某事的欲望。我们同样也会因为外在的原因而做事——不是为了过程或活动本身，而是为了结果或奖励。孩子做作业通常是因为想要获得好成绩或者得到老师的认可，而不是因为享受学习新东西的乐趣。

内在动机会带来更多的幸福快乐和成功，尤其是在学习方面。能自我激励的孩子会取得更大的成就，他们会觉得自己更有能力，而且也不那么焦虑。主要受外在激励的孩子则更容易不开心。内在动机是快乐的一种形式，而外在动机则会导致因害怕失败或失望而产生的不快乐。女孩通常比男孩更关注外表和环境，所以女孩往往更容易被外在原因驱动，她们也因此而更有可能不开心。

尽管奖励在短期内往往会产生显著的效果——孩子在得到冰淇淋后会从沙发上跳起来去遛狗——但从中长期来看，奖励可能会产生有害的影响。虽然奖励能让孩子遵守外部强加的要求和规则，但最终我们还是希望孩子能在没有外部刺激的情况下自我激励。把孩子导向外部奖励会使他们失去与自己的感受及内在动机的联系。**当孩子发现一项他们天生喜欢做的活动或任务时，比如阅读或帮助另一个孩子，外部奖励会产生破坏作用。**奖励会让孩子更不喜欢做某项活动，并降低他们在有选择时再次参与该活动的可能性（顺便说一句，奖励的负面影响在孩子身上比在成年人身上要更强烈一些）。

但是，如果任务本身并不是孩子为了纯粹的乐趣而想做的事情呢？奖励还是不奖励？这真是个难题，尤其是当任务本来就是生活中无聊或难做的事情时。我们不需要用奖励的方法督促孩子去学走路、学骑自行车或学开汽车。但是，随着孩子年龄的增长，他们需要做的事情会变得越来越复杂。而且，为了精通那些能给他们带来快乐的事情（比如花足够多的时间去学微积分，以便能在数学中找到乐趣），他们需要自我激励和坚持不懈，这才能使他们获得成长并真正学到东西。

具有讽刺意味的是，自我激励在很大程度上是一种后天习得的技能——这意味着我们做父母的要教孩子保持动力所需的技能，同时，这项技能需要孩子加以练习才能变得更好。本书下一步（第 7 步）的全部内容都是关于如何教导孩子自律的。但在这一步，我们将通过让生活中那些无趣或难做的事情（这些事最初都需要巨大的动力）变成自动习惯来快速启动这个过程。

这让我们何去何从呢？"大象"在短期内仍然需要激励，它需要那种短期的感觉良好的奖励。事实证明，关键在于要确保奖励本身是内在的。

如何具体地激励"大象"？

具体的鼓励是激励孩子的最佳方式，因为它会带来一种内在的奖励：让孩子在完成了即使是非常无趣的任务后，能对自己和自己的行为有一种自然的、良好的感觉。这种良好的感觉本身就是一种奖励。

你以为我上面说的鼓励是那种美味的零食吗？我发誓，绝不是，而且，也不是孩子希望得到的网络商店礼品卡。我说的鼓励是让孩子与自己的感受保持联结并受其激励，这样效果更好，并且会带来更大的快乐，即使是在清空洗碗机时也是如此。

幸 福 小 小 步

以下有些办法，可以帮助大家在要求孩子做烦琐（但必要）的任务时，支持他们的自主性——他们的内在动机。我为自己设计了一个记忆工具，让我能从一开始就记住所有三个要素，我称之为"ERN 鼓励法"，即通过具有同理心的（empathy）、理由充分的（reason）和非控制性的（noncontrolling）语言来激励孩子。以前，我一直用"赚取"（earn）奖励来激励她们；现在我用"ERN 鼓励法"来激励她们。

我很高兴地告诉大家，我现在可以脱口而出这种经过科学验证的鼓励，就像之前说"如果你现在就刷牙，我会因为你动作快而多给你贴一颗星"一样轻松。

ERN 鼓励法

1. **在说出你的要求之前，要先表达同理心。**对我的孩子们来说，这一步改变了她们的生活——好吧，也许只是改变了她们的习惯。一天晚上，我想让菲奥娜刷牙，我已经叫过她好几次了。然后我想：哦，好吧，先表达一下同理心。于是我说："菲奥娜，我知道你不是很想去刷牙，但你需要立刻就去。"当她还是没有反应时，我意识到自己其实不知道她为什么要抗拒，所以我无法与她共情。

我于是直接问她："菲奥娜，你为什么不想去刷牙呢？"菲奥娜的回答是她不想一个人下楼用洗手池（楼下没有开灯，而天已经黑了），她想和我待在一起。于是我说："我能理解你为什么不想摸黑下楼，我也想和你待在一起。但我需要你去刷牙。"她回答说："如果你理解，那你为什么不跟我一起去呢？"
我没有回答说我想让她自己去刷牙而我同时做其他事情来节省
大约两分钟的时间，我只是和她一起下了楼，于是她很高兴地
把牙刷了。

　　说真的，从那以后，我意识到，当我更关注孩子的体验时，
对我们所有人来说事情都会变得更顺利一些。我再也不会提出
那些我明知道孩子有理由强烈抵制或忽视的请求了，这也意味
着我自己少了一些徒劳的乞求和喊叫。同理心也让我懂得尊重
她们已经在做的事情，所以在我真正制定规则之前，我会给她
们更多的警告，比如"10 分钟内你需要清理干净"。这样做可以
预防所有人产生挫败感。

　　2. **提供有意义的理由。**你为什么要让孩子做那个看起来
并不重要的任务？我已经养成了提供积极理由的习惯，比如：
"请去刷牙吧，这样牙齿们今天才会感觉自己干净又健康。"对
她们来说，这比"快去做，因为我已经叫你 100 次了"更有激
励作用。

　　3. **暗示孩子可以自行选择，而不是使用"控制性的语言"。**
我的霸道并不能激励我的孩子，这令人感到震惊但却是事实。
直接告诉孩子我需要她们做什么要容易得多，比如："请清空洗
碗机，立刻就去做。"控制性较弱的语言会是这样的："我的建
议是……"或者"如果你选择去……"或者"如果你……那可帮
了我的大忙"。一开始我想，好吧，那是行不通的——如果给孩
子这样的选择，她们肯定会拒绝这项任务的。但实际上，我并
没有给过她们这样的选择。任何与我一贯专横行为不符的事情，

都显得那么不真实。

但是，后来我意识到我不想成为那个霸道的女人，而且我也没有什么可失去的：她们已经拒绝接受任务了，一而再再而三地拒绝。大多数孩子都知道自己最终还会做父母要求他们做的大部分事情，他们不能不刷牙或不做家庭作业。但是，当我们避免使用指令和控制性语言（"你应该做……"或者"你现在必须做……"）时，他们要抵抗的东西就少了很多，因此他们的抵抗力也会弱很多。

ERN 鼓励法还有一个额外的好处：当我们用富有同理心的、理由充分的和非控制性的语言（而不是给他们提供物质奖励）鼓励孩子去做一项无聊的任务时，他们在执行任务时就会更快乐一些。他们所感受到的快乐就是对他们的奖励。此外，在一项研究中，那些被要求做一些乏味的事情、但受到 ERN 鼓励法激励的孩子，下次完成任务的可能性并不比那些得到了物质奖励的孩子低。那些被 ERN 鼓励法所激励的孩子了解到，某些事可能是无聊又无趣的，但并不意味着它们不重要。

总而言之，奖励可以在短期内发挥作用，因为它们提供了一种感觉良好的多巴胺刺激。不幸的是，从长期来看，奖励往往会对孩子的动机产生负面的影响。解决办法是用上面描述的 ERN 鼓励法去激励孩子做那些生活中必须要做，但又不是那么有趣的事情。这样孩子的大脑就会传递出那些让他们感觉良好的化学物质去响应自己的掌控感和自主感（内在动机），而不是去响应所获得的物质奖励（外在动机）。

改变的四个阶段

我们在沉思的土壤里所播种的，将要在行动的丰收中获得。

——埃克哈特

改变很少是一下子发生的，而是分阶段进行的。在做新年计划时决心要养成健康的新习惯或者戒掉吸烟等坏习惯的人，都是一步一步获得成功的。几十年来，心理学家詹姆斯·普罗查斯卡[⊖]和卡罗·迪克莱门特[⊖]一直在观察和描述变化的各个阶段，他们了解到，如果你在自己或孩子处于错误阶段的时候开始尝试强行转变，新的习惯将无法持久。

普罗查斯卡和迪克莱门特的研究表明，打破旧习惯（如停止抱怨）并成功地开始以一个新习惯取而代之，通常会比我们想象中需要更长的时间——大约需要 3~6 个月，而不是流行说法中的 21 天。虽然这感觉好像要花很长的时间，但是，这是值得我们为之努力的事情。

所有那些与孩子的日常斗争都可以被转变为幸福快乐的习惯。想想那些运作良好的幼儿园吧，在那里，孩子们会自动把毛衣放在属于他们自己的格子柜里，在午睡时间结束后会自动穿上鞋子，在开始玩新拼图之前会自动把玩过的拼图放好。这

⊖ James O. Prochaska，罗德岛大学心理学教授兼癌症预防研究中心主任。他是行为改变的超理论模型的主要开发者。——译者注

⊖ Carlo C. DiClemente，马里兰大学巴尔的摩分校的心理学系教授及系主任。——译者注

需要对他们进行非常认真的关注和纪律约束，但这都是值得的。我使用下面所描述的计划，让莫莉养成了早上出门前自动穿鞋的习惯，而且，最近我们的晚餐体验也得到了改善。

几个月前，我注意到我们的晚餐时间变得有点不守规矩。孩子们在餐桌旁坐下时经常站起来，或者仰躺在自己的坐垫上，或者玩自己的食物，或者说一些与如厕相关的"脏"话，等等。有很多次，晚餐超过了正常时长，但她们都还没吃完，吃饭的过程开始变得拖拖拉拉。所以我决定着手改变我们的晚餐习惯。

阶段 1：预思考

在这个阶段，没有人会考虑改变。对我的孩子们来说，这一切在三月的一个晴朗的早晨结束了。早餐时我说："这不是很好吗？每个人都坐下来，有礼貌地吃饭。晚餐感觉不太好。妈妈已经厌倦了在晚餐的时候求着你们有礼貌了。"

阶段 2：沉思

同一天早上——不是在问题行为正在发生的时候，而是在我们都冷静、放松和专注的时候——我们谈论了为什么我想努力改善我们的晚餐体验。我请她们思考一下为什么她们也有可能想要改变。我们讨论了她们喜欢什么样的晚餐时光，讨论了晚餐时间结束时还没吃饱但不得不离开餐桌的感觉，还讨论了"成功的晚餐时间"对我们来说应该是什么样子的。这成为我们的首要目标。对我们来说，一个成功的晚餐时间应该是：（1）我们作为一个团队一起在餐桌旁吃饭；（2）我们一起边吃边聊，大家都很开心（但没有超时）；（3）我们作为一个团队一起做餐后打扫，不用任何人唠叨。

阶段 3：准备

这个阶段是从考虑改变到开始养成新习惯的过渡期。事实上，我必须真正地做好计划，这个计划需要我重新安排自己下午晚些时候的例行事务。做这些安排的时候，我必须要考虑如何才能支持孩子们的行为改变。用富有同理心的、理由充分的和非控制性的语言来说话看上去并不是那么困难，但其实并非如此。

这和我以往的做法有很大的不同。我不得不努力思考是什么触发了我使用非常具有控制性的语言。我知道如果我没有预留足够的时间做好准备，我会开始说诸如"莫莉，请立即摆好桌子，否则我会把那本书从你身边拿走"这样的话，而不是："我知道你更愿意阅读那本书——我也是。但我建议你帮我们把晚餐放在桌子上。菲奥娜和我正在一起做晚餐，这样我们就可以在我们都变得非常不高兴之前吃上饭了。你想做些什么来帮忙呢？"

我还从经验中知道，如果孩子们在放学后回到家和开始布置餐桌之间没有任何休息时间，她们会拒绝帮忙做晚餐，也不愿意坐下来好好吃饭。所以我不得不提前半小时下班回家。正如我所说的，准备工作的一部分意味着我需要对自己下午的时间安排重新做出调整。

准备工作的另一个关键部分是我所说的安慰剂效应：如果你认为它会起作用，它就会起作用。对于任何读过 R·伯恩所著的《秘密》一书的乐观的读者来说，这是显而易见的。一项关于成功实现新年计划的研究表明，相信自己能够改掉坏习惯就预示着成功。所以，尽你所能帮助孩子相信他们自己有能力做出改变吧。

你可以使用一种古老的销售技巧：问"关于意图的问题"。企业研究人员知道，只要回答一个关于你打算做什么或购买什么的问题，你就会自然而然地更有可能去做那件事或去购买那个物品。如果你经常在周围看到很多绿色的丰田普锐斯，并且你喜欢那种车，那么当有人问你接下来要买什么车时，你很可能会说打算买绿色的丰田普锐斯。然后，与没有人事先询问你的情况相比，你将更有可能去购买一辆绿色的丰田普锐斯。

我们要如何举一反三呢？我们需要问孩子关于意图的问题。比如：计时器响了你要怎么办？你如何使今晚的晚餐时间变得顺利呢？

阶段 4：行动

确立了愿景之后，必须要将其付诸实践。光盯着台阶往上看是不够的，我们必须一步一步地爬上去。

——万斯·哈夫纳

一下子戒掉像抱怨和乞求这样的坏习惯是不现实的，所以要把你的终极目标分解成许多小目标。我知道，再多的 ERN 鼓励法也无法让我的孩子们一次性学会摆桌子、帮忙做饭、乖乖地坐着吃完饭，然后再帮忙打扫餐后卫生。我们需要从一次只改变一个小的行为开始。

重要的是，你和你的孩子在每一步都能取得成功。这意味着要把你的大目标分解成一个个小的行动计划，最终让你像龟兔赛跑中的乌龟那样一步一步到达终点。在生活中，我更像龟兔赛跑中的兔子，而不是乌龟，所以这种方法对我来说是很难的。然而，在另一位社会学博士玛莎·贝克（Martha Beck）的指导和鼓励下，我常常能获得成功。

根据贝克的说法，**关键在于每一步都要"再分为两半，直到你的目标变得非常容易实现为止"**。我问每个孩子，她们的第一个简单可笑的"龟步"是什么。莫莉说她的第一个"龟步"是摆桌子，因为这对她来说并不容易——通常我得乞求和哄骗她才行。所以我们开始玩"分为两半"的游戏，直到"龟步"变得很小：只要我提醒一次，她就会把餐垫拿出来，放到桌子上。

菲奥娜希望自己迈出的第一个"龟步"是整个晚餐期间都"表现得像公主一样有礼貌"。当我们完成了"分为两半"的游戏时，她的第一个"龟步"就变成了"不再玩自己的食物（这是一个喜欢用手指在黄油上画画的孩子）"。我希望她的"龟步"是积极的，这样她的行为就会受到积极想法的引导，而不是提醒她不该做什么。所以她的第一个"龟步"最终变成了"在合适的时候使用餐具"。菲奥娜觉得这第一步对她来说既简单又好笑，后来她就把这一步变成了每次吃晚饭时上演的即兴喜剧。她会像公主一样坐下来，用假英国口音宣布："我现在要用叉子吃饭了。"同样，莫莉也从她超简单的"龟步"中找到了乐趣，当她把餐垫放到桌子上时，她会大声说："哒——哒——"

我自己的第一个"龟步"很简单，就是记得看看贴在冰箱上的"快乐习惯记录表"（我们每个人有一张）。在这三张表上，我们每个人的主要目标被写在最上面，每个人的"龟步"被写在下面。对我来说，关键是要坚持如一。在那些我自己要外出吃饭或去健身房，而另一个成年人（比如孩子的父亲）接班照顾孩子的夜晚，坚持这么做会显得尤其困难。在那些晚上，我会说出一些诸如"谁来把西兰花放进微波炉里"的话，然后我马上又会被我的手机分了心。或者，我会提出要求，然后在我上楼穿衣打扮之前，跟她们说圣诞老人会看着她们。因为这些行为不是我们新的快乐习惯的一部分，所以记录表能帮助我牢记自己在新习惯形成中的主要角色是什么。

一周做一次计划

一旦你开始采取行动，那么重要的是要能识别并清楚地记录每一次成功。孩子每一次积极的小改变或每一次"龟步"的完成，都应该赢得一次成长型思维模式的赞扬。本书的"第3步：鼓励努力而不是追求完美"探讨了什么是成长型思维模式下的表扬，以及它为什么对孩子如此有激励作用。但总的来说，**成长型思维模式的表扬是具体的、针对孩子努力的表扬——这是**孩子自己可以控制的事情："干得好，不用我叫就把草莓洗好了，我感谢你的努力。"积极的行为也会让孩子获得独立。如果她们布置好了餐桌，那她们就可以继续下一个自己选择的任务，而不用等着被分配任务了。她们都喜欢选择使用沙拉旋转器。

为了记录成功，我做了一张使用方便的记录表，你可以把它打印出来挂在冰箱上。（参见这一步末尾的"快乐习惯记录表"）。你和孩子可以把你们的总体目标写在最上面，然后每个人每周选择一个非常简单的"龟步"。每完成一次"龟步"，就可以把一个"×"涂上颜色。如果本周每天（或每个工作日，或与习惯有关的每一天）都得到了"×"，那么就可以选择一个新的"龟步"。对莫莉来说，下一个"龟步"是放好餐垫和餐巾纸。对菲奥娜来说，下一个"龟步"是使用餐具，并且不在牛奶中吹泡泡。以此类推。如果你或孩子没有每天都迈出你们的"龟步"，那么在接下来的一周再玩一次"分为两半"的游戏：试着让"龟步"变得更加容易一些。

我知道，这看起来很慢而且很辛苦。如果孩子能按照我们第一次的要求去做，如果他们一开始就养成了良好的习惯，事情就会简单多了。但要记住两件事：**第一，这样做是在教孩子一些技能——打破旧习惯和养成新习惯——这些将会帮助他们一生。**当他们需要养成锻炼身体或不咬指甲的习惯，或者当他们需要节食时，他们会有工具可用，而且知道如何去做。**第二，尽管"龟步"缓慢而且小得离谱，但却是大转变的开始。**在启动我们的"快乐习惯记录表"之前，每次晚餐时，我都得唠唠叨叨地央求莫莉布置餐桌。而当我们开始启动"餐垫龟步"，莫莉至少可以不跟我顶嘴就去布置桌子了，这常常会使她以我之前从未见过的方式心甘情愿而愉快地帮助我。

169

如果觉得建立一个新的快乐习惯似乎过于费力，那么请提醒自己现有习惯行不通时的所有场景。通常，建立新习惯的这种方法会比试图纠正错误行为或坏习惯（比如无数次要求莫莉穿上鞋子，然后在她因为我失去耐心对她大喊大叫而哭泣时安慰她）所花费的精力要少得多。好消息是，无论你们现在做的是什么，它都将变为自动的反应。大象不需要得到骑手的任何指示就能自己去做。

下面几页总结了其他一些有助于养成新习惯的科学方法，建议大家最好不要留下任何漏洞，还是把它们逐个都试试为好。

移除刺激物

另一种提高成功概率的方法是消除干扰和诱惑。不要把香烟放在想戒烟的人旁边去嘲笑他们。如果我想让莫莉穿上衣服而不需要乞求她，那么首先我需要确定我们的猫不在房间里，否则她会抚摸猫而不是穿衣服。我自己也有同样的经历：我决定了自己的第一个"龟步"是要在孩子们养成新习惯时支持她们，那么我就不能在那个时间点给我的哥哥发短信，尽管这比给莫莉取袜子要有趣得多。

公开你们的目标

如果一个人的新习惯能得到广泛的支持（比如，朋友之间互相帮助保持锻炼），那么他将做出更持久的改变。仅仅将目标公之于众就可以增加支持和压力，有助于取得成功，这也是新年计划行之有效的原因之一。广泛的支持对于在不同环境下做出改变是很重要的，所以如果孩子有其他看护者，请一定要让他们参与进来，而且要确保孩子知道那些看护者也在帮助他们实现自己的家庭目标。

只选择一个目标，并把它具体化

当我第一次让孩子们使用她们的"快乐习惯记录表"时，我渴望消除她们所做的所有烦人的事情。可能性似乎是无限的。但是我们不能一次改变一个以上的坏习惯，我们的孩子也不能。研究表明，我们制订的新年计划越多，实现的可能性就越小。所以，让孩子想出一个大目标，并使之具体化。当孩子明确知道什么是好的表现时，他们就更有可能达成一个目标，比如形成一个新的习惯。像"尽你最大努力"这种模糊的目标并不能确切地告诉孩子需要做什么才能成功。

上面提到的"龟步"（与总体目标相关）说明了这样一个事实，即当孩子在早期获得一些简单的成功时，他们后续就会表现得更好。所以，要确保第一个"龟步"非常简单。而且，要确保年龄大一些的孩子能看懂所有的"龟步"都是关联的，这些步骤一起构成了实现目标的计划。

失误和复发之间的区别

这些天来，我们常常全家一起做晚餐并进行餐后打扫，吃饭时间也几乎不再超时了。虽然我可能需要委婉地提醒她们一些事情，但我通常除了提出建议和问题之外，不会做其他事情。比如，我会问："菲奥娜，你想怎么帮忙做晚餐？往面包上涂黄油还是倒牛奶？"有一天我也问了同样的问题，她说："我两个都做，妈妈。"相信我，这和以前的情况相比简直是天壤之别。过去，我习惯了唠叨、乞求和贿赂，习惯了一开始做饭就不再倾听，而菲奥娜也已经习惯我的做法。在我们开始使用工作表六周之后，我们的新习惯开始固化，我们都因此而更快乐了。我因为自己少发火而高兴，她们则因为完成了我们都同意的很重要的事情而高兴。

在找到一个有效的方法之前，我们会犯很多错误，所以，如果你一开始并不顺利，请不要气馁。失误是指偶尔一次回归那个你试图改变的行为。我经常不得不提醒菲奥娜不要玩她的食物；在我提醒她的那些日子里，她不可以在她的记录表上添一个"×"，但我们会强调明天又是新的一天。偶尔的失败是学习过程中很正常的部分。

另一方面，复发是指朝着错误的方向迈出一系列步伐，让你回到旧的行为方式，远离新的行为方式。有一周，我们忘了看记录表。另外一周，我们忘了在周日设定下一个"龟步"目标，这可能会让我们复发。复发是一个完整的过程，而不是单一的事件。

当谈到失误和复发时，背景情况是很重要的。有时，背景情况的变化足以刺激全面的复发。在开始试图让孩子们养成自己穿衣服和自己做好出门准备的习惯时，我们在酒店度过了一个周末，我的天啊，所有的事情都被搞砸了。新的行为通常强烈地依赖于当前的环境——一天中行为发生的时间，或行为发生的房间，或恰好之前刚刚发生的事件。初步研究表明，从长期看，在不同的环境下进行新的学习可能有助于我们保持新的行为。但我在这里要说明的是，改变环境会使手边的任务在短期内变得更加困难。你要做好准备哦。

习惯是通过重复和练习形成的，没有人能一直做正确。改变是很难的，没有必要去做一个完美主义者。

自控力可以通过锻炼变得更强

这是"加分"的部分。事实证明，自律——心理学家称之为自我调节——就像肌肉一样。你用得越多，它就会变得越强大。要想养成一个新习惯，最好的方法之一就是在生活的某些方面锻炼意志力或自制力，即使这些方面可能与新习惯无关。例如，凯斯西储大学（Case Western Reserve University）的研究人员要求大学生注意自己的姿势，并在可能的情况下加以改进。两周后，学生们在自控活动测试中的分数有所提高。自我控制就像肌肉，一方面它是会疲劳的。如果你正努力戒烟，但有人一再向你递烟，那么你更有可能每次都让步；另一方面，它会使整体变得更强大。无论你的家庭正在做哪种改变，你的孩子都会用到一点意志力。随后，下一个快乐的习惯就会更容易出现。

制作"快乐习惯记录表"

1．和孩子一起选定一个你们想要开始或结束的习惯，然后考虑你们需要做出哪些改变才能实现它。你想用快乐的习惯来取代哪种坏习惯呢？成功具体是什么样子的呢？孩子认为坏习惯对他有用吗？他认为用一个快乐的习惯来取代那个坏习惯有什么好处呢？

2．**准备改变。**

- 为你的家庭成员打印一张"快乐习惯记录表"。在每张记录表的顶部写下你们的最终目标。

- 确定什么时候重新审视记录表，设定新的"龟步"目标，并在日历上记录下来。在你的手机或电脑日历程序中设置提醒闹钟。

- 想想为了孩子的成功，你自己需要做出哪些改变。

3．**选择第一个"龟步"。**将你们的最终目标分解成第一个"龟步"，然后将其分为两半，直到这一步变得非常简单为止。把它写在各自的"快乐习惯记录表"上。

4．**提前做些巧妙的安排以便获得成功。**在开始新行为之前，问孩子一些有关于意图的问题。排除干扰，并将你们的目标公之于众。通过使用富有同理心的、理由充分的和非控制性的语言（ERN 鼓励法）来激励孩子。

5．**开始吧，立即行动，加油！**当新行为出现时，确保每个人都在他们的记录表上标记了"×"。很快你就会得到一个明显的进步标志了。

快乐习惯记录表

我的新习惯：

当你达到了这个目标的时候会是怎样的情景？

"龟步" 1:	周一	周二	周三	周四	周五	周六	周日
	X	X	X	X	X	X	X

"龟步" 2:	周一	周二	周三	周四	周五	周六	周日
	X	X	X	X	X	X	X

"龟步" 3:	周一	周二	周三	周四	周五	周六	周日
	X	X	X	X	X	X	X

"龟步" 4:	周一	周二	周三	周四	周五	周六	周日
	X	X	X	X	X	X	X

"龟步" 5:	周一	周二	周三	周四	周五	周六	周日
	X	X	X	X	X	X	X

"龟步" 6:	周一	周二	周三	周四	周五	周六	周日
	X	X	X	X	X	X	X

自外而内教导自律

冷却"行动系统",并与"认知系统"互动

第 **7** 步

教会孩子自律

我的幸福公式是：一个是，一个否，一条直线，一个目标。

——弗里德里希·尼采

多年前，一位名叫沃尔特·米歇尔（Walter Mischel）的研究人员对 4 岁的孩子进行了一系列心理学实验，也就是现在非常有名的"棉花糖实验"。他把孩子们留在一个放着棉花糖的房间里，每次只留一个孩子和一块棉花糖。他告诉孩子们，如果他们能忍住不吃棉花糖，直到他重新进入房间，那么他们就会得到两块棉花糖。如果他们忍受不了等待，那么他们可以随时把那块棉花糖吃掉，但是不能得到额外的棉花糖了。

孩子们用不同的方式完成了这个任务。有些孩子连一分钟都等不及就吃掉了一块棉花糖，而另一些人则等了 15 分钟以上，吃到了两块。这些实验引起了很多关注，因为它们被证明可以预测孩子未来的行为。那些不能忍受等待的孩子更有可能在上小学时成为恃强凌弱者，在十年后得到老师和父母较差的评价，在 32 岁时出现吸毒或酗酒问题；而那些能够忍受等待的孩子，则更有可能在青少年时期获得较高的 SAT（美国高考）分数。

我想说的是：用吃棉花糖来打比方，你可以帮助你的孩子学会等待多久。本书的这一步讲的是两种纪律：一种是你对孩子施加的外部纪律——强制规定和设定限制；另一种则是你可以帮助他们发展的内在自律。

我们对孩子进行管教的所有尝试当然都是为了让他们更加自律。但是今天的孩子在自律方面比前几代的孩子要差很多。研究人员重复了 20 世纪 40 年代首次进行的关于儿童自律的研究——科学家们也称之为关于儿童"自我调节"的研究。在这些研究中，研究人员要求他们 3 岁、5 岁和 7 岁的被试者做一些对孩子来说很难的事情，例如，一动不动地站着。在 20 世纪 40 年代的研究中，3 岁的孩子根本做不到，5 岁的孩子可以站着不动几分钟，而大多数 7 岁的孩子只要被要求不动就可以一直站着不动。但是当科学家们在 2001 年重复这项研究时，他们发现，那些 5 岁的孩子在任何时候都很难保持安静——他们看起来就像是 20 世纪 40 年代研究中的 3 岁孩子，而 7 岁的孩子几乎无人能达到 20 世纪 40 年代研究中 5 岁孩子的自我调节能力。

这些结果解释了为什么看到我的孩子们在晚餐时间无法静坐超过 30 秒时，我的母亲会如此沮丧。我的母亲喜欢拿我小时候的行为和我孩子的行为做比较，她对我说："当初你们这些孩子也都很活跃，但当我们希望你们能坐着吃完晚餐时，你们总是能做到。我曾经以为我母亲的话与诸如"我们过去是冒着大雪步行上山求学的"说法一样，不过是一种认为今不如昔的偏见。但现在我知道我的母亲是对的：我的哥哥和我可能是更好的自我调节者，这让我们可以在晚餐时间能坐着不动。

这些研究结果的意义重大：自我调节能力对成功和幸福快乐至关重要。还记得吗，学龄前儿童延迟满足的能力——等待第二颗棉花糖——预示着他们在青春期的智力、学业成就和社交技能将会如何。这至少在一定程度上是因为自律有助于学习和处理信息。此外，自律的孩子能更好地应对挫折和压力，也常常具备更多的社会责任感。换句话说，自律不仅会带来学业上的成功和餐桌旁的正确坐姿，还会带来更大的幸福感、更多的朋友以及更强的社区参与度。

相反，自我调节能力差的孩子则会有更多的问题，如滥用药物、具有攻击性和暴力倾向，也更有可能发生危险的性行为。

研究人员提到我们的大脑中有两个系统，它们或支持或削弱我们的意志力。一个系统是热的、情绪化的，另一个系统是冷的、认知化的。"热系统"，也可以叫"行动系统"，与冲动有关。"行动系统"基于我们的情绪、恐惧和激情，帮助我们快速处理情绪方面的信息，并让我们在遇到危险时能快速做出反应。它也让我们很快动手去抓那颗棉花糖，而不是耐心地等待研究人员回来。"行动系统"会对外部刺激做出反应，因此它其实处于"刺激控制"之下，而不是自我控制之下。

"冷系统"，也叫"认知系统"，是自我调节和自我控制的基础。"认知系统"是缓慢的、战略性的，需要花时间去思考后果。"行动系统"被认为在出生时就存在，而"认知系统"则是在整个童年时期才得以发展的。我们平衡这两个系统（破坏自我控制的"行动系统"和赋予自我控制能力的"认知系统"）的能力取决于许多因素，其中之一是我们对"延迟满足的能力"这一关键技能的练习有多少。

现在环境也导致了孩子自我调节能力的下降。快速的科技发展使人们在日常生活的许多方面获得了更快、更即时的满足。这增加了激活我们"行动系统"的刺激，并加剧了"行动系统"和"认知系统"之间的冲突。我们的社会是一个处于"行动系统"的社会，一天 24 小时都需要速食、即时获得知识、即时交流（我们的朋友、同事，甚至政客都在推特上不断地更新）。所

以，我们的孩子沉迷于自己的"行动系统"而不去发展自己的
"认知系统"，这又有什么可奇怪的呢？

　　压力是抑制自我控制的另一个因素。与过去几代人相比，
现在很多孩子承受的压力要大得多。当我们承受着极大的压力
并感到焦虑时，我们处理额外压力（无论这个额外压力多么小）
的能力就会减弱。如果孩子的"认知系统"里充满着对读书报
告和父母失业的担忧，那么他们就会发现做任何需要自我控制
的事情都变得更加困难了。任何试图戒烟或坚持节食的人都知
道压力破坏自己戒烟或节食的努力有多快。研究表明，孩子的
长期压力往往会使他们的延迟满足能力降低。

自外而内教导自律

　　我们怎样才能扭转现代社会的这些趋势，帮助孩子培养生
活中所需的自我控制能力呢？有很多方法可以帮助孩子培
养自控力。棉花糖实验背后的同一批研究人员花了数十年的
时间来了解人们可以使用哪些技术和技巧来增强意志力，所
有这些技术和技巧我们都可以教给孩子。研究告诉了我们很
多关于如何为人父母的方法（在这种情况下，是指如何约束
孩子），以便我们的孩子最终能学会约束他们自己。一旦我们
掌握了从外部角度影响孩子的最佳方法，我们就可以教导和
帮助孩子练习那些可以直接提高他们意志力和自我调节能力
的技巧了。

　　与过去几代人相比，如今的父母说"不"的频率要低得

多——根据一项研究的估算，大约减少了50%。虽然我们不想说"不"的原因各不相同，但研究清楚地表明了一件事：孩子需要父母为他们设定限制，不过要以积极的方式来设定。当父母坚定而友善，参与而不带任何侵略性时，研究人员将其称为"权威型养育"。

40年的研究始终确定，权威型养育有利于孩子的健康和幸福快乐。权威型养育不仅可以帮助孩子养成健康的、能自我控制的习惯，还可以使他们在许多其他方面有更出色的表现。例如，拥有权威型父母的青少年在学校会表现得更好、更自信，他们也有更多的朋友。

成为"权威型"父母

不要做一个容易被打败的对手。要说"不",即使这对你来说很困难。看着孩子不开心是很难的,忍受由设定限制引发的抱怨或脾气也是很难的,特别是在工作了一整天之后,我们仅有那么一点点能和孩子在一起的宝贵时光。但是,对孩子的健康发展和幸福快乐来说,没有什么比这更重要了。如果我们不首先为孩子确定什么在界内、什么在界外,那我们就无法指望孩子发展他们的自我控制能力。

参与其中。权威型养育的一个重要组成部分就是全程跟进、督导并始终在场。仅仅制定规则是不够的,我们还需要强制执行这些规则。孩子需要意识到他们的父母知道他们在哪里、和谁在一起——他们的父母会密切关注他们在空闲时间做什么。虽然始终如一地坚持我们设定的限制是很不容易的(对那些总是在测试我们的孩子尤其不容易),但是,"不一致"是个破坏者。当今天的"不"在明天变成了"是"时,限制的设定就没有任何意义了。

但是不要控制,即使是善意的。孩子需要父母认识到他们是有自己权利的个体,尤其是当孩子已经成长为青少年的时候,他们更需要父母知道他们有能力过自己的生活。不在心理上控制孩子意味着允许孩子犯错误,这样孩子就可以知道自己有能力在跌倒之后爬起来。这也意味着鼓励孩子表达自己的个性，即使这与我们作为父母的观点相冲突。不要用诸如"你长大后会更明白"之类的话来回答孩子的争辩。

在对幼儿的研究中，研究人员发现，与父母使用"以教导为主"的限制设定策略的孩子相比，父母下达命令并对其进行物理控制的孩子在 5 岁时延迟满足的能力较低。权威型的（但并不专制的）父母没有使用更强有力的方法，而是通过分散注意力、温和地引导和讲道理来为他们正在探索世界的幼儿设定限制。很可能这样做的结果是：他们的孩子发展出了高于平均水平的延迟满足的能力。

如果你觉得研究人员会把你对孩子说"不"的方式归为基于权力的类型或控制型，那么请试着后退一点，给孩子一些做自己的自由吧。

散发出温暖。如本书第 5 步所述，深情和细心的养育方式会产生安全的依恋关系。研究表明，安全的依恋关系与婴儿时期的情绪和行为调节有关。例如，在一项研究中，如果母亲以更热情、更少体罚的方式管教孩子，那么孩子在 4 岁后的童年中期会表现出更强的自我调节能力。

另一项研究发现，与父母缺乏表达能力的同龄人相比，拥有一位情感丰富的母亲可以让 6 岁的孩子更能做到延迟满足。所以，对孩子表达爱的时候可以夸张一点，有趣的是，所有那些爱和温暖会让你的孩子更守纪律。

不要对不良行为做事后反应，要在事前做好预防。这是研究证实的另一个明显的结论：前期的一点点努力会在后期起到很大的作用。在一项研究中，母亲们让她们的学龄前孩子在超市里"帮忙"购物或做其他事情（除了那些不应该在超市里做的事），结果，你猜对了，她们的孩子在超市的不良行为减少了。毫不奇怪，等孩子出现不当行为后再去纠正，会导致孩子出现更多的不当行为。这个原则对不同情况和年龄的人都适用。即使成年人被某些对自己不利的事情（比如暴饮暴食）诱惑时，如果能积极参与一些有建设性的事情，而不是等待诱惑的刺激哄我们越界，我们就会做得更好。预防不良行为（孩子的或我们自己的）需要自律，但是，就像肌肉用得越多就越强壮一样，预防不良行为也有助于培养自律。

预防不良行为时一个容易被忽视的要点是，我们要把重点放在可能出现的正面结果上，而不是放在预防灾难上。研究表明，那些试图通过详细说明可能出现的灾难性后果来预防不良行为的父母（比如"杰克！从那里下来！你会摔断脖子的！"或者"如果你不完成作业，那你考试就考不好"），他们的孩子往往会在自我控制方面具有与父母类似的预防导向。那些习惯性关注积极结果的父母（比如，实现目标和实现愿望，"杰克，来看看这个，你在这边真的可以爬得很高！"或者"完成家庭作业，这样你就能考高分。加州大学伯克利分校，我儿子来啦"），他们的孩子往往会把意志力用在关注自我提升上，他们规范自己的行为是为了达到自己的目标，而不是为了防止不好的事情发生。我们应该以孩子的自我提升作为关注点，强调孩子可以让好事发生，别总让他们努力阻止坏事的发生。

冷却"行动系统"，并与"认知系统"互动

棉花糖实验揭示了孩子可以使用许多不同的策略来为第二块棉花糖等待更长的时间。父母可以帮助孩子练习这些有助于自我调节的技巧。例如，我们可以按照下面的方法去做。

玩一些教导自我约束的游戏。发起一些孩子需要规范自己行为的游戏。"我说你做"⊖ 和"冷冻人"⊜游戏都是很好的例子，因为孩子必须思考（运用他们的"认知系统"）才能不去做

⊖ Simon Says，传统的儿童游戏，一般由3个或更多的人参加，其中一个人充当"Simon"，其他人必须按"Simon"宣布的命令去做。——译者注
⊜ Freeze Tag，一种抓人游戏，被"抓到"的人不能动。——译者注

某事，从而练习自我控制。同样，要求孩子按照指示提前准备几步的活动也有助于他们学会延迟满足。烹饪就是一个很好的例子，或者那些需要遵循指示或模式去搭建东西的游戏也行。但要注意的是：这并不等于把孩子的活动组织得过于严谨，以至于最终只能由你来对他们进行约束，而不是让他们练习自我约束。

另一个帮助孩子练习自律的很好的方法是让他们有足够的时间自由玩耍，如果他们有足够的时间进行富有想象力的复杂游戏就更好了。非结构化和富有想象力的游戏可以培养孩子的执行功能，这是一种与自我调节相关的重要认知技能。武术、舞蹈、音乐和讲故事——这些都是需要持续注意力的有趣活动——通过要求孩子在头脑中记住复杂的信息来建立自律。当孩子使用他们头脑中储存的信息（比如编排好的下一个舞蹈动作）时，他们就抵制住了做其他事情的第一冲动或倾向，他们的自制力会因此而得到锻炼。

鼓励自言自语。富有想象力的游戏有利于建立自我调节的另一个原因是，它通常会让孩子为了指导行动而自言自语或与其他玩伴交谈。他们通过自言自语来学习自我控制，以达到引导自己行动的目的（而不是总要依靠妈妈或爸爸来引导他们）。鼓励孩子自言自语并倾听"脑袋里的小声音"，有助于他们自我调节能力的发展。当我的孩子做了她们自己知道是错误的事情时，我经常问她们："你有没有在你的脑海里听到一个声音告诉你不要说那些不好的话？"我们第一步要做的，就是让孩子意识到他们有一个"认知系统"可以帮助自己抑制冲动。

教孩子分散注意力。这是一种意志力技巧，有助于延长孩子等待第二颗棉花糖的时间。一种方法是遮盖诱惑——用物理的办法遮盖住诱人的棉花糖。一项研究显示，当第一块棉花糖被盖住看不见时，75%的孩子能够等上整整15分钟然后拿到第二颗棉花糖；但是，当第一块棉花糖可以被看见时，却没有任何一个孩子能等这么久。但是，这种有效分散孩子注意力的方法有一个关键点必须要注意。一项研究发现，那些发展出良好自控力的孩子，他们的母亲并没有通过命令孩子注意其他事物来分散孩子的注意力，而是积极地让孩子参与到其他的事情中。

　　内在分心策略也很重要，需要加以练习。让孩子思考其他事情可以帮助他们不去拿眼前的棉花糖，而且能帮助他们安静地坐着吃完一顿丰盛的晚餐。在一项研究中，研究人员让孩子们"想想任何有趣的事情"或者"想象自己正在唱歌或正在玩玩具"，结果孩子们平均能够等上12分钟然后拿到第二颗棉花糖。相比之下，当孩子没有被指示以这种方式分散自己的注意力时，他们连一分钟都等不了。这里的关键是不要暗示孩子别去思考某事。如果说"别想着棉花糖，想想……"，那么就会破坏这种技巧。我们的大脑会以一种有趣的方式运作：告诉别人不要去想一只北极熊，那么实际上，我可以保证，他们一定会去想它。

　　当干扰以物理形式出现时，孩子会表现得更好，即使他们通常对干扰都不感兴趣。给孩子（从学龄前儿童到12岁的孩子）一个弹簧圈（一种螺旋弹簧玩具）可以将他们去拿第一块棉花糖的时间延长至15分钟——即使他们在其他环境下对玩弹簧圈并不感兴趣。

　　减轻孩子的压力。许多青少年的父母都很关心自己的孩子现在承受的压力有多大。压力——尤其是长期压力——对我们的"认知系统"有负面影响，使我们更冲动、更无法实现自己的目标。研究表明，生活在高压力环境中的人延迟满足的能力较差。具有讽刺意味的是，对成绩和学校功课的担忧与焦虑使孩子不太可能为了完成功课而延迟满足。

关掉电视机。电视和其他形式的"屏幕时间"也许并不是万恶之源，但它们确实占用了孩子原本可以用来玩耍的时间。许多研究人员认为，今天的孩子比 20 世纪 40 年代的孩子更不善于延迟满足的原因，是他们花了较多的时间待在电视和电脑前，而这两者都无助于培养他们的意志力或控制他们的冲动。换句话说，看电视这件事存在机会成本：它无法提供那些孩子健康成长所需的东西，而许多看电视以外的选择（如在户外玩耍）却可以做到。

对孩子抱有切合实际的期望值。自我调节是很难的，孩子并不是带着工具出生，然后马上就可以练习自我调节的。他们的"行动系统"在出生时就已经很发达了，但他们的"认知系统"在出生之后（而且很可能要在他们到了青春期之后）才逐渐变得成熟。因此，随着大脑的发育，我们的自我控制能力会越来越强。但是，期待年幼的孩子展现出完美的冲动控制能力是不现实的，即使让他们做大量的练习也实现不了。事实上，对 4 岁以下的孩子来说，靠他们自己实现延迟满足几乎是不可能的。举例来说，大多数孩子长到 5 岁时都更能理解，一直想着某样好吃的东西会让等着吃它的时间变得更难熬，他们会开始使用自我分散注意力的技巧。6~12 岁的孩子，自我调节能力可以通过练习得到迅速发展，到了 6 年级，孩子通常可以发育到能够使用复杂的技巧来延迟满足的程度。

轻轻打屁股可以吗？

本书这一部分所描述的管教技巧有时很容易——例如，很少有人会觉得对着可爱的孩子倾吐爱意是件难事——但有时又显得极其艰巨。有一天，我和两个孩子一起去超市。和超市里的大多数父母一样，我只想赶快买完东西，这样我就能尽快把晚饭端上桌，然后让她们在大家必须睡觉之前做完作业。

但是，菲奥娜快把我逼疯了：她把她知道的那些我永远不会给她买的食物放进购物车里，又一脚踏在购物车后面的铁架子上把购物车当滑板车玩，还讥笑嘲讽她的妹妹……总之，菲奥娜用她能想到的各种方法来惹火我。于是我实施了我们家所谓的"超市擒拿术"，这是我母亲的拿手好戏。我用力攥紧她胳膊肘的上方并低声威胁她说最好别再捣乱了，否则她就永远没机会看电视了。我知道"超市擒拿术"并不在为人父母的有效行为清单上，但如果偶尔这么做，真的很糟糕吗？

与心理控制一样，惩罚性育儿会对孩子的自律能力造成严重破坏。虽然笃信"棍棒底下出孝子"的父母的确通过暴力（剥夺特权和肉体惩罚）成功地让孩子守了规矩，但社会科学已经建立了一个明确的证据体系，表明这些方法最终是无效的，而且对于那些有兴趣养育出快乐小孩的人来说，这样的做法肯定也是不能接受的。

虽然我仍然无法克制自己偶尔实施"超市擒拿术"的冲动，但在所有人当中，我最应该知道这是行不通的。在上述那个特定的场景中，菲奥娜大叫道："你在伤害我的身体！为什么一个母亲要伤害她孩子的身体？"可以这么说，她并没有成为一个顺从的、令人感到愉快的购物伙伴。

除了有损我作为育儿专家的公众形象之外，"超市擒拿术"还是一种教孩子守纪律的糟糕方式。当父母把对孩子行为的期望以威胁或惩罚的方式传达给孩子时，孩子很可能会变得愤怒、焦虑或害怕。这种情绪将关注点从父母想要什么或试图教孩子什么，转移到了孩子要如何回应父母上。这种关注点的转移降低了父母惩罚的有效性，也降低了被惩罚的孩子理解并努力满足父母愿望的可能性。

长期的物理性惩罚（身体上的惩罚，如打屁股，以及威胁性的行为，如大喊大叫、生拉硬拽和口头胁迫）是无效的，而且往往会对孩子造成伤害。许多研究发现，严厉的养育方式与青少年更高的叛逆率、更多的行为问题以及抑郁焦虑之间存在关联，更不用说会使孩子控制行为和情绪的能力下降了。

换句话说，真正的纪律和惩罚之间有很大的区别。一方面，"纪律"（discipline）这个词与"弟子"（disciple）这个词有相同的拉丁语词根，意思是"学习的过程"。弟子和自律的人都是准备学习的人。另一方面，惩罚这个词指的是施加在一个人身上的痛苦、苦难或损失。约束我们的孩子——并教他们约束自己——能让他们做好学习的准备：好奇、开放、专心。惩罚的作用则正好相反，它让孩子的注意力不再集中于他们能从特定的情况中学到什么，而是集中于他们从中感受到了痛苦。下次，当我再想用"超市擒拿术"去控制孩子时，我会问自己：这能帮助她们学会自律或准备好学习东西吗？

用正确的方式要求孩子

阿尔菲·科恩（Alphie Kohn）是不奖励也不惩罚孩子的王者。他在其著作《被奖励惩罚》中提供了一些基于研究的建议，让孩子在没有"金色星星、奖励计划、考试得 A、表扬和其他诱惑"的情况下做自己想做的事。多年来，我最糟糕的育儿习惯之一就是我不断地给孩子提供微妙的诱惑——所有那些"如果你做了 X，你就会得到 Y"的哄骗。这里有三件事你可以尝试一下。

1. **选择你应该参加的战斗。**如果你很难为自己对孩子的要求找到合理的解释，那可能是因为它还不够重要。如果你不能证明你强加给孩子的限制是合理的，也许这不是一场你应该参加的战斗。记住，当你遇到很多阻力时，重新考虑一下你的要求总是好的。孩子的这种抵抗是否合理？虽然我们永远不要因为疲惫而让步，但如果意识到自己犯了一个错误，那就要承认它，然后，放弃要求。

2. **以轻柔的方式去设定限制。**要从设立规矩和限制的角度去思考，而不是从控制的角度去思考。设定限制（为约束而建立规矩）和对孩子颐指气使（就像我经常做的那样）之间有天壤之别。制定规则并坚持到底是很好的：不能打人，晚上 8 点要睡觉。这是规矩。

研究人员一致发现，使用最轻柔的方式设定的限制往往是最有效的。正如科恩所说的："如果你能轻轻地移动一个孩子，就不要粗暴地移动他；如果你能指挥他自己移动，就不要轻轻地移动他；如果你可以请他移动，就不要指挥他移动。"

这意味着我们不会因为受阻而加大火力。当孩子不按你说的去做时，如果你不吼他、不打他、不威胁也不惩罚他，那么在当时那个特定的情况下以及未来你要求他们做某事的时候，你会得到更好的结果。

3. 引导孩子给出他们的理由。不要用冲动之下的惩罚来处理不良行为，要用这样的方法来回应：事情出了问题，我们需要解决它，或者至少给出一个解释。解释为什么孩子的行为是不良行为（"我们不使用恶意外号的原因是……"），比只以"这是我们作为父母的权力"（"因为我说了算"）来解释更能吸引孩子给出他们的理由。在许多情况下，给出理由会引起讨论而不是争论。邀请孩子参与讨论——他们可能会对如何避免犯同样的错误提出有价值的补充——而不是期待他们在你讲课时静静地聆听。

为什么要练习正念？

品味现在，重温过去

帮助孩子进入"心流"

第 **8** 步

充分享受当下

人们通常认为在水上或稀薄的空气中行走是一个奇迹。但我认为真正的奇迹不是在水上或空气中行走，而是在地球上行走。每天，我们都沉浸在自己从没有意识到的奇迹之中：蓝天、白云、绿叶、一双孩子般好奇的黑色眼睛——我们自己的两只眼睛。一切都是奇迹。

——释一行

有一次，我在冲动之下决定参加一次静修活动。在那次活动期间，我收获了一生中最大的关于育儿的顿悟。那时的我心力交瘁、束手无策。虽然那时我刚刚和我那即将成为前夫的丈夫以及他的母亲和继父一起度过了假期，而且彼此相处得很好，但我还是为自己没有一个"完美"的家庭而感到情绪低落和悲伤。假期之后，接送孩子上下学、督促孩子做家庭作业和忙碌的早晨又开始了。每个工作日，我都要生拉硬拽地把孩子们送去学前班学西班牙语，这总是令我上班迟到，以至于我每天到达工作地点时都会有些不安。

我要兼顾很多事情，包括完成在加州大学伯克利分校幸福科学中心的日常工作、维护并撰写我的博客，写作这本书，教授父母课程，定期做演讲，以及从事各种能帮助我支付账单的咨询项目。我开始感觉自己好像永远都不会有足够的时间来完成所有这一切。当我终于把孩子们送到了学校，真正踏实下来开始工作时，却发现竟然只有几分钟的时间能用来工作，然后就必须开始安排孩子们参加完课外活动后该由谁去接她们的事情。孩子们下了编织课后是该轮到希瑟去接还是该轮到我去接？之前是不是迈克从我父母家接孩子们回来、现在该轮到我了？或者，今天是戏剧日吗？哦，天哪，等等，菲奥娜是在玛格丽特家吗？

我把从一件事"跑"到另一件事当成了体育锻炼，我们的家庭时间是一边狼吞虎咽地吃东西一边询问孩子们的一天过得怎么样。洗衣服、安排孩子们与她们的朋友一起玩、预约看医生、去超市购物、付账单、洗碗——每天的生活就是一份无穷无尽的匆忙完成的家务清单。

　　周末的情况往往更糟糕，因为未完成的工作、家务活、需要外出跑腿的事和数百封未读的电子邮件都在"吵"着让我去处理。因为无论做什么我都会分心，所以，和孩子们一起玩这件事甚至都开始让我觉得累了。我感到一切都让人觉得无聊乏味。"你的脑子里只想着工作！"有一天莫莉对我说，当时她无数次地尝试让我假装喝一杯假装的拿铁，但我没有注意到。我崩溃了。莫莉说得不对，我想待在那儿，想和她一起玩；莫莉说得也对，我当时并没有和她在一起，我当时在幻想自己逃到办公室，关掉电话和电子邮箱，然后开始写作。具有讽刺意味的是，我只有在阅读关于幸福的研究报告并撰写关于幸福养育的文章时，才能觉得自己从忙碌的生活中得以解脱。

　　所以，当别人给我提供了一个安静的静修场所让我和其他科学家一起研究幸福快乐与身心健康的关系时，我的脑海中有个响亮的声音对自己说：去做吧。七天，没有电话和电子邮件，没有工作，没有阅读，甚至没有写作，也不用和任何人说话。我的朋友打赌说我连七个小时都坚持不了，更别说七天了。之前，我离开孩子们的时间从来没有超过四天，我无法想象会有一整天不和她们交谈的情况。但我也知道我必须去。如果有什么方法能让我在混乱中集中注意力，这就是。

　　当我坐着冥想一小时又一小时，一天又一天时，我除了纯粹的幸福几乎什么都感觉不到。我感到无比的惊讶。第一次长时间静修就立即感到了幸福是很不寻常的。为什么我没有感觉枯燥无聊？为什么我没有感到躁动不安？为什么我没有渴望要把什么事情都做完？第二天晚上，我突然想到：如果我能永远像这样活在当下，生活的任何一部分就都不会是一场战斗或苦差事了。如果我闭着眼睛坐在黑暗的房间里，把注意力只集中在呼吸和心跳上都不感到无聊，那么没有什么是无聊的了。洗一大堆衣服不会无聊，甚至，十亿次假装喝假装的拿铁也不会无聊。

本书这一部分要介绍三种能让我们在超级忙碌的同时又非常快乐的技能：通过玩耍、心流和正念来真正体验当下的能力。

当孩子"只是玩耍"的时候，他们会很自然地这样做，但是当我们大人将孩子一天中每一个醒着的时刻都安排上课程和少年棒球联赛时，我们往往会把事情搞砸。每当我们享受自己的体验时，我们都生活在当下，而且就像我会躲起来写作一样，当我们体验心流时，就能体会那种时间似乎静止的意识状态。正念——活在当下，有时表现为玩耍、品味或心流，但它也可以在我们面临崩溃的边缘、感到紧张或注意到了某种情绪状态时进行练习——是一种历史悠久的、被神经科学家进行严格研究的严肃的练习。我知道大多数父母都无法像我一样偷偷进入加州的山里用一个星期的时间来重新平衡自己，但我希望能通过本书的这部分内容播下一些种子，让你能够更好地认识到，即使是在生活最艰难的时刻，和孩子在一起的每一天也充满了小小的奇迹。

为什么要练习正念？

对于许多孩子和他们超级忙碌的父母来说，生活的压力已经变得非常大了。这种日渐增加的压力会导致愤怒和焦虑，而且还会影响孩子的学习成绩，因为压力会扰乱孩子的思维，干扰他们的学习。由于情绪压力会削弱学习能力和记忆能力，所以我们做父母的要想办法减轻孩子生活中的压力，并教会孩子更好地应对压力，这是非常重要的。

威斯康星州的神经科学家和北卡罗来纳州的心理学家正在寻找科学依据，证明一种非常简单（而且便宜）的方法可以被用于应对现代生活的压力。玩耍的孩子会从经验中理解"当下的力量"，即完全活在当下，也被称为"正念"。这种专注并意识到当下正在发生之事的状态对我们的身心健康（包括我们应对压力的能力）有很大的好处。练习正念的人往往更加自信、外向和感恩。他们不那么紧张、神经质、焦虑或抑郁，这可能是因为他们总体上较少经历负面的和不愉快的情绪。正念也与下面这些好处相关：

- 更强烈、更频繁的愉悦和积极的情绪。
- 对自我的认识更清晰，这是自我控制的关键组成部分。
- 更强的同理心，与他人相处更和谐。

学习"全身心投入"的孩子——进行正念练习的孩子——在学校会表现得更好，因为他们能更轻松地集中注意力和应对压力。一项研究表明，在教室里练习正念呼吸的孩子面对冲突时更容易放松并做出更好的决定。他们更专注，当感觉自己的确偏离了轨道时，他们更善于重新引导自己回到手头的任务上来。他们在考试前也不那么焦虑。

正念有助于平衡情绪。当我们的情绪不活跃时（比如，我们通过自我封闭来应对压力），生活似乎就失去了意义。这会让我们感到无聊或沮丧。但是，当我们的情绪过于活跃，变得过度夸张和情绪化时（当我和孩子们过度疲劳时，这种情况就会发生在我们身上），生活就会变得混乱不堪，让人难以忍受。练习正念可以帮助我们在混乱和无聊之间、在高度情绪化和高度压抑之间找到微妙的平衡。

也许，正念最大的好处之一——尤其是对那些容易冲动的孩子来说——能帮助我们获得在行动之前暂停的能力。这个简单的停顿可以帮助我们考虑一下某些选择。这些选择或许是我们靠本能立即采取行动时原本不会想到的。这使我们能够保持灵活性、创造性和高效能。

什么是正念？

与感恩、利他主义、情绪认知和强大的社会关系一样，正念也是幸福的一部分。科学家乔恩·卡巴金（Jon Kabat-Zinn）首次将正念练习"翻译"为一种应对慢性疼痛和压力的世俗项目，他将正念定义为"通过有目的地关注当前时刻、不加判断地关注每时每刻的体验而产生的意识"。卡巴金的正念减压项目，是大多数正念练习的科学基础。

你此时此地就可以试试正念。你现在身体有什么感觉吗？你的思绪不断回到哪些主题？你能注意到它们并给它们贴上标签吗？你正在体验某种情绪吗？你感到紧张吗？你感到平静吗？正念不一定是缺乏情绪或完全平静的状态。我可以感到悲伤——甚至哭泣——并全身心地关注那种体验。正念也不一定是对思想的抑制或对意识状态的改变。事实上，正念通常是一场与自己的对话，用来描述我们正在体验的事物：我哭得太厉害了，以至于我感觉自己的眼睛都肿起来了；我的胃不舒服；我能听到楼上孩子们的声音；我听到一只鸟在叫；我又在想我母亲了；我要把注意力集中在我的呼吸上，我在吸气，我在呼气。请注意，"不加判断"是卡巴金为正念定义的一部分：我是在陈述事实，而不是因为感到悲伤而惩罚自己。

正念是自动化系统下"自动驾驶"行为模式的反义词。正如我在本书"第6步：培养幸福快乐的习惯"中所讨论的，有些事情我们希望自己和孩子能够养成不假思索就去做的习惯。但是我们习惯去做的每一件事也可以用正念的方法来做。也就是在做事时把我们的注意力和意识放到事情本身上去。当我们让自己在"自动驾驶"上花费了太多时间时，我们能听到孩子的声音，但不能真正听见他们说的话，我们会看着孩子，但不能真正看见他们，我们还会在不知道自己在说什么的情况下说话。可以这么说，我们并没有处于当下：我们的注意力在遥远的未来（也许是在计划周末时光）或者停留在过去（回味之前发生过的事情）。

当我们的注意力集中在我们当下的体验（内在的和外在的，实时的，立刻的）上时，我们就是在练习正念。你能注意到每一刻是如何诞生、经历和消逝的吗？我经常试着练习正念吃饭。我咬上一口食物并注意它的味道和气味以及它在我嘴里的感觉。当我吞咽的时候，我注意到自己不再品尝味道了——吃东西时品尝味道的那个特殊时刻已经过去了。

教孩子练习冥想

我们可以在任何时间、任何地点，通过把注意力放在当下的方法和孩子一起练习正念。直到获得了一些指导之后我才完全理解了正念的力量，其基本概念并不难懂。你可以从下面这些简单的练习开始尝试。（如果你想更深入一些，可以参加一个为期八周的正念减压课程或冥想课程。以我的经验来说，上课的好处并不是给你额外的指导——你可以从任何一本关于正念和冥想的优秀书籍中获得这些指导——但它安排的系统化练习将有助于你把正念养成一种常规习惯。）

葡萄干冥想

大多数正念减压课程都是从下面这种简单的方式开始的，即以一种强化的方法来练习活在当下。我来告诉你怎么做。

1. 给你的孩子每人三粒葡萄干。如果你没有葡萄干，也可以用爆米花来代替。

2. 用缓慢、平静的声音读下面这些话：

让我们看看这些葡萄干，假装我们之前都没见过葡萄干。

拿起一粒葡萄干。

想想手指之间的感觉。

注意它的颜色。

注意你对葡萄干的任何想法。

注意你是否有喜欢或不喜欢葡萄干的想法或感觉。

把葡萄干举到鼻子前闻一会儿。

现在慢慢地把葡萄干放到你的唇边，注意你在想的、感觉到的和闻到的一切。

注意你的手臂正在移动你的手来正确地放置葡萄干。

注意你的嘴在流口水，因为你的大脑和身体都在期待吃葡萄干。

将葡萄干放入口中，慢慢咀嚼，体验它的味道。

把它含在嘴里。

当你准备好吞咽的时候，注意你的身体会自动地想要吞下葡萄干。

当做完以上这些之后，拿起第二颗葡萄干，按以前的方法直接吃掉，就好像你不是正在学习正念练习似的。吃完之后，用第三颗葡萄干再次练习正念，像吃第一颗葡萄干那样把它吃掉。

在你做过这个葡萄干练习之后，试着将这种强烈的、沉浸式的注意力转移到你正在做的任何事情上，并鼓励你的孩子也这样做，洗澡的时候，上下班的时候，去超市购物的时候，吃晚餐的时候，或者当你的女儿让你喝 101 杯假装的拿铁时，都可以这么做。

正念冥想

每天练习正念冥想会给成人和孩子带来实实在在的好处。冥想可能是一种挑战，因为这是一种需要纪律的练习。你可以把它当作一个需要每天练习的新技能。这种日常练习是非常简单的，你可以在任何地方做，几乎不需要额外的时间或准备。以下是一些基本的正念冥想的指导，你可以自己用，也可以去教孩子。我喜欢和我的孩子们一起冥想：没有任何一项其他的活动能让我们在五分钟内一直这么坐着不动的。

1. 坐在椅子上，或者坐在地板的垫子上或靠枕上。找到一个你觉得舒服的姿势，背部挺直但放松。靠在椅背上或者躺下都是可以的（我在冥想时尽量不躺着，因为我会睡着）。

2. 把双手放在膝盖上，闭上眼睛，做几次深呼吸。

3. 将注意力集中到你的呼吸上，全身心专注于呼吸给你带来的生理上的感觉。当冷空气进入你的鼻子，然后呼出暖空气时，你是什么感觉？要保持好奇。吸气和呼气时，你的腹部扩张和收缩的感觉如何？

你们可以做一分钟，也可以做一小时，要根据你和孩子当时的情况和能够保持愉悦多长时间来决定这个练习的时长。慢慢开始并逐渐延长时间。最重要的是要设定一个固定的练习时间。对大多数人来说，每天五分钟的冥想比每月做一次一小时的冥想更有效。这里还有其他一些需要记住的事情。

- 如果你的思绪飘忽不定，或者，你发现自己不再注意自己的呼吸了，那么只需要将注意力重新放回到呼吸上即可。不用担心自己走神，也不用评判自己，只需要简单记下你在想什么，然后把注意力重新转回到呼吸上就可以了。这就是冥想：专注于呼吸，走神去想别的事时，注意到自己走神了，注意到走神时想的是什么并接受它，把注意力再次带回到呼吸上……就这样一遍又一遍循环进行。

- 年龄较小的孩子可能以前从来没有注意过自己的呼吸，他们也许会觉得这样做很奇怪。你们完全没必要尝试改变自己的呼吸，既不需要保持它也不需要加深它，既不需要加快它也不需要放慢它。只要注意你们的身体在没有你们的刻意帮助下是如何呼吸的就可以了。

- 可以将数自己的呼吸次数作为一种辅助方法来提醒孩子集中注意力。如果走神了，不知道自己数到几了，就记下自己当时在想什么，然后从"1"开始重新数自己的呼吸次数。

- 你可能会惊讶地发现，保持专注的呼吸需要非常多的练习。然而，我发现，即使是经常走神的那些冥想对我也是非常有益的。

- 在你的日常生活中专注于呼吸，并鼓励你的孩子也这样做。在我感到焦虑、不知所措或者生气的时候，在我开始一个新项目之前或者早上刚醒来的时候，我都会做五次深呼吸，并尽可能密切地关注它们。

正念养育

正念不仅能帮助你的孩子应对现代生活的压力，还能帮助你自己成为更好的父母，甚至可能会让你成为比"更好"还要好的父母。事实上，如果正念是你阅读本书后唯一记得的东西，那么科学研究表明你甚至都不需要教孩子正念，他们也会因此而表现得更好。

你没看错。弗吉尼亚州的一群社会工作者和心理学家有了惊人的发现：练习正念不仅能减少父母的压力，增加他们为人父母的乐趣，还能给他们的孩子带来长远的好处。练习正念养育一年的父母对自己的育儿技巧及自己与孩子的互动明显感到更加满意，尽管除了单纯的正念养育之外，他们并没有学到什么新的育儿方法。长达一年的研究显示，父母练习正念，孩子的行为发生了好转：这些孩子与兄弟姐妹相处得更好了，攻击性更弱了，他们的社交技能也提高了。这些孩子的父母所做的仅仅就是练习正念。

那么，我们如何才能实现正念养育呢？简而言之，需要不断练习。虽然我在正念练习方面有所体悟，但我仍然在为之奋斗。这里有一个现实生活中非正念养育的例子。某一天早晨大家都起晚了，菲奥娜根本不听我的话。当我让她换衣服时，她不换，反而开始玩"疯狂填词"的游戏。我在另一个房间喊道："你喂狗了吗？"这句话让她想到她要去找那只待在外面的猫。在没有注意到所有状况的情况下，我对她越来越恼火了。昨天夜里，浣熊闯进了我们的房子，我们一起疯狂地追赶浣熊，要把它赶出去，结果，我们所有人都又累又暴躁。早晨让菲奥娜换衣服时，我自己还没做好出门上班的准备，而且我上班的时间就快到了，我开始为此而忧心忡忡。

我号叫着发出命令："菲奥娜！穿好衣服！"然后我脱口而出："菲奥娜！你怎么了？你好像不是 8 岁而是 3 岁！要我亲自进去帮你穿衣服吗？"根据历史记录，我从来没有发现过侮辱孩子会特别有效，当然，这次也没有奏效。菲奥娜勃然大怒，尖声大叫着说："如果你说这种难听的话，我才不会听你的！"她的话并没有真正让我平静下来。

如果我能让那天早晨的时光倒流，更加用心地开始，事情就会完全不同了。我所需要做的是评估一下当时的状况，注意到我自己的焦虑和疲惫，注意到菲奥娜的疲惫也让她心烦意乱、情绪激动，注意到无论我们的速度有多快，我还是无法按时上班。我应该不带偏见地接受这种情况，而不是徒劳地想要强迫它变成别的样子，或者责备自己在闹钟响了之后还继续睡了一会儿。不带偏见地接受情况本来的样子，能让我有机会去寻找更有效、更积极的选择。我甚至可以通过让菲奥娜了解疲倦如何使她更容易分心而帮助她更加专注。然后，我可以用更具支持性的方式来引导她：表现出同理心，为她找出一个有意义的理由并给她提供选择。

对我来说，**正念养育的关键是：首先，注意到正在发生的事情（以及你的感觉和想法）；其次，不加评判地接受正在发生的事情。**如果你想成为懂得正念养育的父母并收获随之而来的好处，我强烈推荐麦拉·卡巴金和乔恩·卡巴金共同撰写的

《正念父母心》。我特别喜欢这本书的结尾部分：正念养育的七个目标和十二种练习。

让孩子玩耍

大多数孩子在玩耍时已经练习了正念——充分享受当下。但是今天的孩子在室内和室外玩耍的时间都减少了。相反，许多人把大量的时间花在了有组织的活动上，如体育运动和有组织的课外活动，另一些人则把很多时间花在了电脑上。总的来说，在过去的二十年里，孩子每周少了八小时的自由、随意和自发的玩耍时间。

这重要吗？如果孩子减少了在后院玩耍的时间，他们钢琴课的成绩是否会更好呢？研究人员认为，这种随意玩耍时间的急剧减少在一定程度上是导致孩子认知和情感发展放缓的原因。在本书"第 7 步：教会孩子自律"中，我们看到，孩子的自我调节能力——他们控制自己的情绪、行为的能力和抵制冲动的能力——比 60 年前要糟糕得多。一项研究显示，今天 5 岁的孩子只具有 20 世纪 40 年代 3 岁孩子的自我调节能力。导致这种情况的关键因素似乎不是缺少约束，而是缺少玩耍。

研究人员假设，孩子在玩耍中能更好地控制自己的行为。比如，他们自己假装站着不动会比被迫站着不动更能控制自己。在最初的研究中，孩子被要求假装自己是保护银行的警卫。事实上，这种小小的想象游戏确实使 5~6 岁的孩子保持站立不动的能力获得了提高，从 3 分钟提高到了 9 分钟。

但在 50 年后，由俄罗斯心理学家斯米尔诺娃进行的一项研究表明，不仅各个年龄段的孩子听从指示的整体能力都减半了，而且假扮银行警卫的方法也无法再帮助 5~6 岁的孩子站着不动了。研究人员得出结论，孩子"真正纯玩"时间的减少——请记住，孩子不太擅长假装自己在玩——是导致他们自我调节能力下降的原因。

显然，玩耍的好处是巨大的，比仅仅帮助孩子发泄情绪或让孩子进行一些体育锻炼要大得多。 除了能帮助孩子学习自我调节之外，由孩子主导的、无组织的游戏（有或没有成年人参与都可以）可以促进孩子在智力、身体、社交和情感方面的健康发展。无组织的游戏可以帮助孩子学习如何进行团队合作，如何分享、协商、解决冲突、调节自己的情绪和行为，以及如何为自己发声。"神经科学家、发育生物学家、心理学家、社会科学家和来自各个科学领域的研究人员现在都知道，游戏是一个意义深远的生物学过程。"美国国家游戏研究所创始人斯图尔特·布朗（Stuart Brown）如是说。他指出，游戏"塑造了大脑，让动物更聪明，更有适应能力"。游戏能培养孩子的同理心，它是创造力和创新的核心。而且，玩游戏的能力对我们的幸福快乐有着深远的影响。

因为玩游戏对我们来说好处太多了，所以我们不必为此而感到内疚。我们成年人这样做不是浪费时间，孩子这样做当然也不是浪费时间。玩游戏是一种催化剂，让我们在做任何事情时都更有效率、更快乐。它对儿童的大脑发育也至关重要。因此，父母要克制自己的冲动，不要为了学前教育和有组织的体育活动而忽视传统的好游戏。

事实上，更早开始学业教育并不一定会带来更大的成功，甚至可能会阻碍它。在一项研究中，与以游戏为主的学前班的孩子相比，以学业为主的学前班的孩子在阅读或数学成绩方面没有表现出优势，但他们的考试焦虑水平却明显偏高。正如你将在本书下个部分中看到的，与以游戏为主的幼儿园的孩子相比，这些受学业推动的孩子创造力较低，对上学这件事的消极态度则较高。

好消息是，虽然孩子确实需要时间和空间来"练习玩耍"，但他们天生就知道如何玩耍。一方面，成年人需要尊重孩子的玩耍，将其视为一种能使孩子更善于社交、更有创造力和更幸福快乐的内在机制。另一方面，作为父母，我们可能需要重新学习什么曾是我们的第二天性。当你和孩子一起玩耍时，要记住下面这三件事。

- 让孩子自己主导。当我们发现自己在说这样的话："我喜欢你玩的游戏，但你为什么不让莎拉当女儿，你自己当爸爸呢？"那我们很可能就控制得过多了。不要在孩子玩耍的时候纠正他们，除非他们很不友善。当孩子没按你希望的方式玩耍时，如果你发现自己在皱眉头、叹息或者翻白眼，那么请退后一步，让孩子自己来掌控所有的一切吧。
- 不要以让自己感到厌烦的方式和孩子玩耍。你应该花时间和孩子一起做你喜欢的事情（同时仍然让孩子来主导）。我喜欢和我的孩子们打闹，但我不太喜欢参与她们的过家家游戏，所以我通常会跳过这部分，以免传递出她们谁都不喜欢的信息。父母稍微退出一点，让孩子自己玩或和其他孩子一起玩，是完全没有问题的，尤其是当孩子已经四五岁的时候。孩子通过这种方式娱乐自己，也在玩耍中学习如何与其他孩子相处。最重要的是，孩子知道你重视并支持他们玩耍。

- 过家家游戏对孩子特别有好处，所以要确保孩子有足够的时间去玩这种游戏。有假想朋友的孩子并不疯狂，也没有什么不正常的。事实上，他们不像其他孩子那么害羞，他们在社交场合更容易微笑和大笑。对孩子来说，给玩偶、玩具或者想象中的伙伴赋予个性并和它们进行虚拟互动是一种健康的方式，可以发展他们的专注力及与其他孩子相处时所需要的技能。与两个或更多的小伙伴进行戏剧性的过家家游戏能刺激孩子社交能力和智力的发展，进而对孩子在学校的表现产生好的影响。

富有想象力的游戏越复杂越好。要确保孩子有足够的时间来进行这项游戏，最少半个小时，玩上几个小时则更好。要鼓励孩子使用象征性的道具而不是预制好的玩具，如：用木棍当仙女魔杖，用盒子当汽车或房子。可以鼓励大一点的孩子参加戏剧班和俱乐部。但是请记住：上芭蕾课和在后院与朋友们一起跳舞可是不一样的哦。

培养创造力的 5 种方法

除了为健康发展而进行富有想象力的游戏外，孩子还需要创造力。许多人认为创造力是一种天生的才能，他们的孩子要么有，要么没有——就像所有的孩子并不同等聪明一样，所有的孩子也并不拥有同等的创造力。而事实上，创造力更多的是一种技能，而不是天生的才能，它是一种父母可以帮助孩子发展的技能。

因为是否有创造力是我们做几乎所有事情能否成功的关键，所以它是健康和幸福的基本组成部分，也是我们要与孩子一起练习的核心技能。创造力不局限于艺术和音乐表达，它对科学、数学甚至社交和情商也都至关重要。有创造力的人更灵活、更善于解决问题，这使他们能更好地适应技术的进步。他们也更善于应对变化，更能从新的机遇中获益。

许多研究人员认为，我们从根本上改变了孩子童年的经历，从而损害了他们创造力的发展。玩具和娱乐公司给孩子提供了无穷无尽的预制好的人物角色、人物形象、道具和情节主线，使富于想象力的游戏变得毫无必要，甚至显得很过时。孩子不再需要在他们自己发明的游戏或故事中把棍子想象成刀剑。他们可以拿上塑料玩具电光剑，穿上为他们所扮演的角色设计的服装，然后把已经写好了的《星球大战》剧本表演出来。

以下是一些培养孩子创造力的方法。

1. **让你的家成为创造力的培养皿。**例如，在晚餐时间，为即将到来的周末进行头脑风暴活动，鼓励孩子想出他们以前从未做过的事情。谁都无权指出哪些想法是不可能的，也无权决定哪些想法是最好的。重点应该放在过程上，要产生（而不是评估）新的想法。

另一个在家里培养创造性氛围的方法是鼓励孩子冒险、犯错和失败。是的，失败。斯坦福大学研究员卡罗尔·德韦克在她的《心态》一书中指出，那些害怕失败和评判的孩子会抑制自己的创造性思维。你可以分享自己最近犯的错误，这样孩子就会明白犯错是可以的。

2. **允许孩子自由自主地探索他们的想法。**对我来说，这意味着不要总是那么独断专行。外部的约束——就像那种让孩子在画好的线内涂色的游戏——会影响创造性思维的发展。在一项研究中，当研究人员第一次向孩子展示如何用乐高积木制作飞机或卡车时，孩子表现出的创造力比让他们用同一套乐高积木自由制作自己想要的任何东西时要低。

3. **鼓励孩子以阅读为乐并参与艺术活动，而不是看电视。**儿童健康研究人员迪米特里·克里斯塔基斯（Dimitri Christakis）的研究发现，孩子 3 岁前看电视会损害以后的语言及注意力持续时长的发展。

荷兰莱顿大学儿童与媒体研究中心主任 T·H·范德福尔特（T.
H. van der Voort）的研究表明，看电视可能会抑制孩子的创造性想
象，而且，观看暴力电视节目与幻想游戏的减少和侵略性的增加有
关。减少孩子的屏幕时间意味着让他们有更多的时间可以从事创造性
的活动，如排演戏剧、学习画画或阅读每一本他们自己喜爱的作家写
的书。

4．**不要用奖励去诱惑孩子发展创造力。**儿童发展研究员梅丽
莎·格罗福斯领导的一项研究发现，激励措施会干扰创意过程，降低
儿童思维的灵活性。父母不应该试图用报酬和奖赏措施来激励孩子，
我们有时需要退后一些，这样孩子才能有内驱力去做创造性的活动。

5．**试试不再关心你的孩子取得了多少成就。**我认为这是父母在
当今竞争异常激烈的世界中所面临的最大挑战之一。德韦克的研究结
果很清楚地表明：孩子从强调过程而不是强调结果中获得自信。当我
们的孩子从学校带回家的只是一个艺术项目的最终产品时，这可能是
一条很难遵循的建议。但是，无论他们是在家里做这件东西还是在学
校做这件东西，我们都可以通过提问来强调创造性的过程。我们可以
问，你是怎么做的？你已经完成了吗？你喜欢这个活动的什么地方？
你玩得开心吗？

品味现在，重温过去

人生不是一次彩排。每一天，你都应该至少有一个精彩的时刻。

——莎莉·卡里奥

　　每天晚上睡觉前，我都让孩子们告诉我白天发生的三件好事，她们一天中什么事情进展顺利以及为什么会进展顺利。我常常会详细打听她们在离开我的时间里发生过什么好事（并鼓励她们练习感恩），但是，她们几乎总是说"现在"就是她们的好事之一。不是因为她们懒得去想别的事情才说"现在"是好事，而是因为她们知道花时间享受当下真的是一件好事。

　　有一天，莫莉坐在我的腿上编我的头发，她抬头看着我说："哦，妈妈，这绝对会是我今天的三件好事之一。"我们的每日感恩练习是从"描述三件好事"开始的，它教会了莫莉去做研究人员所说的"品味"（如，放慢速度去闻玫瑰的花香）。以这种方式品味当下，可以让我们大脑中记录积极情绪的那部分更加活跃，帮助我们更好地应对压力，还可以增强我们的免疫系统。养成细细品味的习惯与"强烈而频繁的幸福"有关。

　　正念练习、玩耍和品味——停下来注意一些感觉良好的东西——都是在练习第 3 步所讨论的成长型思维模式的方法。它们让生活更注重过程而不是结果。享受当下教会孩子不要推迟幸福。

因为品味延伸并强化了我们对某一事物的喜爱程度，所以，它是父母应该以身作则的一种有趣的快乐技能。当我们为孩子庆祝或者感到自豪时，我们是在品味；当我们通过讲一个有趣的故事来激发第二次或第三次大笑，或者通过回忆快乐的时光来重新点燃快乐时，我们也是在品味（我们家会通过讲述有趣的电影场景来做到这一点）；当我们享受简单的快乐时，比如一起吃一顿晚餐或发现花园里长出了新植物，我们还是在品味。虽然说起来容易做起来难，但是，只要我们放慢脚步，留意自己在养育孩子时有哪些乐趣，或者，自己现在正在享受哪些东西，这就足够了。

另一种不那么直观的体验方式是提醒我们自己或我们的孩子：没有什么是永恒的。这是一种苦乐参半的享受生活乐趣的方式：提醒自己要抓住我们仍然拥有的时刻。昨天，我和我的两个孩子坐在公园的长椅上分享一只冰淇淋甜筒，我们每个人都试图接住往下流的冰激凌，我们咯咯地笑着，每个人都想比前一个人咬得更大口一些。我知道整个经历（这个经历充满了如此多的欢乐）在我们意识到之前就会结束，所以我对孩子们说："这很有趣，不是吗？这将是我今晚的三件好事之一。我希望它永远持续下去，不过，我能看到的是，这个冰激凌甜筒眨眼之间就会消失了。"菲奥娜以前肯定一直在听我的禅思，她说："没关系的，妈妈。世间万物都是短暂的。"通常，当玩具坏了或一朵花谢了，我就会援引这个概念。菲奥娜提醒我，承认愉快时刻的短暂本质可以强化积极的感觉。

这里有一些其他的方法可以用来练习品味某一时刻。

- 想象某一特定事件是你最后一次经历它。有一天，看着太阳在旧金山西面落下，我对孩子们（她们开始焦躁不安了）说："如果这是你一生中看到的最后一次日落，你想记住它的什么呢？"然后我们轮流指出我们认为最美丽和最让人伤感的地方，我们享受并参与到了这瞬息万变的景观中。这有助于我们意识到，品味不仅仅是体验一种积极的感觉。这更像是在当下通过一位提问记者的眼睛感知那种感觉，然后将这些感觉报告给我们自己和周围的人。

- 练习感恩。感恩是一种很好的享受方式。事实上，感恩能带来如此多快乐的原因之一是，它阻止我们把快乐的经历视为理所当然。

- 避免一心多用。研究表明，当我们试图同时做多件事时，我们很难享受任何积极的经历或感觉。我注意到，当我和孩子在一起的时候，我会尝试同时做一些其他的事情（比如用手机回复邮件）。这种一心多用的做法不仅使我无法全身心地享受在公园里和她们一起玩耍这件事，而且还彻底阻止了我与她们一起开心玩耍。这种同时处理多个任务的做法也剥夺了我从电子邮件中获得任何乐趣的可能性。为了提高效率，我读也不读就删掉了那些笑话邮件，节省了 30 秒，却错过了让自己大笑的机会。

- 练习给积极的感觉贴上标签。虽然我们通常认为要在孩子情绪低落时对他们进行情绪训练，但留意并明确标记积极情绪也是有好处的。在愉快的时刻进行情绪训练可以提高孩子的品味能力（女性通常比男性更善于品味的一个原因是，她们往往更清楚自己的感受）。让孩子准确地告诉你他们看起来很开心时的感受，就像你在他们发脾气之前试图对他们进行情绪训练时做的那样。他们是否感到亲切、成熟、精力充沛、振奋、兴奋、有力、舒适？情景是否特别有趣、充实、温馨或鼓舞人心？

● 与他人分享你的积极感受和经历，并鼓励你的孩子也这样做。向他人表达积极的感受和享受积极的事情之间有很强的关系。分享可以放大我们的积极情绪。孩子的祖父母通常都很愿意接受孩子分享积极的感受和经历。比如，菲奥娜和莫莉住在马里兰州的祖母很喜欢听那个吃冰激凌甜筒比赛的故事，同时，孩子们也因为告诉了她而感到很高兴。

● 提醒孩子他们已经等了多久。这是另一种能让孩子认识到生活中的积极事物可能会转瞬即逝的方法，这种方法也可能让孩子了解，我们常常要等待很久才能等到特别积极的事情发生。大多数的晚上，当我在临睡前拥抱孩子们时，我都会这样做：告诉她们我一整天都在等待和她们在一起的特殊时光。我还发现，这是一种特别美妙的方法，它让我可以享受一段对我来说很重要，但出于某些原因又让我有点恼火的关系。我意识到我现在如此快乐的原因之一是我有很好的朋友，在生命的另一个时刻，我愿付出任何东西来拥有我喜欢的朋友和家人。

品味会让我们的幸福快乐翻倍。虽然品味在特定的情况下可以强化我们的积极情绪，但比这更重要的是它可以延长我们的积极情绪，因为能更好预测我们整体幸福感的是积极情绪和体验的持续时间，而不是它们的强度。

帮助孩子进入"心流"

说了这么多正念练习、玩耍和品味的好处，我不能不花些时间来谈谈"心流"——即当我们如此专注于做自己喜欢的事情时，时间似乎静止不动的一种幸福状态。我喜欢下面这段米哈里·契克森米哈（Mihaly Csikszentmihalyi）关于"心流"的描述，他是世界上最著名的"心流"专家。

一个处于"心流"之中的人是完全专注的……他的自我意识消失了，但他却会感觉自己比平时更强大。当一个人的整个生命在身心的全面运作中得到舒展时，他无论做什么都会变成值得为他自己而做的事情，生活成了生活本身。

对于成年人来说，心流发生在我们全神贯注于工作以至于忘记吃饭或我们在运动场上"专心致志"的时候。对我来说，进入心流的迹象是当我开始为了泡咖啡而烧热水，然后整个早上杯子都一直待在微波炉里：因为在专心做某事，我甚至没有听到微波炉发出哔哔的响声，都没想起来要喝咖啡提神。心流是正念的一种形式，因为它是对每时每刻活动的强烈体验，它是行动和意识的结合。当我们进入"心流"时，我们正处于自己的最佳状态。

孩子也一直在体验心流。玩耍是我们最常与童年联系在一起的心流状态。当莫莉与她最好的朋友凯特和安娜完全沉浸在她们的假装游戏中时，她们就在心流之中。她们都是坚持己见的孩子（有些人会说这是固执），所以，对她们来说，大家一起彼此合作地发挥想象力去玩常常是不太容易的。在某种程度上，她们三个人一起玩是对她们个人发展的理想挑战：她们必须不断协商彼此的需求以保持游戏能进行下去。这很不容易，但是有成功的可能。**这是心流的一个关键方面：挑战既不能过于困难（否则会导致沮丧和焦虑），也不能过于简单（否则会导致无聊厌倦和失去参与度）。**

这就是为什么孩子从玩耍中获得的快乐远远超过他们看电视时获得的快乐，因为看电视不需要任何努力或技巧。这也是童年经历能影响成年快乐感的重要课程之一：当父母让孩子参与那些可能产生心流的活动（即那些既能提供适当挑战又能提供即时反馈的事情）时，孩子就能从中学习进入心流。

与玩耍一样，心流对孩子的成长和发展有重要的作用。体验心流能促使孩子寻找培养自身技能所需要的挑战。频繁的心流体验强化了希望和毅力等品格——这两者对孩子的成功和幸福快乐都至关重要——因为他们了解到自己的努力可以带来意义和征服。此外，心流还可以帮助孩子在孤独中享受乐趣，因此孩子可以更多地专注于他们为取得良好表现而需要学习的技能，而较少关注在他人看来自己的表现如何。

以下是一些帮助孩子进入心流的方法：

- 教孩子一些技能，让他们能掌握一项活动。当挑战开始超出孩子的能力时，他们首先会变得警惕，然后会感到焦虑。如果注意到孩子有些焦虑，就要出手相助，让他们可以回到心流中去。

- 帮助孩子找到下一个挑战。当孩子完全掌握了一项活动，那么对他们来说那项活动就会变得不那么有趣了。帮助孩子平衡他们的技能和挑战可以让孩子保持参与度。

- 可以这么说，教孩子寻找心流比顺其自然让他们自己体验心流更重要。孩子需要足够的自律，才能在自我怀疑和感到无聊的时候始终保持注意力和努力。

- 改进育儿方式也可以促进心流。权威型的父母（记住！与独裁型是相反的）——那些将规则和高期望与选择和自我表达的机会结合在一起的父母——能为自己的孩子提供更多体验心流的机会。这里的关键是鼓励和坚定。记住，支持孩子的努力有时意味着当事情变得艰难时不让他们放弃。有父母支持和挑战他们的孩子，每天会花更多的时间在心流体验中。父母只挑战而没有支持他们的孩子，往往会反馈说他们的一天充满了苦差事。父母只支持但不挑战他们的孩子，往往每天会花更多的时间做一些也许能令人愉快但却没有成就感的活动。

与玩耍和正念一样，心流是一个过程，一个专注于当下而不过多担心最终结果的过程。

建造"老鼠公园"

托育服务会导致孩子的行为问题吗？

物质主义对孩子幸福的危害

你已经尽力了，现在让他们去玩吧

第**9**步

营造幸福快乐的环境

纵观历史，所有文化背景的人都曾假设环境会影响行为。两千多年前，希波克拉底关于我们的身心健康会受到环境影响的观察被确立为西方医学的基石。现在，现代科学将要证实，我们的行为、思想和情感的确不仅会受到我们的基因和神经化学、历史及与他人关系的影响，还会受到我们周围环境的影响。

——温妮弗雷德·加拉格尔

　　我的好朋友达娜最近将她读二年级的儿子从当地的公立学校转到了一所天主教学校。那所公立学校在加利福尼亚州的奥克兰区域也算是不错的学校，但比周边的学校要差一些。达娜的逻辑是，在原来的学校，她的儿子开始与鼓励他用不良行为来引人注目的孩子们一起出去玩，而这将越来越成为一个问题。按达娜的话来说，她希望限制一下孩子接触的环境，以降低儿子最终变成行为恶劣的吸毒者的可能性。

　　作为父母，谁没有感受过这样的恐惧呢？谁没有过那种想要控制孩子和谁交往的欲望呢？我们担心，如果我们的孩子接触到了坏孩子或坏邻居，他们就会与坏人为伍，而我们则会永远地失去他们。我们担心自己无法阻止这样的情况发生，我们试图通过改变他们的环境来恢复我们的控制。这行得通吗？我们可以为了孩子的幸福快乐而操纵属于他们的环境吗？

　　这个问题肯定是很复杂的。作为一名社会学家，我一直在研究是什么让某些社会结构（家庭、学校、企业）更有可能助长某些情绪并抑制其他情绪。为什么有些公司能从员工身上激发出如此多的创造力和快乐，而另一些公司却表现出极低的生产率？为什么有些学校似乎在培养感恩和社区意识，而另一些学校却在物质欲望和愤世嫉俗中溃烂？这本书主要讲的是为了培养孩子的积极情绪我们应如何建设家庭。本书这一部分则会涉及家庭之外的一些重要的幸福因素。什么样的儿童看护和学校教育能增加我们孩子幸福快乐的概率？孩子真的需要所有最新、最伟大的技术和课程吗？我们应该在多大程度上保护我们的孩子？总而言之，我们到底能在多大程度上操纵孩子身处的环境？

　　能写（或读）这部分内容是一种特权，并不是每位父母都足够幸运，能对孩子身处的环境有一丝丝的操纵。许多家庭根本没有财力像我的朋友那样让孩子从公立学校退学，或者像其他人那样可以随心所欲地给孩子挑选托育机构。但即使我们的资源有限，我们通常也能为自己和孩子拼凑出一些选择。当我们确实拥有了必要的社会经济资源，可以对孩子身处的环境和文化做出重大选择时，我们需要知道怎样的文化和环境对孩子有利，以便为所有的孩子创造出一个更好、更幸福的社会。

建造"老鼠公园"

　　我最喜欢的关于"我们如何才能创建出促进身心健康的社会结构"的比喻，来自于由药物成瘾研究者布鲁斯·亚历山大设计的一系列研究。在20世纪70年代后期，亚历山大开始对一项研究产生了怀疑。这项研究似乎毫无疑问地"证明"了毒瘾是一种根深蒂固的神经学现象，而不是其他东西（比如某种环境现象）。当亚历山大看到老鼠疯狂地按压杠杆将毒品直接输送到它们自己的血管中时，他不禁想到，如果他本人也是一只被困在笼子里的老鼠，那么他也会去按压杠杆——不是因为需要毒品，而是因为他的不幸处境。那些老鼠被通过手术植入的导管连接到了药物上。它们被困在盒子里，与自己的群体隔离。

它们作为老鼠与生俱来的所有活动——玩耍、打架、觅食、交配——也全都被剥夺了。它们必须要做的就只有通过按压杠杆来获得快感。难怪这些老鼠如此容易地变成了毒品的奴隶。

亚历山大想知道：如果老鼠的处境不是那么糟糕，它们还会对药物上瘾吗？为了找到答案，他建造了他所谓的"老鼠公园"：老鼠的人间天堂。他将实验室的老鼠与它们的朋友和家人团聚在一个比普通实验室笼子大 200 倍的围栏里，并为它们配备了老鼠想要的一切：雪松木刨花、可以玩耍和躲藏的易拉罐、可以攀爬和筑巢的地方以及美味的食物。然后他给老鼠提供了不含吗啡的"白水"和掺有吗啡的"药物水"。绝大多数老鼠公园的居民都喝了"白水"。他在掺有吗啡的"药物水"中加入了糖之后，与没有糖的情况相比，更多的老鼠喝了"药物水"，但大多数老鼠仍然更喜欢喝不含吗啡的"白水"。只有当亚历山大通过添加纳洛酮来中和吗啡的作用时，老鼠才开始从吗啡瓶中喝更多的水：老鼠喜欢糖水，但它们不想让自己"喝高了"。

还有另一件令人吃惊的事：亚历山大把已经对吗啡上瘾的老鼠放进了老鼠公园，然后和上面的实验一样，给它们喝不含吗啡的"白水"和掺有吗啡的"药物水"。比起它们那些仍然被关在笼子里的伙伴，这些老鼠中的很多只都换成了喝不含吗啡的"白水"。它们没有去听关于"白水"对健康更好的讲座，它们也不知道吸毒成瘾是一种自残，它们更没有参加吸毒者支持团体，这些进入老鼠公园的"瘾君子"们心甘情愿地忍受了痛苦的戒断过程，以便它们自己能保持清醒。

事实证明，药物成瘾与其说是神经学问题，倒不如说是环境问题——而且不仅仅对老鼠来说是这样。对人类受试者的研究也表明，在预测一个人是会选择海洛因还是儿童饮料时，环境的影响作用是很大的。

亚历山大的研究让我联想到达娜让儿子从公立学校退学的事情。"老鼠公园"让我更加确信，虽然达娜没有想到儿子可能会接触到的不良因素也会影响孩子的幸福快乐，但她认为环境对孩子很重要是非常正确的。

如果可以选择，我们应该为我们的孩子建造什么样的公园呢？我们应该往这个公园里面放多少东西呢？虽然这个类比可能会让你感到害怕，但我认为我们人类与我们的啮齿类动物朋友并没有太大的不同（毕竟，我们与它们的基因有95%是相同的）。一个好的"老鼠公园"也可能是一个好的"儿童公园"，像老鼠一样，孩子基本上也都需要时间和空间来社交和玩耍、解决他们之间的争斗，也许，还会做一点觅食的事情。他们需要有藏身、攀爬和筑巢的地方，他们需要在那片属于他们自己的土地上与朋友和家人厮守在一起，他们需要有营养的食物。

本书的这个部分将要讨论三件重要的事情，让孩子身处的环境看起来更像"老鼠公园"而不是"老鼠笼子"。第一个需要解决的问题是孩子的早期托育服务，包括学前班。尽管父母无法完全控制那些与孩子的照护相关的所有变量，但选择托育服务和学前班，是父母对孩子身处的环境做出的第一个也是最重要的决定之一，有大量的研究可以为父母做出这些决定提供参考。第二个需要解决的问题是我们呼吸的空气中所弥漫的文化，特别是当它与功利主义密切相关的时候。最后一个需要解决的问题是通过讨论我们在为孩子创造理想环境时希望拥有多大的控制力，来略微扭转一些原有的想法，这也是"儿童公园"的功能（至少我本人愿意这么去想）。

托育服务会导致孩子的行为问题吗？

我们的社会学家和心理学家朋友收集了很多关于托育服务的风险和好处的经验数据，你可能已经通过大众媒体了解过一些。似乎每次一项新的研究公布时，其结果都与上一项研究相冲突，或者，放大了坏消息却没有给我们提供任何有用的替代方案。几年前，我记得在美国《新闻周刊》上读到过一项关于托育服务如何影响儿童认知发展的新研究。当时我很快就接到了六个朋友打来的惊慌失措的电话。如果我请不起保姆怎么办？如果我不能不工作怎么办？我的孩子会"输在起跑线上"吗？我自己辞职在家里照顾孩子会不会好一些？

我自己对托育服务的选择（不是一次，而是两次）后来被证明可能都是很糟糕的。这些糟糕的选择都是由一连串的错误导致的，我将在下文中详细地与你们分享，以便你们能从中吸取教训。我很快就发现了自己的错误，并纠正了这些错误。当然，这是在我为了找出理想的"儿童公园"应该是什么样的以及应该如何实现它而查阅了数百项研究之后才做到的。

糟糕托育服务选择第一名：花大价钱雇一位可怕的保姆。当菲奥娜还是个婴儿的时候，我正在读研究生，我是一个新手妈妈，同时还是一年级的新手研究生，这双重的打击压得我喘不过气来。在睡眠不足的恍惚中，我忘了自己的研究生课程需要阅读马克思的书，我把全部精力都花在了让菲奥娜吃饱上（她有一个奇怪的上颚，这使得给她喂奶非常缓慢而困难）。我最先想到的是当我去上课时可以把菲奥娜留给我的母亲，这本来很方便，因为那时我们和我的父母住在一起。

当事实证明我的母亲更喜欢姥姥的角色而不是保姆的角色时，我想如果我最好的高中朋友瑞恩能到我家来帮我照看菲奥娜，那将是一件非常理想的事情。因为瑞恩曾是菲奥娜的接生护士，而且我知道她喜欢孩子。但是，瑞恩认为我是在开玩笑。很明显，我提出请求的时候并没有想清楚关键的细节。我该怎样给瑞恩付工资呢？她当护士的小时工资可是保姆工资的三倍呢。另外，我能指望她按照我的课表来安排她自己去医院上班的时间吗？最后，我意识到，我必须把我那珍贵的、极其特殊的小东西交给一个完全陌生的人来照顾。

我犯的第一个错误：我是一直等到自己不得不做出选择时，才认真考虑托育服务这件事的，之前并没有用心去研究它。我对此一无所知，只能在分类广告网站上搜索保姆服务。我只面试了一位名叫杰西卡的求职者。她看起来很好，我甚至都没看过她和孩子或婴儿怎样互动就录用了她。

杰西卡有一个有趣的背景：她过去曾经写过剧本，也曾当过国家公共广播电台的制片人，还拥有美术硕士学位。她给我讲述了一个关于她为什么想成为保姆的精彩故事（主要是说当她自己的孩子还是婴儿时，她想辞职待在家里陪孩子但却做不到，所以她想找回那段时光）。接下来的整整三周简直是一场磨难，我开始怀疑杰西卡可能有精神疾病，或者至少精神方面严重不稳定。幸运的是，在糟糕的事情发生之前，我找到了另一种托育服务替换掉了她。我犯了一连串的错误：不知道在寻找托育服务或保姆时应该注意什么，没有面试一批有长期工作经验的人，没有观察保姆如何对婴儿和儿童进行照顾。

从杰西卡事件到现在，我进行了大量的学习。首先，很多研究人员就非母亲育儿的风险和好处相互争论，从而形成了大量的科学理论。以研究母子关系重要性而闻名的心理学家杰伊·贝尔斯基点燃了研究者之间关于"日托之战"的导火索：他凭经验证明，"过早的、大规模的和持续的"托育服务会带来风险。这个话题是如此具有煽动性，以至于人们花费了数百万美元试图评估当孩子在婴儿期、蹒跚学步期和学龄前由母亲以外的人照顾时，他们是如何受益（或受苦）的。

作为结果，我们对贝尔斯基十年前的著作中所提出的第一个问题有了很好的、可靠的、基于研究的答案。以下是我们所学到的。

1. 托育服务的质量远不像我们过去认为的那样重要。显然，低质量的照顾对任何年龄段的幼儿来说都不是一种好的体验。如果你经济上负担得起，要尽量避免这样的情况发生。事实上，任何年龄段的孩子都能从更细心的、反应更迅速的、更能使他们"兴奋"的照顾中获得好处，而如果被放在质量较差的照顾中（例如，看护者不是特别热情，或者儿童与教师的比例过高），那他们的各方面发展都会受到影响。

然而，令人惊讶的是，无论是高质量照顾带给孩子的益处，还是低质量照顾让孩子付出的代价，在孩子上五年级时这两者的影响均会完全消失，有时甚至消失得更快（这取决于具体是哪种益处或代价）。高质量的照顾使你的孩子更有可能在数学、阅读和记忆方面取得更高的标准化考试分数，但这种影响只能维持到孩子三年级的时候。当孩子 11 岁左右时，高质量照顾给他们带来的唯一持续的学业上的益处就是相对较高的词汇量考试分数。

衡量托育服务质量最重要的一点是，它与"由父母亲自照顾"相比，哪种方法能让孩子更幸福快乐一些。当日托质量低且母亲不敏感时，婴儿更有可能对母亲发展出不安全的依恋关系。当婴儿能在白天得到高质量的照顾时，即使母亲不是很敏感，婴儿和母亲之间也可能会有更和谐的互动和更安全的依恋关系。这很重要，因为我们从本书的"第 5 步：培养孩子的情商"中知道，婴儿和父母之间的依恋关系如何预测孩子未来的幸福和身心健康程度。尽管如此，当那些被低质量托育服务照顾且母亲不敏感的婴儿长大到 3 岁时，低质量照顾的影响似乎就消失了（但母亲不敏感的育儿方式所造成的影响不会消失）。

日托服务和学前教育的质量没有我们想象的那么重要，其原因是其他事情更重要。例如，与父母育儿的实际行动相比，托育服务质量对孩子的影响要小得多。

这一切并不是说托育服务的质量不重要，它很重要，你应该努力为孩子提供你能负担得起且能找到的最高质量的托育服务。然而，我们可以确定，如果你的孩子没能进入那个漂亮的幼儿园，如果你付不起保姆的钱，或者，如果你家附近没有优质的日托服务……只要托育机构式保姆对孩子的照料不是虐待，那么孩子很可能并不会终生受到伤害。

2．不同类型的托育服务有不同的影响，有些是好的，有些是坏的。最好的研究比较了中心式托育服务（指婴幼儿到非家庭环境的专业机构和设施中接受看护服务）、家庭式照护服务（家庭日托所，即多位保姆一起照顾来自多个家庭的孩子）及由亲属帮忙照顾的托育服务，如父亲、姨妈或祖母（我明白，研究人员将父亲与祖母归为同一类是很令人震惊的——我也感到很愤怒）。

我收到了很多关于保姆的问题：请保姆到家里来照顾孩子是否比把孩子送去日托中心要好得多，以至于这种方法值得我们支付更高的费用？尽管我们不确定——因为很少有家庭能负担得起私人保姆，所以请私人保姆的家庭通常不会被计算在这项研究中——但我猜测，请私人保姆照顾孩子在某些方面与请亲属帮忙照顾孩子是相似的，至少在认知（智力）和行为结果方面是这样的。在一些规模最大、效果最好的研究中，研究人员还考虑到，孩子通常会接受多种类型的照顾。例如，一个孩子在3岁上幼儿园之前可能一直由父母照顾。或者，孩子可能两岁半之前在全日制家庭日托所，然后转到全日制中心式托儿所直到上幼儿园。

以下是我们从所有这些科学研究中所了解到的：与其他类型的照顾相比，中心式托育服务对儿童的发展具有深远的影响。因此，针对"托育服务会导致孩子发生行为问题吗"的回答是肯定的：中心式托育服务会使孩子更有可能发生行为问题。在我看来，虽然在生命早期就不得不接受中心式托育服务的孩子在进入幼儿园之前语言能力会有更大的发展，但这些短期的好处并不会超过他们要付出的代价。至少，对那些被研究人员从出生跟踪到小学毕业的孩子来说，目前唯一似乎可以长期保持的影响是：他们在幼儿园及以后出现行为问题的可能性增加了。中心式托育服务增加了孩子更不听话、更有攻击性以及与老师发生更多冲突的可能性。这些东西都不会给孩子带来持久的幸福。

3. **孩子被托育服务照顾的总时长是很重要的。**这个数量问题有几个组成部分。第一个组成部分，托育服务最早是从什么时候开始的：是从孩子 6 周大时开始的还是从幼儿园开始的？第二个组成部分是每天托育服务的时长：孩子每天要在日托所或幼儿园里待多长时间？在评估数量时，托育服务的持续性也是很重要的。在生命的早期，与大量非母亲育儿伴随而来的风险大小，取决于亲子关系的质量。

当引入了其他的风险来源（例如母亲的敏感度较低）时，孩子待在日托所的时间过长会增加孩子发展出不安全依恋的可能性。在这个例子中，如果 3~15 个月大的婴儿每周去日托所的总时长超过 10 小时，那么就会增加孩子与低敏感母亲（母亲对孩子需求的感知和反应都比较少）建立起不安全依恋的可能性。不过，这 10 小时的数值对敏感母亲的孩子来说却无关紧要。

当研究人员观察母亲和孩子如何互动时（母子互动是和谐的还是充满了冲突的？是积极的还是消极的），他们得出结论：非母亲育儿的时间越长，孩子一年级时母子的互动就越不和谐。

　　和中心式托育服务一样，在生命的前四年半中，任何类型的非母亲育儿的绝对时长都预示着攻击性和不服从行为的水平会升高。不幸的是，对于多长时间对孩子有害或无害并没有一个已知的界限。我很希望能够给大家一些可靠的指导方针（比如，如果你把孩子去托儿所的时长控制在每周35小时以下，效果就不会那么明显），但是我做不到。我们知道，非母亲照顾的时间越长，孩子就越有可能被老师和照顾他们的人评价为：

- 喋喋不休，夸夸其谈，争吵不休。
- 不听话，爱挑衅，与老师顶嘴，扰乱学校秩序。
- 好斗，表现为更容易打架，残忍、恃强凌弱或恶意待人，破坏自己的财物。

　　即使研究人员将家庭的经济状况、父母的婚姻状况和父母的教育程度等因素考虑在内，这些与孩子被托育服务照顾的时长相关的风险——只是风险，并不是一定会发生——仍然存在。

　　除了这些表现出来的行为问题外，大量时间在日托所的孩子，小学阶段会在学习习惯和社交能力方面表现得比较差。

　　但是，这里又有一个好消息：这些影响似乎不会持久，最明显的是中心式托育服务对孩子的负面影响并不持久。对那些长期处于非母亲照顾的儿童来说，当升到三年级后，他们的行为问题会不再明显，升到六年级后，他们学习习惯较差、社交能力较差的现象也会消失。

　　综上所述，我从所有这些研究中总结出三点。

1. **越少越好。** 如果有可能，应减少孩子花在有偿看护上的时间，尤其是婴儿时期。

2. **尤其要尽量减少 3 岁以下的孩子在中心式托育服务机构的时间。** 因为这似乎是最大的负面影响。不要老想着中心式托育服务带来的积极影响。如果孩子和老师打架或辱骂老师，又有谁会在乎孩子的词汇量大不大呢？

3. **与其他影响孩子成功和幸福的因素相比，托育服务的影响是很小的，而且这种负面影响的确很少会持续到小学之后。** 你最好专注于改善你在育儿方面采用的方式方法（如果你正在阅读本书，显然你已经开始关心这些了），而不是专注于托育服务的质量。如果你可选择的托育服务有限，那你更应该这样去做。

如果我可以选择，我该怎么选？

当莫莉需要定期托育服务的时候（菲奥娜在上幼儿园，而莫莉已经长大一些了，我们不再需要和其他家庭共享保姆了），我认为自己在选择合适的托育环境方面已经是个专家了。这导致我在托育服务上第二次糟糕的选择：花裤子家庭日托所（这不是那家机构的真名）。由于当时我尚未完成上述所有的研究，所以我还没有意识到如果可能，我应该避免中心式托育服务：我关注的是这家托儿所能让我省多少钱。

我听小道消息说，花裤子家庭日托所是我家附近一个高档社区里非常有名的家庭日托所，而他们那时正好安排了一个开放日，于是我就去参观了一下。所长的理念和孩子们的活动给我留下了深刻的印象。他们没有在房子里装电视，他们有一个大型游乐设施和一片巨大的户外游戏空间。虽然有很多孩子，但也有很多照顾者。这家日托所是由一套大房子改建而成的，非常漂亮、干净、舒适。他们每天给孩子们吃一顿健康的有机午餐和两份零食——这样我早上就可以减少一份苦差事了。

在那时，我已经知道在做出选择之前，做一些观察并与其他父母交谈是明智的。我已经认识了一些聪明人，她们都把自己的孩子送到了那里，在我看来，这已经很好地完成了一部分的尽职调查了。而且，如果我不愿当场向那位所长交一笔定金，她就会把这个入托名额留给别人了。我感到压力和恐慌，担心自己可能会错过一个绝佳的机会，我拿出支票簿，一眨眼，莫莉就被录取了。我犯了个大错误。

莫利出发的那天，也就是我第一次踏进花裤子家庭日托所后的第二个星期一，我留下来观察了几个小时。我注意到所长的男朋友整天都在附近作为额外的照顾者。我想要看到有报酬的男性护理人员，我向所长提到了这一点。"哦，他没拿工资"，所长说，"他没有许可证，他帮了大忙。嘘！不要告诉别人！"这是第一个大的危险信号。那天晚些时候，我看到所长的那位男友带着两个孩子离开日托所去了附近的公园，这让我很不舒服。

第二天晚上吃晚饭时，莫莉试图用她那只使用了 18 个月的有限的语言描述了在花裤子日托所发生的一些令人兴奋的事情——有关游泳、电视和黄金的事情。我们猜测人们是在谈论奥运会，因为那时正在举办奥运会。那天晚上，我打电话给其他我认识的父母，但没有人给我提供有用的参考。她们忙着解释为什么尽管那家日托所里有个"令人毛骨悚然的男朋友"，但她们还是要把孩子送过去。

　　我越来越担心自己犯了错误并且可能会损失一大笔定金，为了缓解这种担忧，第二天我没有预约就突然去拜访了那家日托所，我强烈推荐你们这样做。我没敲门就从后门进去了。如果我能这么做而且没人注意到我，从安全的角度来看，这也是另一个危险信号。刚一进门，我就问一个两岁的孩子知不知道莫莉在哪里。他指了指我之前没留意的一扇门。那扇门通向楼下一个我在参观过程中没有被带去过的地方。在护理人员看到我之前，我在一个发霉的地下室里发现了莫莉，她呆坐在一个大屏幕电视前，旁边还有十几个昏昏欲睡的孩子。他们在看奥运会。

　　当然，所有这一切的教训是，不要仅仅基于托儿所的名气就仓促地做出决定。托儿所的负责人可以很好地讲述他们的理念，但他们的实践是否和他们的理念一样好呢？唯一的检验方法就是亲临现场观察并和其他父母聊一聊他们的经历。

　　无论你是选择家庭日托、保姆、托育中心还是任何其他托育机构，在确保基本的安全和基本的洁净之后，有三件重要的事情需要关注。

　　第一件重要的事情是看护人与孩子之间联结的质量。孩子是否对他们的看护者形成了强烈的依恋？员工流动率是否很低（理想情况是零）？以免孩子产生依恋后再失去这些关系。孩子与照顾者的比例是否够低？每个孩子至少能对一个照顾者（多些更好）产生安全依恋。

第二件重要的事情是积极性。这里的环境是否能培养出许多积极的情绪？看护者有多热情？他们是否能对孩子细心照顾并及时回应？看护者自己开心吗？看护者是否使用成长型思维模式的表扬？他们的纪律约束是积极的吗？换句话说，他们是否会预先制止错误行为，而不仅仅是事后对错误行为做出反应？他们能不使用命令和威胁来控制孩子吗？孩子在做什么？孩子的活动（如绘画和舞蹈）是积极而快乐的吗？

第三件重要的事情是玩耍。相对于坐在电视机前或做练习题，孩子花在玩耍上的时间有多少？并不是一切有组织的活动都是不好的（丢手绢游戏和音乐课也是很重要的），但有组织的活动时间过长则不够理想（见下文"为什么玩耍如此重要"）。如果你准备雇保姆，那么要先观察她正如何带别人的小孩，或者设定几天为试用期，在试用期内观察她是怎么带你的小孩的。当你面试来应聘的看护者时，让她们列出十项或更多她们可能让孩子参与的活动，看一看这些活动中有多少是涉及玩耍的。

父母们常常会觉得，在照顾孩子方面，他们要在"苹果或橙子"这样两件没有可比性的事物之间做出选择：他们应该选择那些拥有理想的理念、到处干净得闪闪发亮，但孩子与老师比例巨大的托育中心吗？或者，他们应该选择那些非常有爱心，但没有受过教育、无法清晰表达其育儿想法的家庭看护者吗？如果你正面临这样的抉择，那么有时，你会很容易被一段优秀的使命宣言和有机零食所吸引。但是，在为了孩子的幸福快乐而改善他们的成长环境这件事上，最重要的却是一些更微妙的东西——孩子可能形成的联结有多强，环境与照顾有多积极，以及孩子在玩耍上能花多少时间。

为什么玩耍如此重要？

在这个以成就为导向的世界里，我们常常忽视了玩耍对孩子的重要性。如果学习字母与去沙坑玩沙子的时间冲突了，我们总是很快地就认定前者的优先级更高一些。如果这种做法走向极端，那将是非常错误的，尤其是对 5 岁以下的孩子来说。玩耍在很大程度上有助于孩子在认知、社交和心理方面的发育和健康成长。请考虑以下这些玩耍能给孩子带来的好处。

- 提高社交技能。玩耍中的孩子是在紧张地学习。他们正在学习与兄弟姐妹和玩伴分享玩具及其他资源，学习加入团体并为团体做出贡献，学习轮流做某事，学习解决冲突和分歧，学习当其他孩子没有做自己想让对方做的事情时，自己怎样应对失望，而且，学习用语言表达自己的需求和想象力（这也许是最重要的）。儿童心理学家和教育专家不断重复地发现，在学龄前投入更多时间玩复杂的过家家游戏的孩子（对比那些花大量时间在有组织的活动或由看护人指导的活动上的孩子），更有可能在与同龄人和成年人相处时表现出更强的认知能力和社交能力。
- 提高情商。和同伴玩更多过家家游戏的孩子往往更能理解其他孩子的情绪。这种需要想象力的玩法可以帮助孩子对所扮演的角色的情感和动机感同身受，经常这样做的孩子会更有同情心。此外，没有固定剧本的、无拘无束的扮演还能让孩子练习从其他孩子的角度看待问题，并区分他们朋友的表达哪些是朋友自己真正要表达的，哪些是与游戏角色相关的。

● 在学校获得成功。情商和社交技能的提高对孩子在学校的成功有显著的作用。玩耍增加了孩子坚持完成难度较大的课堂任务的可能性，帮助他们成为积极参与的学习者。玩耍还能帮助孩子提高注意力、积极性和解决问题的能力——所有这些都是孩子表现出色的重要因素。此外，孩子在玩耍时还可以锻炼逻辑思维和语言的多样性。

● 提高自律性。正如前面我们讲过的，幻想类游戏可以帮助孩子培养控制自己行为所需的内在力量。

● 提高创造力。幻想类游戏可以扩展孩子的认知和行为能力，从而提高了他们的创造力、发散性思维及合作解决问题的能力。

基于以上所有这些原因，玩耍本身就是非常重要的。它不仅是学习字母和数字时的"课间休息"，还对儿童的发育、发展有着重要的影响。

尤其是在幼儿园，游戏式的课程对于孩子以后在学校的参与度特别有好处。在以孩子为中心的幼儿园（而不是那种花更多时间直接教授学术技能的教学型幼儿园）里，孩子会更愿意去上学，他们也会在学习方面表现出更多的自信，他们对自己的能力评价更高，也对自己在学习任务中的成功表达出更高的期望。在以孩子或游戏为中心的幼儿园里，孩子较少依赖成年人的许可或赞同，他们对自己的成就更自豪，对上学的担忧更少。相比进入教学型幼儿园的同龄人，在"允许孩子有一定的自由活动并在没有特殊压力（如必须遵循特定公式，或必须得到"正确"答案）的情况下完成活动"的幼儿园上学的孩子，更有可能选择更具挑战性的活动和学习任务。

因此，虽然教学型的学前教育项目确实提高了孩子在阅读（而非数学）能力测试中的分数，但它们可能会扼杀孩子对学习的热爱。教学型幼儿园也更有可能出现较差的社交氛围。具有讽刺意味的是，在这种幼儿园上学的孩子更愿意选择其他类型的活动，而不是选择一项基本的学习技能任务。这表明在教学型幼儿园上学的孩子比在以儿童为中心的幼儿园里上学的孩子更觉得学习数字和字母缺少乐趣。

选择适合的教育环境

研究人员每评估一个学前教育项目大约需要 3 小时，所以，当你为孩子寻找幼儿园时，你应该做好要参观不同项目的准备，并且，为每个项目安排至少 3 小时的考察时间。首先，你要做好基本的功课——营业执照、安全记录、其他父母的经历，以及你能收集到的所有其他背景信息。然后，当你去实地参观考察时，要注意下面这些事情。

1. 孩子在选择他们的活动时是否表现出主动性？学校是否在一个类似游戏而不是类似工作的环境中给孩子提供了多种活动和材料的选择？

2. 老师们有多热情？他们是否在积极照顾、接受、尊重和回应孩子？

3. 老师们在管教孩子时是否足够正面积极？他们是否提供有趣的活动并使用积极的方法来保持控制，比如传达明确的指示和期望，避免对孩子使用命令和威胁？

4. 有很多艺术品和做艺术品的材料可供孩子使用吗？此外，艺术品挂在什么位置：是孩子身高的高度还是父母身高的高度？我见过一些漂亮的幼儿园，吸引了很多父母，但漂亮在这里无关紧要。幼儿园不是家：孩子应该能够把颜料洒在地板上，然后擦干净就行；孩子应该能够把东西挂在墙上而不用担心弄坏漂亮的墙纸；孩子应该能够开心地玩橡皮泥而没有人会让他们小心地毯。

5. 有没有专门的地方让孩子看书、玩积木、玩各种富有想象力的游戏？看看玩过家家游戏的材料：它们是商业性的还是普通的？理想情况下，孩子需要运用自己的想象力去创造一些新的东西，而不是把他们在电视上一遍又一遍看到的东西表演出来。

不要选择那些会花费过多时间教孩子基本学习技能的幼儿园，特别是那些使用商业化的事先准备好的工作表的幼儿园。对于学龄前儿童来说，学习指导需要与有意义的活动或孩子的日常经历联系起来。把那些对学龄前儿童施加学习成绩压力的学校从你的名单上划掉吧。别选择那些老师会批评错误答案、用惩罚的威胁来"激励"孩子或者不能容忍非常规行为（但不是破坏性行为）的幼儿园。同样，不要选择那些老师会进行外部评估和奖励（比如按成绩分级和按成绩发放小贴纸）或让孩子互相攀比的幼儿园。

物质主义对孩子幸福的危害

　　一条新裙子不会带你去任何地方。重要的是你穿着这条裙子的生活，你以前过的生活是哪一种，以后你会穿着这条裙子做些什么。

　　　　　　　　　　　　　　　　　　　　——戴安娜·弗里兰

　　当然，托育服务只是孩子生活环境中的一个变量。研究人员经常用整个职业生涯来了解我们环境中的诸多因素（以及赋予它色彩的文化）是如何影响成功和幸福快乐的。现代西方文化一个特别引人注目的特征是它的物质主义：我们过多地颂扬财富及其带来的奇特事物。我们的物质文化和商业文化助长了这样一种态度：钱越多越好，钱会带来更多的朋友和更多酷炫的东西。财富会让我们更快乐、更满足。这一信息由希望你购买他们产品的消费品公司支付，并通过购买他们产品的名人强化，也会影响到我们的孩子。8岁的孩子会意识到昂贵的房子和汽车所代表的社会地位。到12岁的时候，孩子就能理解品牌和物质商品所传达的微妙的象征意义了。

　　物质主义有什么错？首先，物质主义并不会促进孩子在学校的成功，这可能是因为高度物质主义的孩子会花很多时间购物、看电视，并受到广告的影响。他们更不喜欢上学，成绩也更差。但也许更重要的是，物质主义并不是一种幸福快乐的习惯。崇尚物质的青少年更焦虑，更不快乐，自尊心也更弱。正如你将在下面看到的，物质主义和不快乐在一个危险的循环中运行：不快乐使孩子更可能成为物质主义者，而物质主义又进一步加剧了他们的不快乐。

是什么让孩子变得物质主义？

两个因素会影响孩子的物质主义程度。第一个因素是相当明显的：成年人有意识地让孩子变得物质主义。当父母（以及同龄人和名人榜样）都崇尚物质主义时，孩子会更关心财富和奢侈品。当父母是物质主义者时，孩子也可能是物质主义者。看电视也会对孩子造成影响：孩子看电视越多，他们就越有可能变得物质主义。

第二个因素不太明显，与我们的需求得到满足的程度有关。当人们因为贫穷或基本的心理需求（如安全感、能力感、与他人的联结和自主权）没有被满足而感觉不安全时，他们通常会通过追求财富和许多花哨的东西来消除自己的不安全感。因此，具有讽刺意味的是，相对比较贫穷的青少年往往比相对比较富裕的青少年更物质主义。而且，对孩子较少抚养、更加冷漠的母亲往往会养育出更物质主义的后代。

因此，物质主义和随之而来的行为——渴望和购买名牌衣服、奢侈品——是缺乏安全感的症状，是一种用来缓解自我怀疑或提升糟糕自我形象的应对策略。如果孩子真正追求的是更多的幸福快乐和满足感，那么物质主义是一种可怕的应对方法。充其量，它只能提供短期的缓解。从长远来看，它可能会加深孩子的不安全感。

抑制孩子物质主义的一个方法是限制他们接触广告。事实证明，另一种方法就是做这本书中所提倡的事情。

金钱能买来幸福快乐吗？

很明显，金钱买不到幸福快乐，但这是否意味着家庭收入对孩子的幸福快乐不重要呢？成为超级消费者和有足够的钱"操纵孩子的环境"是有区别的。虽然我们生活在一个充满选择的社会，但奢侈的选择通常只留给富人。这对孩子的幸福快乐有影响吗？

尽管人们普遍认为金钱买不到幸福快乐，但高收入与许多积极的结果相关。更富有的人往往在精神上和身体上都更健康。在一项研究中，最富有的人比第二富有的人在身心方面都更健康。收入较高的人压力较小，同样的罪行他们往往会获得较轻的量刑。因此，许多心理学、社会学和经济学的研究表明，金钱确实与幸福快乐的程度有很大的关系。

对于成年人来说，高收入与更高的幸福感显著相关，但这种相关性只表现在年收入5万美元以下的情况，年收入超过5万美元后这种关联就会减弱。在考虑了我们的基本需求之后，收入和幸福之间的相关性令人惊讶地变弱了。事实证明，福布斯400强的成员（美国最富有的人）并不比我们其他人更幸福。由于这个原因，许多学者（以及评论家和老祖母们）得出结论：金钱买不来多少幸福快乐。想一想，福布斯400强的富豪比我们大多数人都富有得多，如果金钱能买到幸福快乐，他们每个人都会比我们幸福快乐十亿倍。但是他们并没有。一旦我们的基本需求得到了满足，经济资源似乎就会对我们的幸福快乐和身心健康失去影响。

　　但是相比成年人，幸福快乐与父母收入之间的联系对孩子来说更重要。除了更加依赖重要的物质资源（如托育服务和学前教育），儿童对住房、医疗保健和适当营养等方面的缺失也更为敏感。许多孩子对父母经济来源的缺失也很敏感，因为经济困难造成的压力会导致养育方式的恶化，进而影响孩子的情感健康。

　　我自己的研究表明，在所有贫困的青少年中，有近 10% 的人不快乐，而在高收入青少年中，这一比例不到 2%。随着家庭收入的增加，不快乐青少年的比例稳步下降。所以贫穷肯定会增加青少年不快乐的可能性。但反过来却并不总是正确的：富裕并不一定意味着快乐。当我们对青少年的快乐程度（不快乐，偶尔快乐，有时快乐，经常快乐）进行划分会发现，拥有较高的家庭收入不太可能使他们不快乐，但是较高的家庭收入只能把他们推到中间类别之一，而无法把他们一路推到"经常快乐"这个类别。

　　为什么家庭收入对不快乐的影响大于对快乐的影响呢？因为孩子有许多需要花不少钱的基本需求。当这些需求得不到满足时，孩子不快乐的可能性就会增加。问题在于，满足这些基本需求本身并不足以让人快乐。举例来说，吃饱是一项基本需求。虽然没有足够的食物可能会让孩子非常不开心，但解决这种需求——提供更多的食物——却不一定能让他们感到开心，只能让他们感到不那么饿罢了。这本书是关于第二个因素——幸福因素的，如安全依恋、大量的社会关系、成长的心态和大量的玩耍时间。当这些幸福因素和孩子的基本需求都得到满足时，孩子"经常快乐"的可能性就会显著增加了。

电视是万恶之源吗?

当我怀上菲奥娜时,我的朋友们(他们自己都没有孩子)认为给我和丈夫写一本育儿建议书会很有趣。显然,没人知道我日后会持续不断地定期为他人提供为人父母的建议。他们各自写下了他们认为自己的父母做得好的事情。我的朋友里克(他碰巧是个聪明、风趣、善良的人)详细说明了小时候"看太多电视"对他以后生活的好处。虽然我意识到 20 世纪 70 年代流行文化的知识已经过时了,但对里克的了解却让我对孩子看不看电视这件事不那么在意了。

但是,后来我发现,美国儿科学会(AAP)坚决建议父母至少在孩子两岁前不要让他们看任何电视,即使疲惫的妈妈想洗个澡的时候也不行。作为一个遵守规则的人,我确保菲奥娜到她两岁生日时才第一次知道"电视"这个词。之后,菲奥娜很快就迷上了《芝麻街》。莫莉出生后,我完全忘记了美国儿科学会的推荐,完全不让孩子看电视似乎太难了。对孩子来说,看电视真有那么不好吗?

当然,我并不是唯一一个让我的宝宝看电视的人。美国儿童平均每天花 2~5 个小时看电视。59% 的两岁以下儿童——他们不应该看任何电视——却平均每天看电视 1.3 个小时。

一方面,大量的研究揭示了儿童看电视的有害影响,包括在学校表现更差、肥胖、注意力不持续、具有攻击性、睡眠被剥夺、吃水果和蔬菜过少以及吃比萨、零食、汽水和高脂肪食品过多。这些大部分都与糟糕的自我控制有关。即使是声称有益的视频,比如"小小爱因斯坦"(迪士尼旗下公司推出的婴幼儿多媒体产品,主要针对 3 个月到 3 岁的婴幼儿。——译者

注）系列视频，也不一定是好的，甚至可能是坏的。例如，在一项研究中，每天每多看一小时这样的视频，孩子就会比没有看视频的同龄人平均少理解 6~8 个单词——看电视会导致孩子的词汇量下降 17%。虽然之前我确实说过，让人印象深刻的词汇并不是世界上最重要的东西，但在这种情况下，我认为它是一个指标，表明屏幕时间减慢了婴幼儿的发育进程。

另一方面，视频游戏也未必一定要背负人们赋予它的恶名。这是一种很好的社交及与朋友联系的方式（尤其是对男孩来说）。视频游戏可以促进而不是阻碍身体活动。例如，玩体育类视频游戏的男孩更有可能在现实生活中玩这些游戏。他们使用视频游戏让自己掌握新的动作，然后他们再出门去练习。

关于电子产品你需要记住的几件事

1. **电视带来的好处很少，或者根本没有，同时它取代了那些确实能让孩子更快乐、更健康和更聪明的活动。**孩子看电视越多，与父母和兄弟姐妹在一起的时间就越少，做作业的时间就越少（7~12 岁的孩子），玩创造性游戏的时间就越少（尤其是 5 岁以下的孩子）。对于 3 岁以下的幼儿来说，看电视的时间取代了孩子正常大脑发育所需的活动，尤其是与看护人的互动。

2. **看太多电视会让孩子变得更加物质主义。**几项研究表明，电视广告在所有年龄段的孩子中都能激发出物质主义的价值观。研究人员认为，商业广告让孩子明白，没有物质财富，他们就无法获得美丽、成功和幸福快乐。看电视的频率也被证明与物质主义程度相关：孩子看电视越频繁，他们就变得越物质主义。

3．**婴儿和两岁以下的幼儿不应该有任何屏幕时间。**早期看电视会导致注意力缺陷障碍（ADD）和注意力缺陷多动障碍（ADHD）等问题，也会导致儿童后期的智力下降。

4．**不建议 3 岁以下的儿童使用电脑。**然而，一些研究表明，当计算机程序与那些能对程序试图教授的内容起到辅助作用的活动相结合时，它就可以帮助 3~4 岁的儿童发展一系列技能，包括长期记忆、动手能力和语言技能。

5．**不是所有的屏幕时间都是一样的。**我们可以在自己家里禁止 20% 的视频游戏，这些游戏被认为对孩子来说过于暴力或者过于色情了。玩暴力视频游戏与攻击性情绪和攻击性行为之间存在很强的联系，暴力视频游戏会触发大脑的某个部分，促使人们做出攻击性行为。而且，玩暴力视频游戏会显著减少有益的行为。同样，观看暴力电视节目与学龄前儿童幻想游戏的减少、攻击性的增加有关。

6．**与孩子一起看电视并加强节目教育性的父母可以提高孩子的学习体验。**不幸的是，大多数孩子通常并没有和父母一起看教育类的电视节目。家庭一起观看的主要是以成年人而不是儿童为观众对象的电视节目。

7．**虽然 68% 的美国孩子在他们的房间里都有电视，但是卧室里有电视的孩子其体重超标的可能性是普通孩子的 1.3 倍**（即使他们参加体育活动也是如此）。

我不认为电视是万恶之源，但是看电视并不是一种幸福快乐的习惯。事实上，研究表明，幸福快乐和不看电视之间有很强的联系。社会学家指出，快乐的人比不快乐的人看电视的时间要少得多。我们不知道是电视让人不快乐，还是本来就不快乐的人会看更多的电视。但我们知道，有很多活动可以帮助我们的孩子成长为幸福快乐的、适应能力强的人。如果我们的孩子在看电视，那他们就没有在做那些从长远来看能让他们更加幸福快乐的事情。看起来，在童年醒着的时候可能每时每刻都在看电视但大脑却发育得很好的我的朋友里克，似乎是一个特例。我们最好的办法是关掉电视机，让孩子出去玩。

你已经尽力了，现在让他们去玩吧

本书的这部分内容有个逻辑漏洞。我们不仅不能操纵孩子们的整个环境，我们甚至都不应该去尝试。如果可以，我们应该影响一些关键的环境因素。孩子的早期护理和他们周围文化的价值观很重要，对他们的幸福和身心健康有很大的影响。但是，如果我们坚信自己可以把孩子放入一个充满幸福快乐的"泡泡"里，最终我们反而会以戏剧性的方式破坏孩子的幸福快乐。

我们当然想要保护孩子远离痛苦和困难，但当我们这样做时，我们就剥夺了帮助他们在智力和情感上成长的一些挑战。

在我自己的研究中，我发现幸福其实可以来自于困难，而不仅仅是不在乎困难。在我的研究中，对低收入家庭的孩子来说，唯一能给他们带来幸福的就是挑战，而这是富裕家庭的孩子没有的东西。生活中是否有足够的挑战与青少年的幸福感密切相关。虽然这项研究中最有优势的青少年拥有更多变得幸福的因素，但他们并没有感到自己受到了足够的挑战。

我们这一代的父母并没有接受这样的观念：让我们的孩子经历困难是可以的，尤其是当它以痛苦和悲伤的形式出现时。我们想介入并解决孩子在学校以及他们和朋友之间的所有问题。无所不在、随叫随到的父母们与校长们交谈，以确保自己的孩子得到正确的理解和支持。我们"帮助"孩子把家庭作业做到极致；我们精心策划孩子的游戏聚会，以便控制孩子和谁交朋友以及他们之间的友谊该如何进行；我们要防范可能会攻击孩子的狗、令人毛骨悚然的邻居或不公正的教练；我们还要防止孩子被要求承担太多的责任。

这对我们的孩子产生了一种可以量化的影响：与 20 世纪 60 年代长大的人相比，如今的孩子觉得自己缺乏控制力。《自我的一代》一书的作者、心理学家珍·特温格表明，越来越多的美国年轻人相信，他们的生活是由外部力量所控制的，而不是由他们自己的努力所控制的。具有讽刺意味的是（在那些试图操纵孩子走向成功的父母看来），特温格发现这种信念的影响"几乎全都是负面的"：它与糟糕的学校表现、无助感、无效的压力管理、自我控制能力下降和抑郁都有关系。我们可能是在防止孩子感到痛苦并保护他们的纯真，但我们也在剥夺孩子，使他们没有机会去了解痛苦是由什么构成的，没有机会去学习如何应对生活中不可避免的困难和悲伤，更没有机会去发展自己坚韧不拔的品质。

　　事实证明，坚韧不拔——研究人员用来衡量面对困难时的坚持精神——是成功的一个重要预测因素。想让你的孩子在学校取得成功吗？在一项针对大学生的大型研究中，毅力、耐力和勤奋被证明在许多不同的领域都是预测成功的最重要的因素，这些领域包括科学、艺术、体育和文化交流。毅力和勇气比 SAT 分数、高中排名和高中课外活动更重要。

　　坚韧不拔也是终身幸福的核心组成部分。当孩子知道自己没有能力应对生活中的困难时（因为父母总是急于确保这些困难永远不会发生，总是急于解决孩子的问题），他们就开始害怕挑战了。犯错成了一件不惜一切代价都要避免的事情。这可能会产生完美主义倾向，正如本书在"第 3 步：鼓励努力而不是追求完美"中所讨论的，这是一种特殊形式的不快乐。因此，虽然我们应该在孩子的早期护理和成长的环境方面做出最好的决策，但我们不应该假设自己可以控制他们那座"儿童公园"里的一切——或者，甚至都不应该去做那些看似积极的举动，例如：提前帮孩子排除掉"消极"的事物（如痛苦、悲伤和沮丧）。

　　虽然我们可以尽心尽力地为孩子建造最好的"儿童公园"，但他们仍然要面对痛苦和困难。即便如此——也许是因为他们被允许面对自己的挑战——他们的生活也是幸福快乐的，也许会是超级幸福快乐的。我们想要改善孩子的环境，这没错，但也要记住，正是不受过度控制的、充满自由和快乐（这来自于长时间的想象力游戏）的环境创造出了最令人满意的"儿童公园"。

RAISING HAPPINESS

全家共进晚餐的好处

把吃饭变成一种"仪式"

在晚餐时间要做的九件事

第 **10** 步

一起吃晚餐

与朋友和至爱的家人共进晚餐无疑是人生中最原始、最天真的乐趣之一，是一种既能满足心灵又能永恒持续的事情。

——茱莉亚·查尔德

全家共进晚餐的好处

我现在就能听到有人在发牢骚："但是，我们太忙了，没空一起吃晚饭。"或者："我的孩子太小了。他们需要在我们下班回到家之前就吃完晚饭。"又或者："我很喜欢全家人一起吃晚餐，但孩子在晚餐时段有戏剧课和足球训练。"我知道，一起吃饭对今天的家庭来说是个艰难的话题。我们常常想念一家人在一起的时光，就像饥饿的人想念食物一样。

全家共进晚餐是我给你的最后也是最重要的一条能让你培养出幸福快乐孩子的科学建议。家庭用餐时间可以提供浓缩了精华的抚养和抚育，这是人类最大、最基本的两种需求。而且，正如你将在下面看到的那样，晚餐时间是我们实际执行本书中提出的前九个步骤的最佳时机。

家人一起用餐对孩子的好处是显而易见的。研究表明，经常与家人共进晚餐的孩子情绪更稳定，吸毒和酗酒的可能性更小；他们会取得更好的成绩；他们很少有抑郁症状，尤其是青春期的女孩，这种关联更为明显；他们变得肥胖或饮食失调的可能性也更小。在为孩子做学前准备时，家庭晚餐的作用甚至超过了给孩子读书的作用。在研究人员控制了家庭关系这种因素之后，以上这些关联仍然成立，这意味着家庭聚餐的好处远远超过了家庭关系紧密的好处。

我要澄清一下我所说的"一起吃晚餐"是什么意思，免得让你认为我是要建议全家人围坐在一张漂亮的桌子旁，然后在桌上铺好亚麻桌布，再放上几道菜。我说的"一起吃晚餐"的意思是：孩子每周至少有五晚或更多的天数与至少一名成年人共进晚餐；孩子在力所能及的范围内帮助准备食物、布置和清理餐桌；电视机被关掉；不设单独的儿童桌。你们可以叫外卖或者只做一些简单的自制食物，坦率地说，你们吃什么并不重要，重要的是和谁一起吃。我知道你可能不想那么早吃晚饭，你宁愿等另一半回到家且孩子都睡觉了之后再吃一顿只有成年人享用的晚餐。本书的这个部分将告诉你如何才能找到一种适合每个人的晚餐时间安排，以及我们为什么要这么做。

那么，为什么共进晚餐是培养幸福快乐孩子的有力工具呢？对小孩子来说，成年人会在晚餐时做出一些重要的榜样，比如吃健康的食物。而且，孩子可以在餐桌上学习的社交技巧那么多，以至于我都不知该从何说起了。研究表明，语言发展和晚餐时间之间存在着令人信服的联系，而语言是我们拥有的社交能力中最重要的一个方面。

例如，哈佛大学教育研究院的一个团队想知道，孩子是在哪里学到某些生僻字词的（他们发现这些生僻字词可以很好地衡量读写能力的高低）。在他们寻找的 2000 个单词中，只有143 个来自于父母为孩子做的朗读，而另外一千多个都是在餐桌上学会的——如氧气、植物园、海马、兴致勃勃、虾、官僚、预算和政府。这就是为什么当我们把儿童餐桌和成人餐桌分开时，共同晚餐就失去了力量的原因。我 8 岁的女儿无法教我 6 岁的女儿所有这些生僻字词。我只能想象她们进入青春期后情况会变得多么糟糕。

礼仪是一种比我们想象的更重要的社交技能。餐桌上的某些规则会教孩子了解构成幸福快乐生活的情感。当我说"莫莉，请不要打断姐姐"时，我是在教她平等和同理心。当她们看到我把最大的一块蛋糕递给客人时，她们学到了慷慨。简单的感恩行为（比如，对把盐瓶递给自己的人说"谢谢"）是幸福的基石。包括语言在内的社交技能是一种需要长时间培养的技能，通过实例来学习比通过明确的指导来学习效果更好。如果孩子在感觉安全的常规环境中去学习某种技能，那他们就会学得更好，而餐桌是教授和学习某些技能的一个理想的、熟悉的地方——也许是最好的地方。

做健康饮食的榜样

我们成年人在家庭聚餐时可以给孩子做的榜样就是健康地饮食。吃各种各样的食物对身体健康很重要，而身体健康对幸福快乐很重要。我的孩子们更喜欢一日三餐每顿都吃奶酪焗意面，用"抵制"来形容她们对新食物（她们以前没吃过的食物）的态度，那可真是一种过分的轻描淡写。这种对尝试新食物的强烈抵触被认为是一种进化的特征，旨在让我们的孩子不去吃任何未煮熟或未成熟的食物，这使得鼓励孩子吃很多不同种类的食物成了我们父母的工作。

以下是我们可以使用的方法：让孩子通过观察成年人和其他孩子吃他们以前没吃过的食物来学习喜欢那些"新"食物。坏消息是，这种通过观察的学习需要大量的重复。这意味着你的孩子需要看着你吃很多那种"新"食物——也许你每天都得吃，还得吃好多年。

宾夕法尼亚大学心理学教授保罗·罗津（Paul Rozin）调查了墨西哥孩子是如何学会吃辛辣食物的。大多数墨西哥婴儿和蹒跚学步的孩子最初都不喜欢辛辣食物，但他们是看着成年人吃辛辣食物长大的。然后在他们 5~6 岁的时候，他们就开始享用我们美国人所谓的"成人食品"了。这项研究的一个有趣的方面是，家庭宠物狗的行为方式与此相同：经常在餐桌附近闲逛的宠物狗通过主人这个榜样学会了吃辛辣食物，但那些从未与人类家庭共同进食的流浪狗，却无法通过同样给它们提供辛辣食物而被训练成能吃辛辣食物的狗。

我经常夸口说，我要让我的孩子们和大人吃一样的东西，但说起来容易做起来难。"我家孩子什么都吃，不用特意给她们准备不同的食物！"当我们在朋友家时，我会愉快地这样说。莫莉知道成年人喜欢什么都吃的孩子，所以，当面对一盘新食物时，她会假装咬一口，然后兴致勃勃地宣布："我喜欢黄瓜馅的饺子！"现场所有成年人对此的反应都是"哦""啊"的赞叹，然后说一些诸如"天哪，我真希望杰克能吃菠菜布丁"之类的话。而实际上，十次里面有八九次，莫莉其实根本就没去吃那种新食物。

　　烹饪是我仅次于吃饭的最喜欢的爱好。因此，当没有人愿意在不事先被贿赂或哄骗的情况下去吃我那"充满爱的劳动成果"时，我就会感到有些沮丧。尽管如此，我要做的应该就只是让她们"接触到"那些食物（食物在她们的盘子里，而我正在吃）并把它们剩在盘子里。专家们不推荐我喜欢的那种鼓励方式："菲奥娜，如果你吃三口妈妈辛辛苦苦做出来的美味的大炖菜，那你就可以吃两块女童子军饼干。"营养学和心理学专家埃琳·萨特（Ellyn Satter）给了我们一个很好的经验法则："父母负责喂食的内容、时间和地点，吃多少以及是否吃则由孩子自己决定。"这对我来说是很难做到的，但在大约六个月的时间里，我总是把沙拉放到孩子们的盘子里，然后允许她们忽视它。现在她们通常都会把沙拉吃掉了。

把吃饭变成一种"仪式"

　　家庭聚餐具有如此强大影响力的另一个原因是，它可以成为一种仪式。仪式，或任何一种具有象征意义或表达意义的例行公事，对幸福快乐的生活来说都很重要，因为它们阐明了我们的价值观。孩子凭直觉知道，我们会庆祝或仪式化我们认为最重要的事情。我和孩子们有一些单独的仪式，比如谈论我们的"三件好事"。但我们唯一能每天一起做的事情就是吃饭。

　　当我们把吃饭变成日常家庭仪式时，我们就可以通过两种方法促进孩子的幸福和身心健康。第一种方法，我们要让孩子知道，他们是比自己更大的事物（他们的家庭）的一部分。正如我在本书"第 2 步：建立一个'村庄'"中详述的那样，幸福研究始终表明，人类的幸福与有意义的社会联结有关。孩子每天都需要感到自己是家庭的一部分，而晚餐时间正是体现这一点的绝佳时刻。当我们坐在一起的时候——通常是一家人围坐成一圈——我们就把那种孩子是其中一部分的"更大的事物"变成有形的了。当我们经常这样做时，它就延伸成了孩子是谁以及他们应如何看待自己的问题：孩子会觉得自己嵌入了一个比自己大的事物中，这会让他们产生安全感。

将家庭聚餐仪式化的第二种方法是唤起喜悦和其他的积极情绪。晚餐时间可以成为每天一段可预期的感受幸福、爱、感激和许多其他美好事物的时间。要养成这个快乐的习惯，最简单的方法就是开启（或延续）饭前祝福的传统。祈福是培养一系列积极情绪的好机会，要认真考虑这件事。

1. 通常你们将会表达某种对食物的感激或欣赏（我的孩子们经常会自发地对更大的事情表示感谢，比如"来到这个世界上"）。感恩是一种与过去相关的积极情绪。

2. 祈福的时刻即是满足的时刻——听到小女孩或小男孩表达感谢时感受到喜悦，看到家人守候在一起时也感受到喜悦。满足、快乐、喜悦，这些都是与当下相关的积极情绪。

3. 饭前祝福也可以是一种充满信仰的行为，它是一种与未来相关的积极情绪。

4. 围着桌子手牵手也是一种爱的行为。它似乎在说："我很在乎你，所以愿意与你共享这餐美食。"爱是与他人有关的积极情绪。

如果像我所主张的那样，把幸福的生活定义为一种充满积极情绪的生活，那么晚餐时间的祈福就是培养幸福感的强有力的工具。

经常有人问我，除了家庭聚餐之外，是否还有其他同样有益的事情可以起到类似的作用。家庭的夜间祈祷可能会起作用，它可以鼓励所有与恩典相随的积极情绪，但阅读可能不会。还有什么其他的行为能让你为孩子树立榜样吗？你还可以做哪些事情来提高孩子的社交商和情商，并教孩子有用的社交技能呢？怎样做才能为孩子强化家族历史认同并帮助他们建立起强烈的归属感呢？也许你们可以在全家一起吃早餐时围成一圈轮流讲故事。

创建一个可行的晚餐程序

我知道让家庭晚餐时间发挥作用有多难，即使对我这样的信徒来说也是不容易的。昨晚，我和我的两个女儿坐在桌子旁，她们在吃一块冷冻甜点，我心想，这顿饭吃得没有什么意义。没人想告诉我她们一天过得怎么样。我也没觉得有人学会了新单词。虽然做了饭前祝福，但奇怪的是，每个人感谢的事情都和她们前一天感谢的事情是一样的。她们对食物的抱怨很多，而且有好几次想离开桌子。但后来，当我哄孩子们上床睡觉时，菲奥娜却告诉我，晚餐时间是她一天中最美好的三件事之一。这可真是咄咄怪事。

这里有一些事情也许能帮助你把晚餐时间变成一种对孩子来说强大而有吸引力的仪式。

1. 不一定每次都能皆大欢喜，但还是要重复去做。这是很必要的。需要有成年人和孩子一起吃饭，一个、两个或者五个成年人都行，而且他们不必非得是已婚的。那些晚餐时间有规律的单亲家庭的孩子同样能获得好处。这意味着如果你们结婚了，那你们可以组队来做。只要有一个成年人坐下来和孩子一起吃饭，就会起作用。记住，魔力来源于重复去做，而不是决心去做。如果很多用餐时间都是疲倦多过神奇，那也是可以接受的。

2. **保持创新**。既然你已经明白了是什么让进餐时间变得强大而有吸引力，那就去改变一下规则吧。也许你们会一起吃家庭早餐而不是晚餐，也许孩子在下午 5:30 吃了一顿丰盛的零食，然后在晚上 7:30 你自己开饭的时候和你一起吃他们的"晚餐"（即使是少量的食物也行），也许你每天晚上都叫外卖（这仍然可以达到目的），或者一周有一天，你和家人一起去餐馆吃饭。这些都很好。只要尽可能地坚持你们的常规和仪式就行了。记住，和谁在一起比做什么、在哪里都更为重要。

3. **与其他家庭联合**。在你住的社区里，是否有很多你想要更了解的人？你可以一周一次或差不多一周一次邀请他们来家里吃顿家常便饭。只要大人和孩子是混在一起吃饭（而不是分成孩子一桌，大人一桌）的，孩子就能从中受益。

4. **对不太重要的事情说不，即使那些事情对孩子来说很重要。**在我们家，这意味着尽量不让孩子参加那些需要在晚餐时间进行练习的体育运动，也不让孩子去她们自己选择的儿童合唱团唱歌。我的女儿们认为我设置这些限制是很恶劣的，但我知道，我们所有人的生活质量都因此而提高了。这对很多家庭来说都是件难事。如果你的孩子一周有四个晚上都在运动，这会让你们不能像家人一样一起吃晚饭。

在这种情况下，我想说的是，你需要重新考虑一下你的日程表。在孩子需要每晚运动的季节，你能把你们的家庭晚餐时间推迟一些吗？或者你能和其他父母分工负责吗？例如，我的朋友莫琳 9 岁的儿子每周有几个晚上要去打棒球。在他因为打棒球而很晚才能回家时，他家的其中一位家长会在比赛后和他一起吃饭，而另一位家长则会早一些时候和他 6 岁的妹妹一起吃饭。这样做也有好处：孩子能有特殊的时间和父母中的一个人单独在一起，对孩子来说，也是特别有意义的。

5. **饭桌上无话可说？开始给孩子讲讲你的家族史吧。**谈论你们共同的过去会产生强大而安全的情感纽带，并直接影响家庭的正常运转，你甚至都不用专门去讲那些积极正面的家庭故事。并非巧合的是，一项研究发现，对家族史有很多了解的孩子全都是在晚餐时间学到的。

6. **饭前祝福。**每当有客人来我家拜访时，我们都会围着桌子手拉手，每个人说出一件我们想感激的事。是的，一开始可能会很尴尬，但我们的朋友已经开始期待了，孩子也坚持要这么做。有一次，我们 6 岁的邻居吉莉在晚饭前说："我很感激我有了我需要的一切。"

她说得如此甜蜜，如此衷心，如此感人，立刻就打破了当时的尴尬。另一种开启用餐的好方法是做片刻的静默——每个人都练习正念或思考他们想要感激的东西——如果静默后接着由每个人分享他们想感激的事情那就更好了。

7.　**打造家庭风格**。你可以想一想哪种一起吃饭的方式能象征性地表明你们是一家人。这包括做饭和饭后一起打扫卫生。要用家庭装的大盘子、大碗上菜。让孩子从桌上的大盘子、大碗里为自己盛菜，可以使他们重新获得一些控制权。我认识的许多父母都是在厨房把菜盛到孩子的小盘子里，然后自己端出来给孩子，就好像孩子在餐馆里吃饭一样。

在我自己的家庭里，我们把自己安置在餐桌前，做成一个形式上的家庭圈。我们试着作为一个团队来一起准备晚餐。每个人都会帮忙做饭，即使这意味着只是让莫莉按下微波炉的开始键、让菲奥娜帮忙洗生菜（虽然这样做会引发一些抱怨而且需要更长的时间，会让每个人都挨饿而且脾气暴躁，但我们还是会遵循这种惯例）。我们也一起打扫餐后卫生，不过，很多时候我们还是会忍不住在大人继续边吃边聊的时候让孩子们离开餐桌。

我们的想法是为孩子树立榜样，在日常生活中互相照顾。我认识的许多父母更喜欢自己打扫餐后卫生，这会更容易一些，或者，他们喜欢那种和配偶一起打扫餐后卫生的温馨时刻。这样做没问题，只要孩子也在扮演着有意义的角色就行。在我家，是孩子们把盘子倒干净，刮干净，然后放进洗碗机。我经常需要自己动手重新摆放那些孩子们放进洗碗机里的盘子，但没关系，至少盘子已经放进去了。孩子们喜欢这部分工作，尤其是如果她们能把肥皂放进去，然后按下按钮启动洗碗机。如果大人吃完了，孩子们也吃完了，孩子们就会拿海绵把桌子擦干净（有趣的是她们特别喜欢这项工作）。最后，我不可避免地要花更多的时间在厨房里洗碗、把食物放好，但在那一刻，孩子们已经为整顿饭做过了贡献。象征性地说，我不是唯一的厨师、服务员、杂工和洗碗工，我们是一个团队，一起工作。

有时，做一个妈妈兼服务员或私人厨师会更容易一些。但当我们服侍我们的孩子时，其象征意义是：孩子是被动的、理所应当享受我们服务的旁观者，而不是一个更大的事物中幸运的、积极的参与者。

如果你仍然难以想象一个家庭每周有五个晚上或更多的时间大人孩子共进晚餐，那么请记住，这的确是很难的。你不只是在应对一个只属于你自己的困难，也是在对抗一个更大的社会问题。我们的家庭已经缩小到了如此程度。过去人们一起工作以获得餐桌上的食物，而现在这往往只是一个人的问题。广泛的经济力量促成了这样一个事实：上一代人原本应该在家吃饭的时间，现在的人却还在工作。孩子的运动训练则直接被推到了晚餐时间。克服这些障碍是困难的，但却是很重要的。随着越来越多的人（尤其是那些有能力改变事物的人）意识到优先安排家庭用餐时间的重要性，这将会变得越来越容易。

在晚餐时间要做的九件事

我最常在什么时间把本书前面所讲的幸福养育的九个步骤付诸实践呢？当然是在进餐时间了！下面我来告诉你为什么这样做会有效。

第 1 步：先戴好自己的"氧气面罩"。你不应该在以下这些时间和孩子一起吃饭：当你在晚餐时间为自己或配偶做了其他安排时。如果你最喜欢的体育课是在晚餐时间，那就去上吧！和你的朋友出去吃饭。安排好约会之夜！这些你都可以去做。你自己不需要每天晚上和孩子一起吃饭，但是你的孩子仍然需要每周至少有五个晚上和家人一起吃饭。那么你可以这样做：有的家庭用餐时间——以及类似的例行公事和仪式——是由别人来执行的，而不是你。比如，孩子最喜欢的叔叔，或者和你轮流为彼此照顾孩子的家庭，或者孩子的另一位家长或祖父母。即使你每周去两次健身房，每周六都有一个约会之夜，你的孩子仍然可以每周有五个晚上或者更多的时间和关心他们的成年人一起吃饭。这就是你要做的。

第 2 步：建立一个"村庄"。我们经常邀请朋友和亲戚来家里吃晚饭，以至于当没有人来的时候，我和孩子们会面面相觑，惊叹一会儿这相对的安静，然后她们会马上开始抱怨："怎么只有我们自己"。晚餐时间的作用之一是帮助孩子感到自己是一个比自己更大的事物的一部分。你可以考虑一下你希望那个"更大的事物"有多大。我是把我的父母、兄弟以及一些亲密的家庭朋友和邻居都算进来的。

这并不像听起来那么难。我并不是说要把"频繁娱乐"添加到我那已经满满当当的任务列表上去。当邀请来吃晚餐的客人参与准备食物和餐后清洁时，我发现为八九个人做饭和为三四个人做饭一样简单。当别人提出要给你带东西时，一定要答应让他们带那些实用的东西：一份沙拉或蔬菜，而不是一瓶葡萄酒。让孩子一起布置餐桌。如果孩子想做座位卡片或者摘些花放在桌子上，那好极了！不过，除了孩子表现出的热情之外，不要弄得太花哨。要抑制住所有的玛莎·斯图尔特冲动⊖。

⊖ Martha Stewart，美国著名女企业家、有"家居女王"之称。她为自己打造了一个既能在办公室忙碌终日，还能有时间装饰餐盘、种植园圃、装扮优雅的完美形象。有人抱怨她为在家庭事业间奔波的现代妇女制定了不可能达到的高标准，让人产生罪恶感。——译者注

事实上，你第一次这么做的时候，点个外卖比萨饼就行了。如果第二天孩子要上学，那就跳过吃甜点的环节。在你把剩饭剩菜收拾起来的同时，可以让每个人都帮忙清理桌子、把碗碟放进洗碗机。经常请人到自己家吃晚餐这件事对节省时间和建设"村庄"来说最大的好处是什么呢？是人们都会投桃报李，礼尚往来。我们就是每周一次被邀请去别人家吃晚饭。

　　第 3 步：鼓励努力而不是追求完美。晚餐时间是塑造成长型思维模式的理想时间。我喜欢用我们晚餐中的讨论来强调犯错是没关系的。我通过询问每个人她们那天所犯的错误来做到这一点，我也会分享我自己的错误。我们还在晚餐时分享我们的"高峰"和"低谷"。当天的成就会得到成长型思维模式的赞扬（"你拼写考试考得好是因为你昨天练习得很努力，好样的"），当天的失败则会被当作学习的机会。

　　第 4 步：选择感恩、宽恕和乐观。饭前祝福或祈福会让每个人习惯表达感恩，如果做不到，至少也会让每个人习惯宽恕和乐观。当你的孩子谈论他们在学校的一天时，你可以用一种培养乐观主义的方式进行回应（这样做也能帮助你自己练习乐观）。我做到这一点的主要方法之一是，先假定别人是无辜的。所以，如果菲奥娜告诉我们，有个女孩在学校一直对她视而不见，那么我会提出与菲奥娜本人无关的其他解释（也许那个女孩沉浸在她自己的思想中，甚至都没有看到菲奥娜）。这样做能激发乐观的想法（坏事不会被当成是针对个人的，坏事也不太可能再次发生）以及同理心，这是宽恕的基石。

第 5 步：**培养孩子的情商**。晚餐时间自然发生的很多事情都能培养孩子的识字能力、情感能力和其他方面的能力。而晚餐时间同时也是有意识地学习家庭"情感词汇"的绝佳时间。在你们坐下来吃饭之前，看看你们的"家庭感受清单"（见第148 页），从中选定一些你们将要讨论的感受。我通常从孩子喜欢谈论的事情开始（"告诉我今天你觉得自己很傻的时刻"），然后逐渐为孩子们提出更困难的概念，例如让她们谈论她们同时感到愤怒和尴尬的一次经历：事情发生时，你的身体感觉如何？当你有这种感觉时，你是怎么表现的？下次有这种感觉的时候你想怎么做？

第 6 步：**培养幸福快乐的习惯**。从长远来看，共享晚餐时间是一个极好的快乐习惯，但是一些坏习惯，比如挑食或在饭桌上说"脏"话（与排泄有关的话），会毁掉一件好事。晚餐时间的习惯可以测试出你对本书这个部分提到的技巧（与养成习惯相关的）掌握得如何，因为它几乎每天都在同一时间发生。你甚至可以把你的快乐习惯记录表带到餐桌上，利用晚餐时间来做标识和设定目标（在我们家，我们常常忘了在记录表上标识出自己的进步）。一家人可以设定一个总体的晚餐时间目标，比如每周有五个或者更多个晚上全家人一起吃晚餐并且愉快地交谈（但不能超时），或者，一家人作为一个团队来准备晚餐并做餐后打扫。但是每个人都需要有自己的快乐习惯记录表。记住，"龟步"需要被设计得非常小才行。

第 7 步：**教会孩子自律**。有什么地方比在餐桌上更适合经常练习自律吗？餐馆和别人家都是理想场所，可以用来练习冷却"行动系统"和提升"认知系统"的技巧。在餐厅坐下之前，你可以提前准备一袋小玩意。我自己会在手提包里常备一个弹簧圈和一本活动手册。而且，我还有一张"清单"可以帮助孩子们在漫长的等待中分散注意力，比如，我会问她们："想象一下你正在做一件有趣的事情，那会是什么事呢？"我们也会玩一些游戏，比如"我说你做"，来帮助孩子们培养良好的自我控制能力。记住，我们的目标是预防不当行为，而不仅仅是对其做出事后反应。

第 8 步：充分享受当下。晚餐时间是享受一天的欢乐和当下的好时机。我们可以非常刻意地去做。例如，晚餐开始的时候先花一分钟安静地吃东西，就像我们在葡萄干冥想中做的那样。这是让整个家庭安定下来的好方法，也可以为接下来的成功做好准备。

对我来说，做饭是人生真正的乐趣之一，所以我试着和我的孩子们分享这段经历。烹饪是一门创造性的艺术，也是一门需要计划和规则的科学。我试图通过让孩子们参与膳食计划来培养她们的创造力。我的女儿们知道我是如何在周日下午进入心流的，那时我会负责准备一周的大部分食物。我向她们解释说，必须有一些新的、不同的东西，一些在我做饭时足够有挑战性的东西，否则我就无法进入心流：每周只做奶酪焗意面实在太无聊了。

第 9 步：营造幸福快乐的环境。在这一点上，我猜你会明白，规律的用餐时间是"儿童公园"的核心组成部分。此外，我发现吃饭是了解"儿童公园"其他地方的最好时机。我尽自

己最大的努力为孩子营造能让她们幸福快乐的环境。我为她们
选择了学校和托儿所。吃晚饭的时候，我就能听到事情的进展
情况了。我试图教她们一些价值观来对抗当前文化中的物质主
义，我试图用爱和所有她们需要的东西来填满她们，这样她们
就不会被诱惑去购买那些不会让她们感到幸福的奢侈品了（我
们也买不起）。她们在晚餐时间说的话告诉了我"儿童公园"今
天有多好（或有多坏）。倾听她们感激的事情以及当天感受的高
峰和低谷是什么，对我很有启发。我可以判断她们是太累了，
还是已经坐了太长的时间（需要更多的时间玩耍）。最重要的
是，我知道我在哪里成功了。当莫莉说她很感激自己是这样的
人（前几天她说"我很感恩我是我"）时，当菲奥娜有六七个
"高峰"却没有一个"低谷"时，我就知道了："儿童公园"里
发生的事情是好的。

　　嘿，你做到了。在 20 分钟的一餐中执行了幸福养育的所有
十个步骤。这个想法实际上让我放声大笑，也许是因为我知道
你们当中有些人真的会去尝试。这一切能在一顿饭里完成吗？
能在一周中一餐一餐地完成吗？没人知道。重点是，不要在一
次里面完美地做所有这些事，而要一次做一点儿。当孩子一个
月吃 20 多顿饭或一年吃 240 多顿饭时，即使只是小小的"龟
步"，最终也会实现大转变的。就像我在介绍中说的，在这里
找到一件对你的家庭有用的事（一起吃晚饭这件事本身就是一
个壮举）可以让孩子更幸福快乐，也可以让你自己更幸福快乐。
例如，有意识地一个人独自练习感恩，已经被证明能让人更加
幸福快乐。如果你们一起这样做，而且你们还一起练习正念，

那么你可以想象一下你们会是多么幸福快乐啊！

　　我们很幸运能够从事这项"幸福养育"的事业。这项工作并非微不足道，它是一个更美好的世界的基础。我们很幸运能够有机会教孩子他们所需要的技能，让他们变得善良、富有同情心、自信、情商高、善于社交和充满爱心。这个世界现在需要更多这样的孩子，这样的人。这样，我们的社会才能变得更加强大、更加和平。用一行禅师的话来说："如果我们能在日常生活中常常微笑，如果我们能平静和快乐，那么，不仅是我们自己，每个人都会从中受益。这是最基本的和平工作。"

致 谢

对于所有帮助我完成这本书的人，我的感激之情无以言表，但本着感恩的心态，我很高兴能有机会表达心中的感谢。

首先，感谢我的父母，你们是一切的基础。你们巨大的安全网让菲奥娜、莫莉和我的幸福在现实和情感上成为可能。非常感谢我的弟弟——蒂姆，感谢你的支持，给我提供了一个安心写作的地方。

如果没有达切尔·凯尔特纳的指导和支持，我不会从事这项工作，谢谢你成为我的导师、我的同事、我亲爱的朋友。也要感谢杰森·马什，感谢你的耐心，以及亚历山德拉·戴维森，感谢你热情而明智的帮助。如果没有我孜孜不倦的研究助手，尤其是斯蒂芬妮·哈斯特鲁普和卡罗琳·威尔穆斯，我不可能写出这本书。卡罗琳，谢谢你和菲奥娜、莫莉一起把这本书付诸实践，也谢谢你在这一年里对我的无数帮助。非常感谢汤姆和露丝·安·霍纳迪、李黄以及赫伯·阿尔珀特基金会的工作人员，他们通过对幸福科学中心（Greater Good Science Center）的支持使我的工作成为可能。非常感谢丽萨·薇图阅读了我所有的草稿，感谢艾琳·希利和卡西·维滕提出的深思熟虑的建议。

　　非常感谢所有支持我和孩子们的人，你们给了我巨大的爱和深远的支持。我的"村庄"很大，有很多很棒的人。感谢迈克·麦克劳克林，你是如此善良和体贴，感谢我的朋友们，你们是我快乐和爱的源泉。凯琳·拉杜克、安德里亚·穆勒和希瑟·哈格蒂，感谢你们在关键时刻出现在现场。凯莉·休伯和劳拉·贝丝·尼尔森，你们是所有人能够想象到的最好的朋友。玛丽莎·哈里森、谢丽尔·欧劳林和凯蒂·凯姆，谢谢你们激励了我；克里斯汀·马兰、阿里尔·特罗斯特、珍·柯尔腾、丹妮尔·霍恩·布鲁伊、查理·马里内利、亚历克斯·彼得森、特蕾西·克莱门茨、梅丽莎·雷蒙德，谢谢你们帮助我整理、润色文稿，而且带给我这么多的快乐。感谢你们一直支持和照顾我和孩子们，伊丽莎白和保罗·西蒙内蒂、斯泰西·马里克尔、安妮和科利·卡西迪、凯瑟琳·蒂尔、亚当斯太太、洛伊丝·科特雷尔、丹妮丝·隆巴德、查德奥尔科特、戴夫·克龙比、萨拉·拉德纳、布雷特·阿诺特、劳里·道尔顿·怀特、约翰·拉加塔、黛博拉·埃夫隆、詹妮弗·普林格尔、奶奶和爷爷，还有我的表兄凯文和表妹艾米。非常感谢莫妮卡·简，对于你为我们家的幸福做出的许多重要贡献，我不知道如何表达我的感激之情。

最后，感谢凯利·科里根从一开始就对这个项目充满信心，并帮我联系上了我出色的经纪人安德里亚·巴尔兹维，是她帮我联系上了我出色的编辑玛妮·科克伦。我非常感谢你们三位为这本书所做的一切努力。

参考文献

Aachei-Mejia, A. M., M. R. Longacre, J. J. Gibson, M. L. Beach, L. T. Titus-Ernstoff, and M. A. Dalton. "Children with a TV in Their Bedroom at Higher Risk for Being Overweight." *International Journal of Obesity* 31, no. 4 (2007): 644–51.

Abel, M. H., and R. Hester. "The Therapeutic Effects of Smiling." In *An Empirical Reflection on the Smile,* edited by M. H. Abel. New York: Edwin Mellen Press, 2002, 217–53.

Abramson, L. Y., L. B. Alloy, B. L. Hankin, C. M. Clements, L. Zhu, M. E. Hogan, and W. G. Whitehouse. "Optimistic Cognitive Styles and Invulnerability to Depression." In *The Science of Optimism and Hope: Research Essays in Honor of Martin E. P. Seligman,* edited by J. E. Gillham. Radner, PA: Templeton Foundation Press, 2000.

Ahammer, Inge M., and John P. Murray. "Kindness in the Kindergarten: The Relative Influence of Role Playing and Prosocial Television in Facilitating Altruism." *International Journal of Behavioral Development* 2 (1979): 133–57.

Ainsworth, M. D. S., M. C. Blehar, E. Waters, and S. Wahl. *Patterns of Attachment.* Hillsdale, NJ: L. Erlbaum, 1978.

Alexander, Barry L., Patricia F. Beyerstein, Bruce K. Hadaway, and Robert B. Coambs. "Effect of Early and Later Colony Housing on Oral Ingestion of Morphine in Rats." *Pharmacology, Biochemistry & Behavior* 15 (1981): 571–76.

Allen, Joseph P., Susan Philliber, Scott Herrling, and Gabriel P. Kupermine. "Preventing Teen Pregnancy and Academic Failure: Experimental Evaluation of a Developmentally Based Approach." *Child Development* 64, no. 4 (1997): 729–42.

Allen, S., and K. Daly. "The Effects of Father Involvement: An Updated Research Summary of the Evidence." In *Report by Centre for Families, Work & Well-Being.* University of Guelph, 2007, 1–53.

Altman, J., and S. A. Bayer. *Development of the Cerebellar System: In Relation to Its Evolution, Structure, and Function.* Boca Raton, FL: CRC Press, 1997.

Amato, Paul R., Laura Spencer Loomis, and Alan Booth Source. "Parental Divorce, Marital Conflict, and Offspring Well- Being During Early Adulthood." *Social Forces* 73, no. 3 (1995): 895–915.

American Academy of Pediatrics: Committee on Public Education. "Children, Adolescents, and Television." *Pediatrics* 107, no. 2 (2001): 423–26.

Anderson, A. M. "Factors Influencing the Father- Infant Relationship." *Journal of Family Nursing* 2, no. 3 (1996): 306–24.

Anderson, C., and K. Dill. "Video Games and Aggressive Thoughts, Feelings, and Behavior in the Laboratory and in Life." *Journal of Personality and Social Psychology* 78, no. 4 (2000): 772–90.

Anderson, C., D. Keltner, and O. P. John. "Emotional Convergence between People over Time." *Journal of Personality and Social Psychology* 84, no. 5 (2003): 1054–68.

Argyle, Michael. "Causes and Correlates of Happiness." In *Well- Being: The Foundations of Hedonic Psychology,* edited by Daniel Kahneman, Ed Diener, and Norbert Schwarz. New York: Russell Sage Foundation, 1999: 353–73.

Ariely, D., and Z. Carmon. "Gestalt Characteristics of Experiences: The Defining Features of Summarized Events." *Journal of Behavioral Decision Making* 13, no. 2 (2000): 191–201.

Aronson, Elliot. "Review: Back to the Future: Retrospective Review of Leon Festinger's 'A Theory of Cognitive Dissonance.' " *American Journal of Psychology* 110, no. 1 (1997): 127–37.

Bandura, A., C. Barbaranelli, G. V. Caprara, and C. Pastorelli. "Self- Efficacy Beliefs as Shapers of Children's Aspirations and Career Trajectories." *Child Development* 72, no. 1 (2001): 187–206.

Bandura, A., and D. H. Schunk. "Cultivating Competence, Self- Efficacy, and Intrinsic Interest through Proximal Self- Motivation." *Journal of Personality and Social Psychology* 41, no. 3 (1981): 586–98.

Bandura, A., and R. Wood. "Impact of Conceptions of Ability on Self- Regulatory Mechanisms and Complex Decision Making." *Journal of Personality and Social Psychology* 56, no. 3 (1989): 407–15.

Banerjee, R., and H. Dittmar. "Individual Differences in Children's Materialism: The Role of Peer Relations." *Personality and Social Psychology Bulletin* 34, no. 1 (2008): 15.

Barsade, S. G. "The Ripple Effect: Emotional Contagion and Its Influence on Group Behavior." *Administrative Science Quarterly* 47, no. 4 (2002): 644–75.

Baumeister, R. F., M. Gailliot, and C. N. DeWall. "Self- Regulation and Personality: How Interventions Increase Regulatory Success, and How Depletion Moderates the Effects of Traits on Behavior." *Journal of Personality* 74, no. 6 (2006): 30.

Baumeister, R. F., and T. F. Heatherton. "Self- Regulation Failure: An Overview." *Psychological Inquiry* 7 (1996): 1–15.

Baumeister, Roy F., Todd F. Heatherton, Dianne M. Tice, Monique Boekaerts, Paul R. Pintrich, and Moshe Zeidner. "Losing Control: How & Why People Fail at Self-Regulation and Handbook of Self-Regulation." *Journal of Psychiatry and Law* 30, no. 2 (2002): 283–84.

Beals, Diane E., and Patton O. Tabors. "Arboretum, Bureaucratic, and Carbohydrates: Preschoolers Exposure to Rare Vocabulary at Home." In *Biennial Meeting of the Society for Research in Child Development.* New Orleans, LA: 1995, 57–76.

Beck, M. *The Four Day Win.* New York: Rodale Inc., 2007.

Begley, Sharon. *Train Your Mind, Change Your Brain.* New York: Random House, 2007.

Belsky, J. "Quality, Quantity and Type of Child Care: Effects on Child Development in the USA." http:/ /pro- kopf.de/fileadmin/Downloads/OC_37-Belsky- Effects_on_ Child_Development.pdf.

———. "Quantity Counts: Amount of Child Care and Children's Socioemotional Development." *Journal of Developmental and Behavioral Pediatrics* 23, no. 3 (2002): 167–70.

———. "Quantity of Nonmaternal Care and Boys' Problem Behavior/Adjustment at Ages 3 and 5: Exploring the Mediating Role of Parenting." *Psychiatry: Interpersonal and Biological Processes* 62, no. 1 (1999): 1–20.

Benson, Peter L., E. Gil Clary, and Peter C. Scales. "Altruism and Health: Is There a Link During Adolescence." In *Altruism and Health: Perspectives from Empirical Research,* edited by Stephen G. Post. New York: Oxford University Press, 2007.

Berman, M. G., J. Jonides, and S. Kaplan. "The Cognitive Benefits of Interacting with Nature." *Psychological Science* 19, no. 12 (2008): 1207–12.

Bernieri, F. J. "Coordinated Movement and Rapport in Teacher- Student Interactions." *Journal of Nonverbal Behavior* 12, no. 2 (1988): 120–38.

———. "Interpersonal Sensitivity in Teacher- Student Interactions." *Personality and Social Psychology Bulletin* 17, no. 1 (1991): 98–103.

Bianchi, Suzanne, John P. Robinson, and Melissa A. Milkie. *Changing Rhythms of American Family Life.* New York: Russell Sage Foundation, 2007.

Black, D. *The Behavior of Law.* New York: Academic Press, 1976.

Boehm, J. K., and S. Lyubomirsky. "The Promise of Sustainable Happiness." In *Handbook of Positive Psychology,* 2nd ed. Edited by S. J. Lopez. Oxford: Oxford University Press, in press.

Boggiano, A. K., and M. Barrett. "Gender Differences in Depression in Children as a Function of Motivational Orientation." *Sex Roles* 26, no. 1- 2 (1992): 7.

Bonari, L., H. Bennett, A. Einarson, and G. Koren. "Risks of Untreated Depression During Pregnancy." *Canadian Family Physician* 50 (Jan 2004): 37–39.

Bono, G., M. E. McCullough, and L. M. Root. "Forgiveness, Feeling Connected to Others, and Well- Being: Two Longitudinal Studies." *Personality and Social Psychology Bulletin* 34, no. 2 (2008): 182–95.

Bowhm, Julia K., and Sonja Lyubomirsky. "Does Happiness Promote Career Success?" *Journal of Career Assessment* 16, no. 1 (2008): 101–16.

Boyum, Lisa Ann, and Ross D. Parke. "The Role of Family Emotional Expressiveness in the Development of Children's Social Competence." *Journal of Marriage and the Family* 57, no. 3 (1995): 593–608.

Branje, S. J. T., W. H. J. Meeus, and M. D. Van Doorn. "Longitudinal Transmission of Conflict Resolution Styles from Marital Relationships to Adolescent- Parent Relationships." *Journal of Family Psychology* 21, no. 3 (2007): 426–34.

Brody, G. H., S. R. H. Beach, R. A. Philibert, Y. Chen, M. Lei, and V. M. Murry. "Parenting Moderates a Genetic Vulnerability Factor in Longitudinal Increases in Youths' Substance Use." *Journal of Consulting and Clinical Psychology* 77, no. 1 (Feb 2009): 1–11.

Brown, K. W., and R. M. Ryan. "The Benefits of Being Present: Mindfulness and Its Role in Psychological Well- Being." *Journal of Personality and Social Psychology* 84, no. 4 (2003): 27.

Brown, Stuart, and Christopher Vaughan. *Play: How It Shapes the Brain, Opens the Imagination, and Invigorates the Soul.* New York: Avery, 2009.

Bruder, M., and L. Chen. "Measuring Social Competence in Toddlers: Play Tools for Learning." *Early Childhood Services* 1 (2007): 22.

Bryant, F. B., and J. Veroff. *Savoring: A New Model of Positive Experience.* Mahwah, NJ: Erlbaum, 2007.

Buckley, Norman, Linda S. Siegel, and Steven Ness. "Egocentrism, Empathy and

Altruistic Behavior in Young Children." *Developmental Psychology* 5, no. 3 (1979): 329–31.

Burdette, H. L., and R. C. Whitaker. "Resurrecting Free Play in Young Children: Looking Beyond Fitness and Fatness to Attention, Affiliation, and Affect." *Archives of Pediatrics and Adolescent Medicine* 159 (2005): 5.

Butler, E. A., B. Egloff, F. H. Wilhelm, N. C. Smith, E. A. Erickson, and J. J. Gross. "The Social Consequences of Expressive Suppression." *Emotion* 3, no. 1 (2003): 48–67.

Byrne, R. *The Secret.* New York/Hillsboro, OR: Atria Books/Beyond Words, 2006.

Caldera, Yvonne M., and Sybil Hart. "Exposure to Child Care, Parenting Style and Attachment Security." *Infant and Child Development* 13, no. 1 (2004): 21–33.

Califano, Joseph A. "The Importance of Family Dinners III." *The National Center on Addiction and Substance Abuse at Columbia University* (2006): 1–17.

Call, Vaughn, Susan Sprecher, and Pepper Schwartz. "The Incidence and Frequency of Marital Sex in a National Sample." *Journal of Marriage and the Family* 57, no. 3 (1995): 639–52.

Campbell, S. B., P. Matestic, C. von Stauffenberg, R. Mohan, and T. Kirchner. "Trajectories of Maternal Depressive Symptoms, Maternal Sensitivity, and Children's Functioning at School Entry." *Developmental Psychology* 43, no. 5 (2007): 1202–15.

Carlo, Gustavo, Meredith McGinley, Rachel Hayes, Candice Batenhorst, and Jamie Wilkinson. "Parenting Styles or Practices? Parenting, Sympathy, and Prosocial Behaviors among Adolescents." *Journal of Genetic Psychology* 168, no. 2 (2007): 147–76.

Casas, Ferran, Germa Coenders, Robert Cummins, Monica Gonzalez, Cristina Figuer, and Sara Malo. "Does Subjective Well- Being Show a Relationship between Parents and Their Children?" *Journal of Happiness Studies* 9, no. 2 (2008): 197–205.

Chafel, J. A. "The Play of Children: Developmental Processes and Policy Implications." *Child & Youth Care Forum* 20, no. 2 (1991): 18.

Chen, D. "Preventing Violence by Promoting the Development of Competent Conflict Resolution Skills: Exploring Roles and Responsibilities." *Early Childhood Education Journal* 30, no. 4 (2003): 203–8.

Cherek, Don R., F. Gerard Moeller, Donald M. Dougherty, and Howard Rhoades. "Studies of Violent and Nonviolent Male Parolees: II. Laboratory and

Psychometric Measurements of Impulsivity." *Biological Psychiatry* 41, no. 5 (1997): 523–29.

Christakis, D. A., F. Ebel, F. Rivara, and F. J. Zimmerman. "Television, Video, and Computer Game Usage in Children under 11 Years of Age." *Journal of Pediatrics* 145, no. 3 (2004): 652—56.

Christakis, D. A., F. J. Zimmerman, D. L. DiGiuseppe, and C. A. McCarthy. "Early Television Exposure and Subsequent Attentional Problems in Children." *Pediatrics* 113, no. 4 (2004): 708–13.

Christakis, Dimitri A. "The Effects of Infant Media Usage: What Do We Know and What Should We Learn?" *Acta Paediatrica* 98, no. 1 (2008): 8–16.

Cicchetti, D., and S. L. Toth. "The Development of Depression in Children and Adolescents." *American Psychologist* 53, no. 2 (1998): 221–42.

Colman, Rebecca A., Sam A. Hardy, Myesha Albert, Marcela Raffaelli, and Lisa Crocket. "Early Predictors of Self- Regulation in Middle Childhood." *Infant and Child Development* 15, no. 4 (2006): 421–37.

Colvin, Geoffrey. "What It Takes to Be Great." CNNMoney.com, http://money.cnn.com/magazines/fortune/fortune_archive/2006/10/30/8391794/index.htm.

Committee on Communications. "Children, Adolescents, and Advertising: Organizational Principles to Guide and Define the Child Health Care System and/or Improve the Health of All Children." *Pediatrics* 118, no. 6 (2006): 2563–69.

Cooper, J., and R. H. Fazio. "A New Look at Dissonance Theory." *Advances in Experimental Social Psychology* 17 (1984): 229–66.

Coussons- Read, M. E., M. L. Okun, and C. D. Nettles. "Psychosocial Stress Increases Inflammatory Markers and Alters Cytokine Production across Pregnancy." *Brain, Behavior, and Immunity* 21, no. 3 (Mar 2007): 343–50.

Cowan, C. P., and P. A. Cowan. *When Partners Become Parents: The Big Life Change for Couples.* Mahwah, NJ: Lawrence Erlbaum Associates, 2000.

Cowan, C. P., P. A. Cowan, M. K. Pruett, and K. Pruett. "An Approach to Preventing Coparenting Conflict and Divorce in Low- Income Families: Strengthening Couple Relationships and Fostering Fathers' Involvement." *Family Process* 46, no. 1 (2006): 109–21.

Cowan, P. A., and C. P. Cowan. "Strengthening Couples to Improve Children's Well-Being: What We Know Now." *Poverty Research News* 6, no. 3 (2002): 18–21.

Csikszentmikalyi, M. *Creativity: Flow and the Psychology of Discovery and Invention.* New York: Harper/Collins, 1996.

Csikszentmihalyi, M. *Finding Flow: The Psychology of Engagement with Everyday Life.* New York: Basic Books, 1997.

Csikszentmihalyi, M., K. Rathunde, and S. Whalen. *Talented Teenagers: The Roots of Success and Failure.* New York: Cambridge University Press, 1993.

Csikszentmikalyi, M., and B. Schneider. "Conditions for Optimal Development in Adolescence: An Experiential Approach." *Applied Developmental Science* 5, no. 3 (2001): 3.

Cummings, E. M., K. S. Simpson, and A. Wilson. "Children's Responses to Interadult Anger as a Function of Information About Resolution." *Developmental Psychology* 29, no. 6 (1993): 978–85.

Cummings, E. M., D. Vogel, J. S. Cummings, and M. el- Sheikh. "Children's Responses to Different Forms of Expression of Anger between Adults." *Child Development* 60, no. 6 (1989): 1392–404.

Davidson, R., and C. Snow. "The Linguistic Environment of Early Readers." *Journal of Research in Childhood Education* 10, no. 1 (1995): 5–21.

Davis, E. P., C. Hobel, C. A. Sandman, L. M. Glynn, and P. D. Wadhwa, eds. *Prenatal Stress and Stress Physiology Influence Human Fetal and Infant Development, Placenta and Brain, Birth and Behavior, Health and Disease.* Cambridge University Press, 2006.

Deci, E. L., R. Koestner, and R. M. Ryan. "A Meta- Analytic Review of Experiments Examining the Effects of Extrinsic Rewards on Intrinsic Motivation." *Psychological Bulletin* 125 (1999): 42.

de la Garza- Mercer, Felicia, Andrew Christensen, and Brian Doss. "Sex and Affection in Heterosexual and Homosexual Couples: An Evolutionary Perspective." *Electronic Journal of Human Sexuality* (2006), http://www.ejhs.org/volume9/Garza.htm.

Diener, E., J. Horwitz, and R. A. Emmons. "Happiness of the Very Wealthy." *Social Indicators Research* 16 (1985): 263–74.

Diener, E., E. Sandvik, and W. Pavot. "Happiness Is the Frequency, Not the Intensity, of Positive Versus Negative Affect." In *Subjective Well- Being: An Interdisciplinary Perspective.* Edited by F. Strack, M. Argyle, and N. Schwarz. Elmsford, NY: Pergamon Press, 1991.

Diener, E., and M. E. P. Seligman. "Very Happy People." *Psychological Science* 13, no. 1 (2002): 81–84.

Diener, Ed, and Robert Biswas- Diener. *Happiness: Unlocking the Mysteries of Psychological Wealth.* Malden, MA: Blackwell Publishing, 2008.

Diener, Ed, Ed Sandvik, Larry Seidlitz, and Marissa Diener. "The Relationship between Income and Subjective Well- Being: Relative or Absolute?" *Social Indicators Research* 28, no. 3 (1993): 195–223.

Dill, K., and C. Dill. "Video Game Violence: A Review of the Empirical Literature." *Aggression and Violent Behavior* 3, no. 4 (1998): 407–28.

Dimberg, U., M. Thunberg, and K. Elmehed. "Unconscious Facial Reactions to Emotional Facial Expressions." *Psychological Science* 11, no. 1 (2000): 86–89.

Dixon, M., N. Booth, and R. Powell. "Sex and Relationships Following Childbirth: A First Report from General Practice of 131 Couples." *British Journal of General Practice* 50, no. 452 (2000): 223–24.

Doherty, N. A., and J. A. Feeney. "The Composition of Attachment Networks Throughout the Adult Years." *Personal Relationships* 11, no. 4 (2004): 469–88.

Duckworth, Angela, Christopher Peterson, Michael Matthews, and Dennis Kelly. "Grit: Perseverance and Passion for Long- Term Goals." *Journal of Personality and Social Psychology* 92, no. 6 (2007): 1087–101.

Dweck, C. S. "Caution— Praise Can Be Dangerous." In *Educational Psychology in Context: Readings for Future Teachers.* Edited by Bruce A. Marlowe and Alan S. Canestrari. SAGE, 2005.

———. *Mindset: The New Psychology of Success.* New York: Random House, 2006.

Dweck, C. S., and M. L. Kamins. "Person Versus Process Praises and Criticism: Implications for Contingent Self- Worth and Coping." *Developmental Psychology* 35, no. 3 (1999): 835–47.

Easterbrook, G. *The Progress Paradox: How Life Gets Better While People Feel Worse.* New York: Random House, 2003.

Eisenberg, Marla E., Rachel E. Olson, and Dianne Neumark- Sztainer. "Correlations between Family Meals and Psychosocial Well- Being among Adolescents." *Archives of Pediatrics & Adolescent Medicine* 158, no. 8 (2004): 792–96.

Eisenberg- Berg, Nancy, and Elizabeth Geisheker. "Content of Preachings and Power of the Model/Preacher: The Effect on Children Generosity." *Developmental Psychology* 15, no. 2 (1979): 168–85.

Ekman, P., R. J. Davidson, and W. V. Fiesen. "Emotional Expression and Brain Physiology: II" *Journal of Personality and Social Psychology* 58, no. 2 (1990): 342–53.

Elliott, A. J., and C. S. Dweck, ed. *Handbook of Competence and Motivation.* New York: Guilford Press, 2005.

Emmons, Robert A. "Pay It Forward." *Greater Good* (2007).

Emmons, Robert A., and Michael E. McCullough. "Counting Blessings Versus Burdens: An Experimental Investigation of Gratitude and Subjective Well-Being in Daily Life." *Journal of Personality and Social Psychology* 84, no. 2 (2003): 377–83.

———. *The Psychology of Gratitude.* New York: Oxford University Press, 2004.

Ericsson, K. A., R. T. Krampe, and C. Tesch- Romer. "The Role of Deliberate Practice in the Acquisition of Expert Performance." *Psychological Review* 100, no. 3 (1993): 363–406.

Feeney, J. A. "Implication of Attachment Style for Patterns of Health and Illness." *Child: Care, Health and Development* 26, no. 4 (2000): 277–288.

Fein, G. G. "Pretend Play in Childhood: An Integrative Review." *Child Development* 52, no. 4 (1981): 24.

Feng, Xin, Daniel S. Shaw, and Jennifer S. Silk. "Developmental Trajectories of Anxiety Symptoms among Boys across Early and Middle Childhood." *Journal of Abnormal Psychology* 117, no. 1 (2008): 32–47.

Feng, Xin, Daniel S. Shaw, Emily M. Skuban, and Tonya Lane. "Emotional Exchange in Mother- Child Dyads: Stability, Mutual Influence, and Associations with Maternal Depression and Child Problem Behavior." *Journal of Family Psychology* 21, no. 4 (2007): 714–25.

Festinger, Leon. *A Theory of Cognitive Dissonance.* Evanston, IL: Row Peterson, 1957.

Field, T. "Attachment and Separation in Young Children." *Annual Review in Psychology* 47 (1996): 541–61.

Fiese, Barbara H., Thomas J. Tomcho, Michael Douglas, Kimberly Josephs, Scott Poltrock, and Tim Baker. "A Review of 50 Years of Research on Naturally Occurring Family Routines and Rituals: Cause for Celebration?" *Journal of Family Psychology* 16, no. 4 (2002): 381–90.

Fischman, Susan H., Elizabeth A. Rankin, Elaren L. Soeken, and Elizabeth R. Lenz. "Changes in Sexual Relationships in Postpartum Couples." *Journal of*

Obstetric, Gynecologic, & Neonatal Nursing 15, no. 1 (1986): 58–63.

Fitzsimons, G. J. "Asking Questions Can Change Choice Behavior: Does It Do So Automatically or Effortfully?" *Journal of Experimental Psychology* 6, no. 3 (2000): 12.

Fivush, Robyn, Jennifer Bohanek, Rachel Robertson, and Marshall Duke. "Family Narratives and the Development of Children's Emotional Well- Being." In *Family Stories and the Lifecourse: Across Time and Generations.* Edited by M. W. Pratt and B. E. Fiese (2003).

Flouri, E. "Fathering and Adolescents' Psychological Adjustment: The Role of Fathers' Involvement, Residence and Biology Status." *Child: Care, Health, and Development* 34, no. 2 (2007): 152–61.

Foderaro, Lisa W. "Families with Full Plates, Sitting Down to Dinner." In the *New York Times*: nytimes.com, 2006.

Fowler, J. H., and N. A. Christakis. "Dynamic Spread of Happiness in a Large Social Network: Longitudinal Analysis over 20 Years in the Framingham Heart Study." *British Medical Journal* 337, no. a2338 (2008).

Franck, Karen L., and Cheryl Beuehler. "A Family Process Model of Marital Hostility, Parental Depressive Affect, and Early Adolescent Problem Behavior: The Roles of Triangulation and Parental Warmth." *Journal of Family Psychology* 21, no. 4 (2007): 614–25.

Fredrickson, B. L. "Extracting Meaning from Past Affective Experiences: The Importance of Peaks, Ends, and Specific Emotions." *Cognition and Emotion* 14, no. 4 (2000): 577–606.

———. "Why Positive Emotions Matter in Organizations: Lessons from the Broadenand-Build Model." *Psychologist- Manager Journal* 4, no. 2 (2000): 131–42.

Fredrickson, B. L., R. A. Mancuso, C. Branigan, and M. M. Tugade. "The Undoing Effect of Positive Emotions." *Motivation and Emotion* 24, no. 4 (2000): 237–58.

Fredrickson, Barbara L. *Positivity: Groundbreaking Research Reveals How to Embrace the Hidden Strength of Positive Emotions, Overcome Negativity, and Thrive.* New York: Crown Publishers, 2009.

Frey, B. S., and A. Stutzer. *Happiness and Economics: How the Economy and Institutions Affect Well- Being.* Princeton, NJ: Princeton Unviersity Press, 2002.

Friedman, M., and D. Ulmer. *Treating Type A Behavior and Your Heart.* New

York: Ballantine Books, 1985.

Frost, Randy O., and Patricia A. Marten. "Perfectionism and Evaluative Threat." *Cognitive Therapy and Research* 14, no. 6 (1990): 559–72.

Frost, Randy O., Theresa A. Turcotte, Richard G. Heimberg, Jill I. Mattia, Craig S. Holt, and Debra A. Hope. "Reactions to Mistakes among Subjects High and Low in Perfectionistic Concern over Mistakes." *Cognitive Therapy and Research* 19, no. 2 (1995): 195–205.

Fujita, Frank, and Ed Diener. "Life Satisfaction Set Point: Stability and Change." *Journal of Personality and Social Psychology* 88, no. 1 (2005): 158–64.

Furnham, A., and M. Argyle. *The Psychology of Money.* London: Routledge, 1998.

Gable, S. L., H. T. Reis, and A. J. Elliot. "Behavioral Activation and Inhibition in Everyday Life." *Journal of Personality and Social Psychology* 78, no. 6 (2000): 15.

Gantz, W., N. Schwartz, J. Angelini, and V. Rideout. "Food for Thought: Television Food Advertising to Children in the United States." (2007), http://www.kff.org/entmedia/upload/7618.pdf.

Geoeke- Morey, Marcie C., E. Mark Cummings, and Lauren M. Papp. "Children and Marital Conflict Resolution: Implications for Emotional Security and Adjustment." *Journal of Family Psychology* 21, no. 4 (2007): 744–53.

Gladstone, G. L., and G. B. Parker. "When You're Smiling, Does the Whole World Smile for You?" *Australasian Psychiatry* 10, no. 2 (2002): 144–46.

Gladstone, T. R. G., and N. J. Kaslow. "Depression and Attributions in Children and Adolescents: A Meta- Analytic Review." *Journal of Abnormal Child Psychology* 23, no. 5 (1995): 597–606.

Gmitrova, V., and J. Gmitrov. "The Impact of Teacher- Directed and Child- Directed Pretend Play on Cognitive Competence in Kindergarten Children." *Early Childhood Education Journal* 30 (2003): 6.

Gohm, C. L. "Mood Regulation and Emotional Intelligence: Individual Differences." *Journal of Personality and Social Psychology* 84 (2003): 13.

Goldberg, M. E., G. J. Gorn, L. A. Perrachio, and G. Bamossy. "Understanding Materialism among Youth." *Journal of Consumer Psychology* 13 (2003): 11.

Goleman, Daniel. *Social Intelligence: The New Science of Human Relationships.* New York: Bantam Dell, 2006.

Gottfried, A. "Academic Intrinsic Motivation in Young Elementary School

Children." *Journal of Educational Psychology* 82, no. 3 (1990): 14.

Gottman, J. M. *Raising an Emotionally Intelligent Child.* New York: Simon & Schuster, 1997.

———. *What Predicts Divorce: The Relationship between Martial Processes and Marital Outcomes.* New York: Lawrence Erlbaum, 1994.

Gottman, J. M., L. F. Katz, and C. Hooven. *Meta- Emotion: How Families Communicate Emotionally.* Mahwah, NJ: Lawerence Erlbaum Associates, 1997.

Gottman, J. M., and Nan Silver. *The Seven Principles for Making Marriage Work.* New York: Crown Publishers, 1999.

Gottman, John, and Joan DeClaire. *Raising an Emotionally Intelligent Child.* New York: Simon & Schuster Paperbacks, 1997.

Groves, M. N., J. K. Sawyers, and J. D. Moran. "Reward and Ideation Fluency in Preschool Children." *Early Childhood Research Quarterly* no. 2 (1987): 332–40.

Haidt, J. *The Happiness Hypothesis: Finding Modern Truth in Ancient Wisdom.* New York: Basic Books, 2006.

Hammen, C., C. Adrian, and D. Hiroto. "A Longitudinal Test of the Attributional Vulnerability Model in Children at Risk for Depression." *British Journal of Clinical Psychology* 27 (1988): 37–46.

Harker, L., and D. Keltner. "Expressions of Positive Emotion in Women's College Yearbook Pictures and Their Relationship to Personality and Life Outcomes across Adulthood." *Journal of Personality and Social Psychology* 80, no. 1 (2001): 112–24.

Harlow, H. F., and M. A. Novak. "Psychopathological Perspectives." *Perspectives in Biology and Medicine* 16, no. 3 (1973): 461–78.

Harold, G. T., J. J. Aitken, and K. H. Shelton. "Inter- Parental Conflict and Children's Academic Attainment: A Longitudinal Analysis." *Journal of Child Psychology and Psychiatry* 48, no. 12 (2007): 1223–32.

Hatfield, E. "Emotional Contagion." *Current Directions in Psychological Science* 2, no. 3 (2008): 96–100.

Healy, Eileen D. *EQ and Your Child: 8 Proven Skills to Increase Your Child's Emotional Intelligence.* San Carlos, CA: Familypedia Publishing, 2005.

Hercz, Robert. "Rat Trap: Why Canada's Drug Policy Won't Check Addiction." www.walrusmagazine.com/print/2007.12- health- rat- trap/.

Hess, U., and S. Blairy. "Facial Mimicry and Emotional Contagion to Dynamic Emotional Facial Expressions and Their Influence on Decoding Accuracy." *International Journal of Psychophysiology* 40, no. 2 (2001): 129–41.

Hills, P., and M. Argyle. "Positive Moods Derived from Leisure and Their Relationship to Happiness and Personality." *Personality and Individual Differences* 25, no. 3 (1998): 523–35.

Hofferth, Sandra L., and John F. Sandberg. "Changes in American Children's Time 1981–1997." *Advances in Life Course Research* (2000): 1–49.

Hoffman, M. L. "Power Assertion by the Parent and Its Impact on the Child." *Child Development* 31 (1960): 129–43.

Hoffman, Martin L. "Altruistic Behavior and the Parent- Child Relationship." *Journal of Personality and Social Psychology* 31, no. 5 (1975): 937–43.

Holden, George W., and Meredith J. West. "Proximate Regulation by Mothers: A Demonstration of How Differing Styles Affect Young Children's Behavior." *Child Development* 60, no. 1 (1989): 64–69.

Hooker, K. E., and I. E. Fodor. "Teaching Mindfulness to Children." *Gestalt Review* 12, no. 1 (2008): 17.

Houck, Gail M., and Elizabeth A. Lecuyer- Maus. "Maternal Limit Setting During Toddlerhood, Delay of Gratification, and Behavioral Problems at Age Five." *Infant Mental Health Journal* 25, no. 1 (2004): 28–46.

Howe, Michael, J. A., Jane W. Davidson, and John A. Sloboda. "Innate Talents: Reality or Myth?" *Behavioral and Brain Sciences* 21 (1998): 399–442.

Huang, Julie Y., and John A. Bargh. "Peak of Desire: Activating the Mating Goal Changes Life- Stage Preferences across Living Kinds." *Psychological Science* 19, no. 6 (2008): 573–78.

Hunter, Samuel T., Katrina E. Bedell, and Michael D. Mumford. "Climate for Creativity: A Quantitative Review." *Creativity Research Journal* 19, no. 1 (2007): 69–90.

Inglehart, Ronald. *Culture Shift in Advanced Industrial Society.* Princeton, NJ: Princeton University Press, 1990.

Johnson, D. W., R. Johnson, B. Dudley, and K. Acikgoz. "Effects of Conflict Resolution Training on Elementary School Students." *Journal of Social Psycology* 134, no. 6 (2001): 803–17.

Johnson, David P., David L. Penn, Barbara L. Fredrickson, Piper S. Meyer, Ann M. Kring, and Mary Brantley. "Loving- Kindness Meditation to Enhance Recovery from Negative Symptoms of Schizophrenia." *Journal of Clinical Psychology* 65, no. 5 (2009): 499–509.

Joiner, T. E., and K. D. Wagner. "Attributional Style and Depression in Children and Adolescents: A Meta- Analytic Review." *Clinical Psychology Review* 15, no. 8 (1995): 777 98.

Jorge Moll, Frank Krueger, Roland Zahn, Matteo Pardini, Ricardo de Oliveira-Souza, and Jordan Grafman. "Human Fronto- Mesolimbic Networks Guide Decisions About Charitable Donation." *Proceedings of the National Academy of Sciences of the United States of America* 103, no. 42 (2006): 15623–28.

Joussemet, Mireille, Richard Koestner, Natasha Lekes, and Nathalie Houlfort. "Introducing Uninteresting Tasks to Children: A Comparison of the Effects of Rewards and Autonomy Support." *Journal of Personality* 72, no. 1 (2004): 139–66.

Kabat- Zinn, J. *Full Catastrophe Living: Using the Wisdom of Your Body and Mind to Face Stress, Pain and Illness.* New York: Delacorte, 1990.

———. "Mindfulness- Based Interventions in Context: Past, Present and Future." *Clinical Psychology: Science and Practice* 10 (2003): 13.

Kabat- Zinn, M., and J. Kabat- Zinn. *Everyday Blessings: The Inner Work of Mindful Parenting.* New York: Hyperion, 1998.

Kahneman, D., B. L. Fredrickson, C. A. Schreiber, and D. A. Redelmeier. "When More Pain Is Preferred to Less: Adding a Better End." *Psychological Science* 4, no. 6 (1993): 401–5.

Kasser, T. "Frugality, Generosity, and Materialism in Children and Adolescents." In *What Do Children Need to Flourish? Conceptualizing and Measuring Indicators of Positive Development.* Edited by K. A. Moore and L. H. Lippman. New York: Springer Science + Business Media, 2005.

———. *The High Price of Materialism.* Cambridge, MA: MIT Press, 2002.

Kawamura, Kathleen Y., Sandra L. Hunt, Randy O. Frost, and Patricia Marten DiBartolo. "Perfectionism, Anxiety, and Depression: Are the Relationships Independent?" *Cognitive Therapy and Research* 25, no. 3 (2001): 291–301.

Keller, Johannes. "On the Development of Regulatory Focus: The Role of Parenting Styles." *European Journal of Social Psychology* 38, no. 2 (2008): 354–64.

Keltner, Dacher. *Born to Be Good: The Science of a Meaningful Life.* New York: W. W. Norton & Company, 2009.

Kindlon, Daniel J. *Too Much of a Good Thing: Raising Children of Character in an Indulgent Age.* New York: Hyperion, 2003.

Knafo, Ariel, and Robert Plomin. "Parental Discipline and Affection and Children's Prosocial Behavior: Genetic and Environmental Links." *Journal of Personality and Social Psychology* 90, no. 1 (2006): 147–64.

———. "Prosocial Behavior from Early to Middle Childhood: Genetic and Environmental Influences on Stability and Change." *Developmental Psychology* 42, no. 5 (2006): 771–786.

Kobasa, S. "The Hardy Personality: Toward a Social Psychology of Stress in Health." In *Social Psychology of Health and Illness (Environment and Health).* Edited by G. G. Sanders and J. Suls. Hillsdale, NJ: Lawrence Erlbaum Associates, 1982.

Kohn, Alfie. *Punished by Rewards: The Trouble with Gold Stars, Incentive Plans, A's, Praise, and Other Bribes.* Boston: Houghton Mifflin Company, 1999.

Koutsos, P., E. H. Wertheim, and J. Kornblum. "Paths to Interpersonal Forgiveness: The Roles of Personality, Disposition to Forgive and Contextual Factors in Predicting Forgiveness." *Personality and Individual Differences* 44, no. 2 (2008): 337–48.

Krause, Neal. "Church- Based Social Support and Mortality." *Journal of Gerontology* 61B, no. 3 (2006): S140- S146.

Krause, Neal, Christopher G. Ellison, and Keith M. Wuff. "Church- Based Emotional Support, Negative Interaction, and Psychological Well- Being: Findings from a National Sample of Presbyterians." *Journal for the Scientific Study of Religion* 37, no. 4 (1998): 725–41.

Lamb, M. E. "Attachments, Social Networks, and Developmental Contexts." *Human Development* 48 (2005): 108–12.

Langer, E. J. "A Mindful Education." *Educational Psychologist* 28, no. 1 (1993): 8.

Langner, T. S., and S. T. Michael. *Life Stress and Mental Health.* New York: Free Press, 1963.

Langston, C. A. "Capitalizing on and Coping with Daily- Life Events: Expressive Responses to Positive Events." *Journal of Personality and Social Psychology* 67, no. 6 (1994): 14.

Latham, G. P., and E. A. Locke. "Self- Regulation through Goal Setting." *Organizational Behavior and Human Decision Processes* 50 (1991): 36.

Lazare, Aaron. "Making Peace through Apology." *Greater Good* (2004): 16–19.

———. *On Apology.* New York: Oxford University Press, 2005.

Lecuyer, Elizabeth, and Gail M. Houck. "Maternal Limit- Setting in Toddlerhood: Socialization Strategies for the Development of Self- Regulation." *Infant Mental Health Journal* 27, no. 4 (2006): 344–70.

Lempers, Jacques D., Dania Clark- Lempers, and Ronald L. Simons. "Economic Hardship, Parenting, and Distress in Adolescence." *Child Development* 60, no. 1 (1989): 25–39.

Lewis, Jone Johnson. "Diane Ackerman Quotes." http://womenshistory.about.com/od/quotes/a/ackerman.htm.

Lindsey, E. W., and M. J. Colwell. "Preschoolers' Emotional Competence: Links to Pretend and Physical Play." *Child Study Journal* 33, no. 1 (2003): 14.

Loeb, Susanna, Margaret Bridges, Daphna Bassok, Brue Fuller, and Russell W. Rumberger. "How Much Is Too Much? The Influence of Preschool Centers on Children's Social and Cognitive Development." *Economics of Education Review* 26, no. 1 (2007): 52–66.

Loehr, J., and T. Schwartz. *The Power of Full Engagement.* New York: Free Press, 2003.

Losada, M. "The Complex Dynamics of High Performance Teams." *Mathematical and Computer Modeling* 30, no. 9–10 (1999): 179–92.

Losada, M., and E. Heaphy. "The Role of Positivity and Connectivity in the Performance of Business Teams: A Nonlinear Dynamics Model." *American Behavioral Scientist* 47, no. 6 (2004): 740–65.

Luks, Allan. "Doing Good: Helper's High." *Psychology Today* 22, no. 10 (1988).

Luskin, Frederic. "The Choice to Forgive." *Greater Good* (2004): 13–15.

———. *Forgive for Good.* New York: Harper Collins, 2003.

Luthar, Suniya S. "The Culture of Affluence: Psychological Costs of Material Wealth." *Child Development* 74, no. 6 (2003): 1581–93.

Luthar, Suniya S., and Bronwyn E. Becker. "Privileged but Pressured? A Study of Affluent Youth." *Child Development* 73, no. 5 (2002): 1593–610.

Luthar, Suniya S., and K. D'Avanzo. "Contextual Factors in Substance Use: A Study of Suburban and Inner- City Adolescents." *Development and Psychopathology* 11 (1999): 845–67.

Luthar, Suniya S., and S. Latendresse. "Children of the Affluent: Challenges to Well- Being." *American Psychological Society* 14, no. 1 (2005): 49–53.

Luthar, Suniya S., and C. C. Sexton. "The High Price of Affluence." In *Advances in Child Development and Behavior.* Edited by R. Kail. San Diego, CA: Academic Press, 2005.

Lyubomirsky, S., L. A. King, and E. Diener. "The Benefits of Frequent Positive Affect: Does Happiness Lead to Success?" *Psychological Bulletin* 131 (2005): 803–55.

———. "Pursuing Happiness: The Architecture of Sustainable Change." *Review of General Psychology* 9, no. 2 (2005): 111–31.

Lyubomirsky, Sonja. *The How of Happiness: A Scientific Approach to Getting the Life You Want.* New York: Penguin Press, 2007.

Madden, G. J., N. M. Petry, G. J. Badger, and Warren K. Bickel. "Impulsive and Self- Control Choices in Opioid- Dependent Patients and Non- Drug- Using Control Patients: Drug and Monetary Rewards." *Experimental and Clinical Psychopharmacology* 5, no. 3 (1997): 256–62.

Magen, Zipora. "Commitment Beyond Self and Adolescence." *Social Indicators Research* 37 (1996): 235–67.

Manian, Nanmathi, Alison A. Papadakis, Timothy J. Strauman, and Marilyn J. Essex. "The Development of Children's Ideal and Ought Self- Guides: Parenting, Temperament, and Individual Differences in Guide Strength." *Journal of Personality* 74, no. 6 (2006): 619–645.

Manuilenko, Z. V. "The Development of Voluntary Behavior in Preschool- Age Children." *Soviet Psychology* 13 (1948/1975).

Marano, Hara Estroff. "Pitfalls of Perfectionism." *Psychology Today* (2008).

Maruyama, Geoffrey, Scott C. Fraser, and Norman Miller. "Personal Responsibility and Altruism in Children." *Journal of Personality and Social Psychology* 42, no. 4 (1982): 658–64.

Mayer, S. E. *What Money Can't Buy: Family Income and Children's Life Chances.* Cambridge, MA: Harvard University Press, 1997.

McClelland, D. C., and C. Kirshnit. "The Effect of Motivational Arousal through Films on Salivary Immunoglobulin A." *Psychology & Health* 2, no. 1 (1988): 31–52.

McCullough, M. E., G. Bono, and L. M. Root. "Rumination, Emotion, and Forgiveness: Three Longitudinal Studies." *Journal of Personality and Social Psychology* 92, no. 3 (2007): 490–505.

McCullough, M. E., E. L. Worthington, and K. C. Rachal. "Interpersonal Forgiving in Close Relationships." *Journal of Personality and Social Psychology* 73, no. 2 (1997): 321–36.

McCullough, Michael E. "Forgiveness: Who Does It and How Do They Do It?" *Current Directions in Psychological Science* 10, no. 6 (2002): 194–97.

McCullough, Michael E., and Robert A. Emmons. "The Grateful Disposition: A Conceptual and Empirical Topography." *Journal of Personality and Social Psychology* 82, no. 1 (2002): 112–27.

McCullough, Michael E., and Charlotte van Oyen Witvliet. "The Psychology of Forgiveness." In *Handbook of Positive Psychology*. Edited by C. R Snyder and S. J. Lopez. New York: Oxford University Press, 2002.

McGurk, Harry, Marlene Caplan, Elilis Hennessy, and Peter Moss. "Controversy, Theory and Social Context in Contemporary Day Care Research." *Journal of Child Psychology and Psychiatry* 34, no. 1 (1993): 3–23.

McLaughlin, Christine Carter. "Buying Happiness: Family Income and Adolescent Subjective Well- Being." Berkeley: University of California, Berkeley, 2007.

Medina, John. *Brain Rules: 12 Principles for Surviving and Thriving at Work, Home and School*. Seattle, WA: Pear Press, 2009.

Meltzoff, A. N. "Imitation and Other Minds: The 'Like Me' Hypothesis." In *Perspectives on Imitation: From Cognitive Neuroscience to Social Science*. Edited by S. Hurley and N. Chater. Cambridge, MA: MIT Press, 2005, 55–77.

Metcalfe, J., and W. Mischel. "A Hot /Cool- System Analysis of Delay of Gratification: Dynamics of Willpower." *Psychological Review* 106, no. 1 (1999): 3–19.

Mikulincer, Mario, Phillip R. Shaver, and Dana Pereg. "Attachment Theory and Affect Regulation: The Dynamics, Development, and Cognitive Consequences of Attachment- Related Strategies." *Motivation and Emotion* 27, no. 2 (2003): 77–102.

Miller, C. "Teaching the Skills of Peace: More Elementary and Preschools Are Going Beyond 'Conflict Resolution' To Teach Positive Social Behavior." *Children's Advocate* (2001), http://www.4children.org/news/501teach.htm.

Miller, Gregory E., and Carsten Wrosch. "You've Gotta Know When to Fold 'em: Goal Disengagement and Systemic Inflammation in Adolescence." *Psychological Science* 19, no. 9 (2007): 773.

Mischel, W. "Delay of Gratification, Need for Achievement, and Acquiescence in Another Culture." *Journal of Abnormal and Social Psychology* 62, no. 3 (1961): 543–52.

Mischel, W., and C. Gilligan. "Delay of Gratification, Motivation for the Prohibited Gratification, and Responses to Temptation." *Journal of Abnormal Social Psychology* 69, no. 4 (1964): 411–17.

Mischel, W., and R. Metzner. "Preference for Delayed Reward as a Function of Age, Intelligence, and Length of Delay Interval." *Journal of Abnormal Social Psychology* 64, no. 6 (1962): 425–31.

Mischel, W., Y. Shoda, and M. L. Rodriguez. "Delay of Gratification in Children." *Science* 244, no. 4907 (1989): 933–38.

Mischel, Walter, and Ebbe B. Ebbesen. "Attention in Delay of Gratification." *Journal of Personality and Social Psychology* 16, no. 2 (1970): 329–37.

Moore, K. A., E. C. Hair, S. Vandivere, C. B. McPhee, M. McNamara, and T. Ling. "Depression among Moms: Prevalence, Predictors, and Acting Out among Third- Grade Children." Washington, DC: Child Trends, 2006.

Moore, M., and S. Russ. "Pretend Play as a Resource for Children: Implications for Pediatricians and Health Professionals." *Journal of Developmental and Behavioral Pediatrics* 27 (2006): 12.

Morrison, Donna Ruane, and Mary Jo Coiro. "Parental Conflict and Marital Disruption: Do Children Benefit When High- Conflict Marriages Are Dissolved?" *Journal of Marriage and the Family* 61, no. 3 (1999): 626–37.

Moschis, G. P., and G. A. Churchill. "Consumer Socialization: A Theoretical and Empirical Analysis." *Journal of Marketing Research* 15 (1978): 11.

Moschis, G. P., and R. L. Moorse. "A Longitudinal Study of Television Advertising Effects." *Journal of Consumer Research* 9 (1982): 8.

Mueller, C. M., and C. S. Dweck. "Praise for Intelligence Can Undermine Children's Motivation and Performance." *Journal of Personality and Social Psychology* 75, no. 1 (1998): 33–52.

Muraven, M., R. F. Baumeister, and D. M. Tice. "Longitudinal Improvement of Self-Regulation through Practice: Building Self- Control Strength through Repeated Exercise." *Journal of Social Psychology* 139, no. 4 (1999): 12.

Musick, Marc A., and John Wilson. "Volunteering and Depression: The Role of Psychological and Social Resources in Different Age Groups." *Social Science & Medicine* 56 (2003): 259–69.

Myers, D. G. *The American Paradox: Spiritual Hunger in an Age of Plenty.* New Haven, CT: Yale University Press, 2000.

Myers, David. "Human Connections and the Good Life: Balancing Individuality and Community in Public Policy." In *Positive Psychology in Practice.* Edited by P. Alex Linley and Stephen Joseph. Hoboken, NJ: Wiley, 2004, 641–57.

Nakamura, J., and M. Csikszentmihalyi. "The Concept of Flow." In *Handbook of Positive Psychology.* Edited by C. R. Snyder and S. J. Lopez. London: Oxford University Press, 2002, 89–105.

Napoli, M., P. R. Krech, and L. C. Holley. "Mindfulness Training for Elementary School Students: The Attention Academy." *Journal of Applied School Psychology* 21, no. 1 (2005): 27.

National Institute on Media and the Family. "Fact Sheet Children and Advertising" (2002), http://www.mediafamily.org/facts/facts_childadv.shtml.

Neal, D. T., W. Wood, and J. M. Quinn. "Habits— a Repeat Performance." *Current Directions in Psychological Sciences* 15, no. 4 (2006): 5.

NICHD Early Child Care Research Network. "Child Care and Mother- Child Interaction in the First Three Years of Life." *Developmental Psychology* 35, no. 6 (1999): 1399–413.

———. "Does Amount of Time Spent in Child Care Predict Socioemotional Adjustment During the Transition to Kindergarten?" *Child Development* 74 (2003): 976– 1005.

———. "The Effects of Infant Child Care on Infant- Mother Attachment Security: Results of the NICHD Study of Early Child Care." *Child Development* 68, no. 5 (1997): 860–79.

Nolen- Howksema, S., J. S. Girgus, and M. E. P. Seligman. "Depression in Children of Families in Turmoil." Unpublished manuscript, University of Pennsylvania (1986).

Norcross, J., M. Mrykalo, and M. Blagys. "Auld Lang Syne: Success Predictors, Change Processes, and Self- Reported Outcomes of New Year's Resolvers and Nonresolvers." *Journal of Clinical Psychology* 58 (2002): 9.

Norcross, J., and D> Vangarelli. "The Resolution Solution: Longitudinal Examination of New Year's Change Attempts." *Journal of Substance Abuse* 1 (1989): 8.

Oishi, Shigehiro, Ed Diener, and Richard E. Lucas. "The Optimum Level of Well-Being: Can People Be Too Happy?" *Perspectives on Psychological Science* 2, no. 4 (2007): 346–60.

Oman, Doug, Carl E. Thoresen, and Kay McMahon. "Volunteerism and Mortality among the Community- Dwelling Elderly." *Journal of Health Psychology* 4, no. 3 (1999): 301–16.

Ott, M. J. "Mindfulness Meditation in Pediatric Clinical Practice." *Pediatric Nursing* 28, no. 5 (2000): 4.

Palkovitz, R. "Reconstructing 'Involvement': Expanding Conceptualizations of Men's Caring in Contemporary Families." In *Generative Fathering: Beyond Deficit Perspectives.* Edited by A. J. Hawkins and D. C. Dollahite. Thousand Oaks, CA: Sage, 1997, 200–16.

Pamuk, E., D. Makuc, K. Heck, C. Reuben, and K. Lochner. *Socioeconomic Status and Health Chartbook: Health, United States, 1998.* Hyattsville, MD: National Center for Health Statistics, 1998.

Pan, Barbara, Rivka Perlmann, and Catherine Snow. "Food for Thought: Dinner Table as a Context for Observing Parent- Child Discourse." In *Methods for Studying Language Production.* Edited by Lise Menn and Nan Bernstein Ratner. Lawrence Erlbaum Associates, 2000, 205–24.

Papa, A., and G. A. Bonanno. "The Face of Adversity: The Interpersonal and Intrapersonal Functions of Smiling." *Emotion* 8, no. 1 (2008): 1–12.

Parker- Pope, Tara. "Is It Love or Mental Illness? They're Closer Than You Think." *Wall Street Journal* (February 13, 2007): D1.

Pearlman, C. "Finding the 'Win- Win': Nonviolent Communication Skills Help Kids— and Adults— Resolve Conflicts in Ways That Work for Everybody." *Children's Advocate* (2007), www.4children.org/news/1107hcone.htm.

Peterson, Bill E. "Generativity and Successful Parenting: An Analysis of Young Adult Outcomes." *Journal of Personality* 74, no. 3 (2006): 847–69.

Peterson, C., M. E. P. Seligman, and G. E. Vaillant. "Pessimistic Explanatory Style Is a Risk Factor for Physical Illness: A Thirty- Five- Year Longitudinal Study." *Journal of Personality and Social Psychology* 55, no. 3 (1988): 23–27.

Pierrehumbert, B., R. J. Iannoti, E. M. Cummings, and C. Zahn- Waxler. "Social Functioning with Mother and Peers at 2 and 5 Years: The Influence of Attachment." *International Journal of Behavioral Development* 12, no. 1 (1989): 85–100.

Polak, Emily L., and Michael E. McCullough. "Is Gratitude an Alternative to Materialism?" *Journal of Happiness Studies* 7, no. 3 (2006): 343–60.

Post, Stephen G. "Altruism, Happiness, and Health: It's Good to Be Good." *International Journal of Behavioral Medicine* 12, no. 2 (2005): 66–77.

Post, Stephen, and Jill Neimark. *Why Good Things Happen to Good People.* New York: Broadway Books, 2007.

Pressley, M., W. M. Reynolds, K. D. Stark, and M. Gettinger. *Cognitive Strategy Training and Children's Self- Control. Cognitive Strategy Research: Psychological Foundations.* Edited by M. Pressley and J. R. Levin. New York: Springer- Verlag, 1983.

Prochaska, J., and C. DiClemente. *Changing for Good.* New York: Collins, 2006.

Prochaska, J., C. DiClemente, and J. C. Norcross. "In Search of How People Change." *American Psychologist* 47, no. 9 (1992): 13.

Putnam, Robert D. *Bowling Alone: The Collapse and Revival of American Community.* New York: Simon and Schuster, 2001.

Ratey, John J., and Eric Hagerman. *Spark.* New York: Little, Brown and Company, 2008.

Rettew, D., and K. Reivich. "Sports and Explanatory Style." In *Explanatory Style.* Edited by G. M. Buchanan and M. E. P. Seligman. Hillsdale, NJ: Lawrence Erlbaum, 1995, 173–86.

Rinaldi, Christina M., and Nina Howe. "Perceptions of Constructive and Destructive Conflict within and across Family Subsystems." *Infant and Child Development* 12 (2003): 441–89.

Risen, Clay. "Quitting Can Be Good for You." *New York Times* (December 19, 2007).

Robins, C. J., and A. M. Hayes. "The Role of Causal Attributions in the Prediction of Depression." In *Explanatory Style.* Edited by G. M. Buchanan and M. E. P. Seligman. Hillsdale, NJ: Lawrence Erlbaum, 1995, 71–98.

Robinson, John P., and Steven Martin. "What Do Happy People Do?" *Social Indicators Research* 89 (2008): 565–71.

Rose, P., and S. P. DeJesus. "A Model of Motivated Cognition to Account for the Link between Self- Monitoring and Materialism." *Psychology & Marketing* 24, no. 2 (2007): 23.

Ross, W. T., and I. Simonson. "Evaluation of Pairs of Experiences: A Preferred Happy Ending." *Journal of Behavioral Decision Making* 4 (1991): 273–82.

Rozin, P., and T. A. Vollmecke. "Food Likes and Dislikes." *Annual Review of Nutrition* 6 (1986): 433–56.

Rubin, K. H. "Fantasy Play: Its Role in the Development of Social Skills and Social Cognition." *New Directions for Child Development* 9 (1980): 16.

Rubin, K. H., W. Bukowski, et al. *Peer Interactions, Relationships, and Groups. Handbook of Child Psychology.* 5th ed., Vol. 3: *Social, Emotional, and*

Personality Development. Edited by W. Damon. New York: John Wiley & Sons, 1998.

Rutter, M. "Psychosocial Resilience and Protective Mechanisms." *American Journal of Orthopsychiatry* 57 (1987): 316–31.

Ryan, R. M., and E. L. Deci. "When Rewards Compete with Nature: The Undermining of Intrinsic Motivation and Self- Regulation." In *Intrinsic and Extrinsic Motivation: The Search for Optimal Motivation and Performance.* Edited by C. Sansone and J. Jarackiewicz. New York: Academic Press, 2000, 13–54.

Satter, Ellyn. "Feeding Dynamics: Helping Children to Eat Well." *Journal of Pediatric Health Care* 9 (1995): 178–84.

———. "The Feeding Relationship." *Zero to Three Journal* 12, no. 5 (1992): 1–9.

Sayer, Liana C., Suzanne M. Bianchi, and John P. Robinson. "Are Parents Investing Less in Children? Trends in Mothers' and Fathers' Time with Children." *American Journal of Sociology* 110, no. 1 (2004): 1–43.

Scheier, M. F., and C. S. Carver. "Effects of Optimism on Psychological and Physical Well- Being: Theoretical Overview and Empirical Update." *Cognitive Therapy and Research* 16, no. 2 (1992): 201–28.

———. "On the Power of Positive Thinking: The Benefits of Being Optimistic." *Current Directions in Psychological Science* 2, no. 1 (1993): 26–30.

Scheier, M. F., C. S. Carver, and M. W. Bridges. "Distinguising Optimism from Neuroticism (and Trait Anxiety, Self- Mastery, and Self- Esteem): A Re-Evaluation of the Life Orientation Test." *Journal of Personality and Social Psychology* 67, no. 6 (1994): 1063–78.

Scherwitz, Larry, Robert McKelvain, Carol Laman, John Patterson, Laverne Dutton, Solomon Yusim, Jerry Lester, Irvin Kraft, Donald Rochelle, and Robert Leachman. "Type A Behavior, Self Involvement, and Coronary Atherosclerosis." *Psychosomatic Medicine* 45, no. 1 (1983): 47–57.

Schmitt, David P., Todd K. Shackelford, Joshua Duntley, William Tooke, David M. Buss, Maryanne L. Fisher, Marguerite Lavallee, and Paul Vasey. "Is There an Early- 30s Peak in Female Sexual Desire? Cross- Sectional Evidence from the United States and Canada." *Canadian Journal of Human Sexuality* 11 (2002): 1–18.

Schoppe- Sullivan, Sarah, G. L. Brown, E. A. Cannon, S. C. Mangelsdorf, and M. Szewczyk Sokolowski. "Maternal Gatekeeping, Coparenting Quality, and

Fathering Behavior in Families with Infants." *Journal of Family Psychology* 22, no. 3 (2008): 389–98.

Schor, Juliet. *Born to Buy: The Commercialized Child and the New Consumer Culture.* New York: Simon & Schuster, 2004.

Schulman, P. "Explanatory Style and Achievement in School and Work." In *Explanatory Style.* Edited by G. M. Buchanan and M. E. P. Seligman. Hillsdale, NJ: Lawrence Erlbaum, 1995, 159–71.

Schwartz, Barry. *The Paradox of Choice: Why More Is Less.* New York: HarperCollins Publishers Inc., 2004.

Schwartz, Carolyn E., Janice Bell Meisenhelder, Yunsheng Ma, and George Reed. "Altruistic Social Interest Behaviors Are Associated with Better Mental Health." *Psychosomatic Medicine* 65 (2003): 778–85.

Schwartz, Carolyn E., and Rabbi Meir Sendor. "Helping Others Helps Oneself: Response Shift Effects in Peer Support." *Social Science & Medicine* 48, no. 11 (1999): 1563–75.

Seligman, M. E. P., K. J. Reivich, L. H. Jaycox, and J. Gillham. *The Optimistic Child.* New York: Houghton Mifflin, 1995.

Seligman, Martin E. P. *Authentic Happiness: Using the New Positive Psychology to Realize Your Potential for Lasting Fulfillment.* New York: Simon & Schuster, 2002.

Seligman, Martin E. P., Tracy A. Steen, Nansook Park, and Christopher Peterson. "Positive Psychology Progress: Empirical Validation of Interventions." *American Psychologist* 60, no. 5 (2005): 410–21.

Shapiro, Alyson, John Gottman, and Sybil Carrere. "The Baby and the Marriage: Identifying Factors That Buffer against Decline in Marital Satisfaction after the First Baby Arrives." *Journal of Family Psychology* 14, no. 1 (2000): 59–70.

Shapiro, S. L., G. E. Schwartz, and G. Bonner. "Effects of Mindfulness- Based Stress Reduction on Medical and Premedical Students." *Journal of Behavioral Medicine* 21, no. 6 (1998): 19.

Sheldon, K. M., and S. Lyubomirsky. "Achieving Sustainable Gains in Happiness: Change Your Actions, Not Your Circumstances." *Journal of Happiness Studies* 7 (2006): 55–86.

Shelton, K. H., and G. T. Harold. "Marital Conflict and Children's Adjustment: The Mediating and Moderating Role of Children's Coping Strategies." *Social Development* 16, no. 3 (2007): 497–512.

Shonkoff, J. P., and D. Phillips. *From Neurons to Neighborhoods: The Science of Early Child Development*. Washington, DC: National Academy Press, 2000.

Shultz, T. R., and M. R. Lepper. "Cognitive Dissonance Reduction as Constraint Satisfaction." *Psychological Review* 103, no. 2 (1996): 219–40.

Siegel, D. J. *The Mindful Brain: Reflection and Attunement in the Cultivation of Well-Being*. New York: W. W. Norton & Co., 2007.

Singh, N. N., G. E. Lanconi, A. S. W. Winton, J. Singh, W. J. Curtis, R. G. Wahler, and K. M. McAleavey. "Mindful Parenting Decreases Aggression and Increases Social Behavior in Children with Developmental Disabilities." *Behavior Modification* 31, no. 6 (2007): 23.

Smirnova, E. O. "Development of Will and Intentionality in Toddlers and Preschool-Aged Children." *Modek* (1998).

Smirnova, E. O., and O. V. Gudareva. "Igra I Proizvol'nost' U Sovremennyh Doshkol'nikov" [Play and Intentionality in Today's Preschoolers]. *Voprosy psihologii* 1 (2004): 91–103.

Smith, J. "Playing the Blame Game." *Greater Good* 4, no. 4 (2008): 24–27.

Squires, Sally. "To Eat Better, Eat Together." *Washington Post,* 2005.

Sroufe, L. A., N. E. Fox, and V. R. Pancake. "Attachment and Dependency in Developmental Perspective." *Child Development* 54, no. 6 (1983): 1615–27.

Stipek, D., R. Feiler, D. Daniels, and S. Milburn. "Effects of Different Instructional Approaches on Young Children's Achievement and Motivation." *Child Development* 66 (1995): 15.

Strack, Fritz, Leonard L. Martin, and S. Stepper. "Inhibiting and Facilitating Conditions of the Human Smile: A Nonobtrusive Test of the Facial Feedback Hypothesis." *Sabine Journal of Personality and Social Psychology* 54, no. 5 (1988): 768–77.

Strasburger, V. C. "Children and TV Advertising: Nowhere to Run, Nowhere to Hide." *Journal of Developmental and Behavioral Pediatrics* 22, no. 3 (2001): 185–87.

Stumphauzer, J. S. "Increased Delay of Gratification in Young Prison Inmates through Imitation of High- Delay Peer Models." *Journal of Personality and Social Psychology* 21, no. 1 (1972): 10–17.

Suda, M., K. Morimoto, A. Obata, H. Koizumi, and A. Maki. "Emotional Responses to Music: Towards Scientific Perspectives on Music Therapy."

Neuroreport: For Rapid Communication of Neuroscience Research 19, no.
1 (2008): 75–78.

Sullivan, Oriel, and Scott Coltrane. "Men's Changing Contribution to Housework
and Child Care: A Discussion Paper on Changing Family Roles." In *11th
Annual Conference of the Council on Contemporary Families.* Chicago:
University of Illinois, 2008.

Summit, N. J. "Family Dinner Linked to Better Grades for Teens: Survey Finds
Regular Meal Time Yields Additional Benefits." In *ABC News,* 2005.

Suomi, Stephen J., and Harry F. Harlow. "Social Rehabilitation of Isolate- Reared
Monkeys." *Developmental Psychology* 6, no. 3 (1972): 487–96.

Surakka, V., and J. K. Hietanen. "Facial and Emotional Reactions to Duchenne
and Non- Duchenne Smiles." *International Journal of Psychophysiology* 29
(1998): 23–33.

Szente, J. "Empowering Young Children for Success in School and in Life." *Early
Childhood Education Journal* 34, no. 6 (2007): 5.

Tavecchio, Louis W. C., and M. H. van Ijendoorn. *Attachment in Social
Networks: Contributions to the Bowlby- Ainsworth Attachment Theory.*
New York: Elsevier Science Publishers B.V., 1987.

Teague, R. J. P. "Social Functioning in Preschool Children: Can Social Information
Processing and Self- Regulation Skills Explain Sex Differences and Play a Role
in Preventing Ongoing Problems?" Brisbane, Australia, Griffith University,
2005.

Tickle- Degnen, Linda, and Robert Rosenthal. "The Nature of Rapport and Its
Nonverbal Correlates." *Psychological Inquiry* 1, no. 4 (1990): 324–29.

Tkach, C., and S. Lyubomirsky. "How Do People Pursue Happiness?: Relating
Personality, Happiness- Increasing Strategies, and Well- Being." *Journal of
Happiness Studies* 7, (2006): 183–225.

Tronick, E. Z., S. Winn, and G. A. Morelli. "Multiple Caretaking in the Context of
Human Evolution: Why Don't the Efe Know the Western Prescription to Child
Care?" In *The Psychobiology of Attachment and Separation.* Edited by M.
Reite and T. Field. New York: Academic Press, 1985, 293–321.

Trope, Y., and A. Fishbach. "Counteractive Self- Control in Overcoming
Temptation." *Journal of Personality and Social Psychology* 79, no. 4 (2000):
493–506.

Troy, M., and L. A. Sroufe. "Victimization among Preschoolers: Role of
Attachment Relationship History." *Journal of American Academy of Child*

and Adolescent Psychiatry 26, no. 2 (1987): 166–72.

Tugade, M. M., and B. L. Fredrickson. "Regulation of Positive Emotions: Emotion Regulation Strategies That Promote Resilience." *Journal of Happiness Studies* 8 (2007): 23.

Twenge, Jean M., Liqing Zhang, and Charles Im. "It's Beyond My Control: A Cross-Temporal Meta- Analysis of Increasing Externality in Locus of Control, 1960–2002." *Personality and Social Psychology Review* 8, no. 3 (2004): 308–19.

Uren, N., and K. Stagnitti. "Pretend Play, Social Competence and Involvement in Children Aged 5–7 Years: The Concurrent Validity of the Child- Initiated Pretend Play Assessment." *Australian Occupational Therapy Journal* 56, no. 1 (2009).

Van der Voort, T. H. A. *Television Violence: A Child's- Eye View.* New York: Elsevier, 1986.

Vanderwater, E. Beickham, and D. Lee. "Time Well Spent? Relating Television Use to Children's Free- Time Activities." *Pediatrics* 117, no. 2 (2008): 181–91.

Van Ijendoorn, M. H., A. Sagi, and M. W. E. Lambermon. "The Multiple Caretaker Paradox: Data from Holland and Israel." *New Directions for Child and Adolescent Development* 57 (1992): 5–24.

Wallerstein, Judith S. *The Unexpected Legacy of Divorce: The 25 Year Landmark Study.* New York: Hyperion, 2001.

Warneken, Felix, and Michael Tomasello. "Extrinsic Rewards Undermine Altruisitic Tendencies in 20- Month- Olds." *Developmental Psychology* 44, no. 6 (2008): 1785–88.

Warringham, Warren. "Measuring Personal Qualities in Admissions: The Context and the Purpose." *New Directions for Testing and Measurement* 17 (1983): 45–54.

Weber, Rene, Ute Ritterfeld, and Klaus Mathiak. "Does Playing Violent Video Games Induce Aggression? Empirical Evidence of a Functional Magnetic Resonance Imaging Study." *Media Psychology* 8, no. 1 (2006): 39–60.

Weinstein, M. *The Surprising Power of Family Meals: How Eating Together Makes Us Smarter, Stronger, Healthier, and Happier.* Hanover, NH: Steerforth Press, 2005.

Weizman, Zahava O., and Catherine E. Snow. "Lexical Input as Related to Children's Vocabulary Acquisition: Effect of Sophisticated Exposure and Support for Meaning." *Developmental Psychology* 37, no. 2 (2001): 265–79.

Whalen, S. P. "Flow and the Engagement of Talent: Implications for Secondary Schooling." *NASSP Bulletin* 82, no. 595 (1998): 16.

Wilson, J. B., D. T. Ellwood, and J. Brooks- Gunn. "Welfare- to- Work through the Eyes of Children." In *Escape from Poverty*. Edited by P. L. Chase- Lansdale and J. Brooks-Gunn. New York: Cambridge University Press, 1995.

Wink, Paul, and Michele Dilon. "Religiousness, Spirituality, and Psychological Fuctioning in Late Adulthood: Findings from a Longitudinal Study." *Psychology of Religion and Spirituality* 5, no. 1 (2008): 916–24.

Wirtz, Petra H., Sigrid Elssenbruch, Luljeta Emini, Katharina Rudisuli, Sara Groessbauer, and Ulrike Ehlert. "Perfectionism and the Cortical Response to Psychosocial Stress in Men." *Psychosomatic Medicine* 69 (2007): 249–55.

Witvliet, C. V. O., T. E. Ludwig, and K. L. Vander Laan. "Granting Forgiveness of Harboring Grudges: Implications for Emotion, Physiology, and Health." *Psychological Science* 12, no. 2 (2001): 117–23.

Wood, W., L. Tam, and M. G. Witt. "Changing Circumstances, Disrupting Habits." *Journal of Personality and Social Psychology* 88, no. 6 (2005): 16.

Worthington, Everett L. "The New Science of Forgiveness." *Greater Good* (2004): 6–9.

Wulfert, Edelgard, Steven A. Safren, Irving Brown, and Choi K. Wan. "Cognitive, Behavioral, and Personality Correlates of HIV- Positive Persons' Unsafe Sexual Behavior." *Journal of Applied Social Psychology* 29, no. 2 (1999): 223–44.

Yarrow, Marian Radke, Phyllis M. Scott, and Carolyn Zahn Waxler. "Learning Concern for Others." *Developmental Psychology* 8, no. 2 (1973): 240–60.

Zimmerman, F. J., D. A. Christakis, and A. N. Meltzoff. "Television and DVD/Video Viewing in Children Younger Than 2 Years." *Archives of Pediatrics & Adolescent Medicine* 161, no. 5 (2007): 473–79.

Zimmerman, Rachel. "Researchers Target Toll Kids Take on Parents' Sex Lives." *Wall Street Journal* (April 24, 2007).